Drug Research Series

禁毒研究丛书

国家出版基金项目

NATIONAL PUBLICATION FOUNDATION

邵　雍　著

中国近代贩毒史

上海社会科学院出版社

SHANGHAI ACADEMY OF SOCIAL SCIENCES PRESS

清末上海《点石斋画报》中的查拿烟赌图

清末上海《点石斋画报》中的卖私烟被罚图

清末上海《点石斋画报》中的鸦片枪操图

清末上海《点石斋画报》中的烟馆知几图

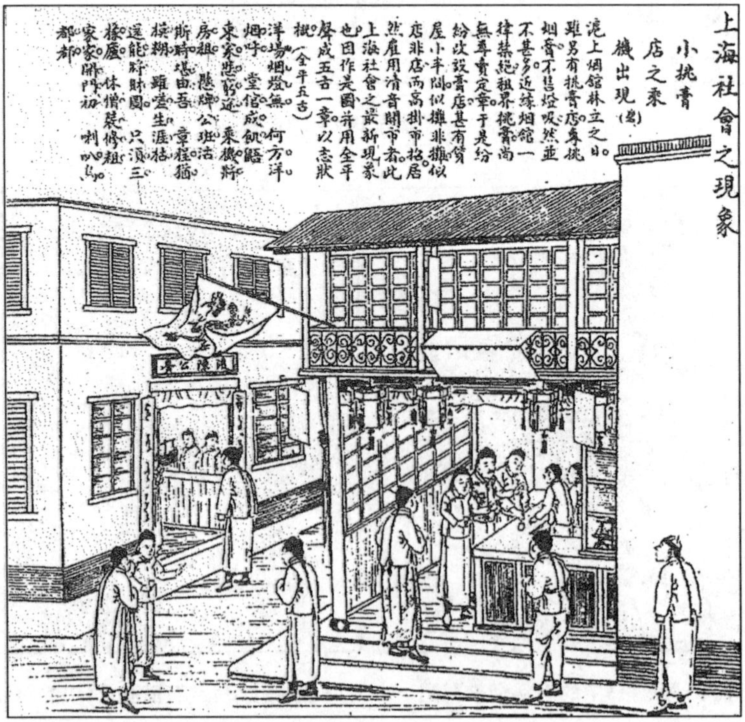

清末上海《点石斋画报》中的小挑膏店图

自 序

鸦片等毒品严重危害人类的身心健康。吸毒者毒瘾发作时,如万蚁噬骨,生不如死。有的因注射毒品感染上肝炎或艾滋病,有的吸毒过量致死,更有的为了筹集毒资,铤而走险,不惜卖淫、偷盗,甚至抢劫、杀人。

18 世纪中叶,英国东印度公司控制印度,开始向中国大规模走私鸦片,给中国人民带来了深重的灾难。为了维护鸦片贸易,英国于 1840 年发动鸦片战争,1856 年又联合法国发动第二次鸦片战争,逼迫清政府同意鸦片合法进口。1917 年,英国政府被迫停止对华的鸦片输出后,日本取代英国成为向中国输入鸦片、海洛因等毒品最多的国家。北洋军阀也大量种植罂粟和贩运鸦片,从中牟利,甚至不惜大动干戈,连年混战。1931 年到 1945 年,日军在发动侵华战争的同时,在其占领区共生产 2 万吨鸦片,公开进行贩卖,导致吸毒人数高达 3 200 万。

新中国成立后,进行了广泛深入的禁毒斗争,逮捕烟贩,严禁吸毒,享誉“无毒之国”30 年。改革开放以来,境外贩毒集团入境贩毒不断加剧,国内不法分子为牟取暴利,推波助澜。吸毒贩毒的社会丑恶现象沉渣泛起,毒品问题渐趋严重。20 世纪 80 年代,国际贩毒分子开辟了从中缅边境进入云南,经贵州、广西、广东到香港的毒品走私途径。过境毒品沿途扩散,最早受到影响的是西南和西北的一些省区,随后向其他地方蔓延。1990 年,国家禁毒委员会成立,全国人大常委会通过《关于禁毒的决定》。从 1991 年到 1996 年,全国共破获毒品案件 23.3 万起,逮捕毒犯 6.5 万人,缴获海洛因、鸦片、大麻、“冰毒”4 374 千克。各地公安、司法部门禁贩、禁种、禁吸并举,坚决遏制毒品在中国大地的蔓延。1995 年,中国、越南、老挝、泰国、柬埔寨及联合国禁毒署通过了《北京宣言》,决定在金三角等地区实施绿色禁毒工程,根除毒源。

1991 年 7 月,正式成立的联合国国际禁毒署在全球范围内为协调各国的禁毒工作做了大量的工作。在“联合国禁毒十年”(1991—2000 年)中,各国政府禁毒工作的效率有所提高，毒品泛滥有所遏制。

根据中国国家禁毒委员会办公室 2016 年 2 月 18 日发布《2015 中国毒品形势报告》显示，2015 年，全国共破获毒品刑事案件 16.5 万起，抓获毒品犯罪嫌疑人 19.4 万名，缴获各类毒品 102.5 吨，同比分别增长 13.2%、15%和 48.7%。2015 年全国抓获毒品犯罪嫌疑人员 19.4 万名，贩毒主体以青少年和农民为主；其中，18 岁以下未成年人 3 588 名、18 岁至 35 岁以下人员 11.5 万名，35 岁以下人员数量占被抓获毒品犯罪嫌疑人员总数的 61.3%。农民和无固定职业人员 15.3 万名，占被抓获毒品犯罪嫌疑人员总数的 78.9%。此外，贩毒人员还涉及国家公务员、工人、学生、个体工商业者、公司职员等。利用网络贩毒问题同样突出。2015 年全国破获互联网涉毒案件 1.5 万起，抓获违法犯罪嫌疑人 3.6 万名；其中，刑事处罚互联网服务提供者 256 名，缴获各类毒品 4.3 吨、易制毒化学品 10.1 吨，清理整治各类涉毒违法信息 6.5 万余条，关停取缔涉毒网站 832 家。①

由此可见，虽然经过持续的禁毒斗争，全国毒情形势总体可控，没有发展成为严重影响经济社会发展、人民群众安居乐业、社会大局稳定的突出问题，但是如何在新的严峻形势下有针对性地组织开展禁毒整治行动，努力减少毒品供应、毒品需求，持续有力地打击毒贩依然是一个艰巨繁重的任务。

历史的经验值得注意。希望本书的再版能够为当今的禁毒斗争提供历史的启示，也希望广大读者以史为鉴，珍爱生命，远离毒品，坚决抵制毒贩诱惑，保障中华民族的永续健康发展。

邵　雍

2016 年 12 月 18 日

① 参见《法制日报》2016 年 2 月 19 日。

目 录

CONTENTS

目　录

CONTENTS

目 录

绪　论

毒品是万恶之源。最早从西方国家传入中国的毒品是鸦片，而鸦片是从罂粟的果实中提取的。鸦片具有很强的麻醉性，若长期或超量使用很容易成瘾和中毒。鸦片成瘾后需要经常吸食或服食，不然就会六神无主，烦闷异常，呵欠频发，涕泪满面。只有不断增加鸦片的用量，加快吸食的频率，才能维持原先的快感和梦幻状态。久而久之，瘾君子的脑组织机能受到损伤，神经中枢发生病变，身体某些部位出现充血、出血的症状。

在清代乾隆末期嘉庆初期，有人将鸦片切成碎末，放入水中搅匀，再把切成丝状的烟草放入鸦片水中搅拌均匀烘干，这就是当时的新型毒品——鸦片烟。[①]"其烟入腹能益神气，彻夜不眠无倦色……若连朝不辍，至数月后，则浸入心脾，每月非如期呼吸则疾作，俗呼为瘾。瘾至其人涕泪交横，手足委顿不能举……故久食鸦片者，肩耸项缩，颜色枯羸，奄奄若病夫初起。"[②]

从清同治年间开始，比鸦片更毒的吗啡在上海等沿海城市的西药房里作为戒烟药公开出售。吗啡是一种棕色、浅黄色、白色或无色的结晶粉末，具有极强的中枢性镇痛作用。与鸦片一样，它同时又具有镇静作用与止咳作用，能使使用者产生无以名状的快感，但它对人的呼吸、循环、消化系统有副作用，而且具有比鸦片更大的成瘾性。鸦片所含的生物碱仅20％左右，而吗啡的纯度比鸦片高得多。吗啡除了口服还可注射，使用起来更为方便。因此，一些人用吗啡戒了鸦片烟瘾后又染上了吗啡瘾而不能自拔。但吗啡"一不注射，则立僵死，并手足不能动"，且"每注射一次，即留一黑点，终身不退。注射至三四年，则全身斑点，无复容下针之处，其人亦垂死矣"。[③] 鉴于吗啡有极大的毒害性，1902年，中英《续议通商行船条约》第11款明确规定，不准进口。至1907年初，尚未与中国改订商约的多数国家也允诺禁止吗啡和吗啡针入华。

从清朝末年开始，中国各地的西药房又以戒烟药的名义推销海洛因。海洛

---

① 参见王宏斌：《禁烟史话》，社会科学文献出版社2000年版，第13—14页。

② 中国近代史资料丛刊：《鸦片战争》(一)，上海人民出版社1957年版，第296页。(以下简称《鸦片战争》)

③ 《朱执信集》(上集)，中华书局1979年版，第421页。

因是对吗啡进行化学处理后得到的一种粉末，其颗粒越细，颜色越淡，纯度越高，其纯度最高的是4号海洛因，其他纯度较差者依次为3号至1号海洛因。海洛因的镇痛能力是吗啡的4倍至8倍，只要使用一两次即可上瘾，且很难戒除。由于海洛因多为白色粉末，民间称之为“白面”“白粉”“白药”。当海洛因刚开始传播不久就有人指出：“最毒无如海洛因，吗啡虽烈逊三分，高居鸦片红丸上，北地人多白面称。”[①]红丸以海洛因、吗啡为主要原料，加上砒霜等制成黄豆状，清末出现时外表呈粉红色，故名。红丸烟味清淡，吸食后会产生比鸦片更奇特的效力，因此在民国时期极为流行。

至抗日战争时期白粉已有三等：甲等是666，乙等是670，丙等是707。“其中以707为最毒，不抽鸦片的人，只要吸上五分，就能死亡；有毒癖的人吸了，虽然不会即时死亡，但生命也会缩到极短，从此死亡的人数，要比从前多得多了。”[②]海洛因的长期吸食者“瞳孔缩小，说话含糊不清，畏光，身上发痒，身体迅速消瘦，容易引起病毒性肝炎、肺气肿和肺气栓塞，用量过度会引起昏迷、呼吸抑制而死亡”。[③]

中国近代的有识之士曾多次指出鸦片等毒品的危害，并采取行动与之作斗争。林则徐在致道光帝的奏折中坦陈，鸦片“流毒于天下，则为害甚巨，法当从严。若犹泄泄视之，是使数十年后，中原几无可以御敌之兵，且无可以充饷之银”。[④] 锡良在1907年上奏朝廷，认为“数十年以来，国势之所以日弱，外侮之所以日烈者，实由民气不张，民气不竞之故；民气、民力之所以颓坏若此者，则鸦片为之也。小民不去其毒，则农、工、商业何由而兴？官士不去其毒，则吏治、军材、学堂教育之绩何由而进？”[⑤]进入民国之后，中华全国基督教协进会、中华全国教育改进会等30多个社会团体在1924年8月成立中华国民拒毒会。该会强调：“鸦片为帝国主义侵略之工具，为军阀官僚生存之命脉，实三民主义之劲敌，亡国灭种之祸根。”[⑥]

民国时期，还涌现了不少揭露烟毒祸害的文艺作品，具有强烈的警世意义。由许复民编剧的文明戏《黑籍怨魂》在民国初年问世后，曾在上海长演不衰。1916年，该剧被改编成电影，搬上银幕后，再次引起轰动。1920年，四川内江文人刘师亮的长诗《烟哥自叹》在《师亮随刊》上公开发表，诗中控诉鸦片“害比虎

① 刘豁公：《上海竹枝词》，上海雕龙出版社1925年版。
② 陈存仁：《抗战时代生活史》，上海人民出版社2001年版，第15页。
③ 苏智良、赵长青主编：《禁毒全书》，中国民主法制出版社1998年版，第35页。
④ 《林则徐集·奏稿》中册，中华书局1963年版，第601页。
⑤ 《锡良遗稿·奏稿》第一册，中华书局1959年版，第650页。
⑥ 《拒毒月刊》第15期，第10页。

豺”,“害得我精神丧败,害得我如痴如呆。害得我行如风摆,害得我枯瘦如柴。害得我夫妻断爱,害得我父子离开。害得我人亡家败,害得我出丑弄乖。害得我家产变卖,害得我高筑债台。害得我常常戳拐,害得我累累受灾。害得我成精作怪,害得我十死九埋。害得我居卑处矮,害得我悔滥胸怀。想当初,悔不该,烟哥身世亦雄才。到而今,放悲哀,千悔万悔悔不转来”。[①] 上述 16 个“害得”生动、形象地道出了鸦片吸食者的心头怨恨和切实反思。

在甘肃还流传着讥讽吸烟成瘾的人的《九了歌》,比《烟哥自叹》更为通俗易懂、入木三分:

面黄肌瘦精神少,有病了;
身上穿件破烂袄,底丢了;
不论干湿就睡倒,瘾发了;
妻室儿女哭号啕,不管了;
父母无病逝故早,气死了;
不完钱粮不纳草,地卖了;
赤身露体到处跑,拆光了;
日窃夜盗人人恼,不远了;
走在野地尸难找,狗吃了。[②]

当时在民间流行的对联中也有抨击鸦片毒害的。如武汉的对联云:

竹枪一枝,打得妻离子散,未闻炮声震地;
铜灯半盏,烧尽田地房廊,不见烟火冲天。[③]

西安的对联则谓:

油灯一盏,烧掉祖宗万代业产;
竹竿半截,打倒天下英雄豪杰。[④]

---

① 转引自《近代中国烟毒写真》下卷,河北人民出版社 1997 年版,第 214 页。(下文引用该书时,其注释不再注明出版社。其他引文之书籍等相同处理)

② 《近代中国烟毒写真》下卷,第 568—569 页。

③ 《禁毒全书》上册,第 408 页。

④ 同③,第 448 页。

既然人们从上到下对鸦片的危害都有所认识，为什么鸦片等毒品依旧如此流行，而且有逐渐蔓延的趋势呢？这一问题与鸦片本身的作用有关。首先，鸦片可作药用。《本草纲目》上记其性能为止泻痢、固脱肛、治遗精久咳、佣肺涩肠、止心腹筋骨剧痛。《钦定四库全书·史部·滇略》卷三记载，鸦片“可疗泻痢风虫诸症，尤能坚阳不泄，房中之术多用之”。其次，鸦片有兴奋作用，能刺激脑下皮质，焕发精神，使人产生一种无以名状的快感和梦幻，从而暂时将现实中的烦恼和忧愁扔在一边。演员上台前过足了烟瘾，唱起来音色洪亮，精神抖擞。轿夫、纤夫为了让自己能够胜任负重跋涉，也要吸足大烟。对于生活在穷乡僻壤基本上没有什么文化娱乐的贫苦农民来说，一天劳作下来抽上几口鸦片解乏提神，几乎成了唯一的休闲方式。鸦片烟也随之成了一种聊以解愁暂时忘却生活烦恼的娱乐用品了。第三，从经济效益来看，在旧中国种植罂粟比种植任何一种农作物回报率都高，而且罂粟的生长对于土壤、气候的要求并不是太高，有些不宜生长粮食作物的地方罂粟倒是安然无恙。农民在别无经济收入来源的情况下自然不愿轻易放弃种植罂粟，即便在官方严禁时期也会躲进人迹罕至的深山老林偷种。

在这种情况下形形色色的毒贩便纷纷破门而出，使尽浑身解数来抢夺鸦片市场，抢占鸦片市场的份额。他们只顾自己赚钱捞银，根本不管鸦片等毒品造成的社会危害。鸦片生意的暴利吸引了帝国主义列强、官僚政客以及各地的军阀、土匪和奸商，他们无不把鸦片买卖看作是摇钱树、聚宝盆。帝国主义列强为了鸦片利益不惜悍然发动侵略战争，迫使中国官方接受他们的意志和安排。英国主要是对中国实行鸦片输出，日本则在鸦片输出的同时大力在中国就地种植、生产和销售鸦片等毒品。外国毒贩在华的贩毒活动是造成中国近代贫穷落后的重要原因之一，“东亚病夫”完全是外国侵略者毒化中国所造成的恶果。

官僚政客为了搜刮钱财，解决财政困难，往往置信誉、责任于不顾，他们饮鸩止渴，开放烟禁，以“寓禁于征”为幌子，力图实行官方垄断的鸦片贸易，结果使烟毒更加泛滥，长期难以收拾。

军阀、土匪在一定条件下是可以互相转换的。收匪为兵、纵兵为匪、兵匪合一是常见的社会现象。军阀、土匪为了达到称霸一方的目的，念念不忘扩充武力，而为了维持这些脱离生产的武装力量，广开财源，往往采取以烟毒养军(匪)，以军(匪)护烟毒的方法。

无商不奸，反映了旧时民众对商人的一种偏见。然而用在鸦片生意场上是千真万确、丝毫不差的。鸦片商人们为了走私牟利，拉拢腐蚀执法稽查人员，与他们串通一气坐地分赃。在路子尚未打通、关系尚未搞定的地区，鸦片商们或结伙成群，武装闯关，或雇佣男女，利用人体肛门、阴道等器官藏匿毒品、蒙混过关。

中国近代的贩毒群体，有外国侵略者，也有本国人；有在朝的军政官员，也有在野的土匪、奸商；在奸商中又有兼营与专营之分，有散户、小户与大户之别。在鸦片等毒品这一特殊的商品经营领域中（民国期间称为“特业”）如同在其他商品经营领域中一样，贯穿着大鱼吃小鱼、小鱼吃虾米的激烈竞争。操纵毒品市场的是资本主义、帝国主义者，宣称“寓禁于征”的官府衙门，而在第一线斯杀打拼的则是有中外反动统治者明里暗里支持的专业商号与公司。一些偶尔为之的散户、一些无特殊政治背景的小户尽管人数很多，但能量甚小，他们既是害人者，又是被害者，在中国近代贩毒史上并不占主导地位。纵观中国近代史，任何不带偏见的人都可以清楚地看到，外国侵略者是最大的贩毒者；其次是鼓吹“寓禁于征”、统治人民的各级官府，是它们决定了鸦片商人的命运与地位（非法或合法），决定了上市交易的毒品的数量与价格（如果实行官卖的话），从而也就顺理成章地夺走了毒品贸易的大部分利益。

那些没有任何政治背景，经营鸦片等毒品的散户的生意带有极大的投机性。要么侥幸过关，连本带利，赚上一把；要么遭到查缉，血本无归，甚至送命。

由于政治的腐败，在毒品贸易领域中出现了官商勾结、狼狈为奸的情况。通常是专业的商号、公司不断向官方行贿、报效，官方则为他们提供保护。有些官员甚至与贩毒大户合伙经营。因此，在鸦片等毒品贸易中事实上存在着官办（官督商办）、官商合办、商办等各种形式，而且只做不说的暗箱操作又占了很大的比重。为了抢夺鸦片利益，官方以及与官方有密切关系的大户竭力盘剥、压抑小户、散户，而小户、散户为了维护自己的生存空间，不得不走上团伙化、武装化的道路进行抗争。从总体上看，这是一场大狗与小狗、饱狗与饿狗间的争斗，并不具有真正的反帝反封建的深刻内容。

官方、大户的兴风作浪，小户、散户的推波助澜带动了毒品业的畸形繁荣，然而这种繁荣是以民众身心健康受损、经济凋敝和国运衰落为惨痛代价的。民众有限的购买力消耗在鸦片等毒品上面，用来投资正常的生产建设的资金自然处于经常性的紧缺状态，严重影响了中国近代生产力的发展。贩毒吸毒的流行又刺激了色情业、赌博业的兴盛，引起了社会风气的败坏和道德的堕落。鉴于有些人既是瘾君子又是嫖客、赌棍，于是有些烟馆老板或与妓院、赌场老板联手搞一条龙配套服务，或者自己兼营色情业和赌博业；反过来，妓院、赌场的老板为了吸引主顾，也往往同时供应鸦片等毒品以助兴，因此人们旧时把“黄赌毒”并称是有道理的，三者都是一种慢性自杀。瘾君子们在毒资耗尽后，就变卖田产、家产甚至卖掉自己的妻子儿女。到了实在一无所有时，为了满足毒瘾，便铤而走险，杀人抢劫，无所不为，给社会治安带来严重问题。

对于上述问题，历届旧政府并非一无所知，它们有时还会在社会舆论、进步力量的推动下实行禁烟禁毒，但鲜有善始善终者。究其原因，这些旧政府并不代表中国最广大人民群众的利益。禁烟禁毒之所以难以为继，就在于有巨大的鸦片毒品的利益驱动。同时历届旧政府也很少考虑开展替代种植以铲除毒源，即使有所考虑也根本拿不出什么切实可行的措施来贯彻落实。另外，在半殖民地半封建的旧中国，帝国主义列强和军阀是阻碍肃清烟毒的两大恶势力。帝国主义列强以不平等条约为护符，以租界、居留地为基地，以军舰、船只为运输工具，以本国人或加入该国国籍的中国人为主力，源源不断地将鸦片毒品运入中国境内。事实上处于封建割据状态的各地军阀对于中央的政令阳奉阴违或干脆置之不理，为了扩充实力、扩大地盘，他们往往唯利是图，另搞一套。即使中央政府有较完整的禁烟禁毒方案，到了他们那里无不大打折扣或以各种借口另做文章。在这种情况下，能够带来巨大毒品收益的大烟贩们不但没有受到应有的惩处，反而成了各路军阀争相罗致的活宝、合作经营的伙伴。自然，为了平息民众的愤怒、应付舆论的谴责和上级的检查，捕杀几个小烟贩，做做样子，也在情理之中。

在中国近代贩毒史中，禁毒和贩毒始终是一对矛盾。在这一总题目下往往会出现名为禁毒实为贩毒、短期禁毒却长期贩毒、禁人贩毒自己贩毒以及禁毒与贩毒并存等各种复杂的社会现象。过分相信文本文件可能会与历史的真实相距甚远。有关禁毒的文本文件只有得到全面、彻底的落实才具有真正的意义，反之只是遮羞布或骗人的幌子。

中国近代的贩毒问题关系到人民的生死、社会的安危、民族的存亡、国运的兴衰，因而是一个十分重要的历史课题。然而长期以来由于种种主观、客观的原因一直没有得到全面系统的研究。人是历史活动的主体，无论是积极的活动还是消极的活动概莫例外。离开了对具体的人物（无论正面人物还是反面人物）的研究，任何历史问题都不可能得到真正的解决，也不可能有较为精确、细致的解释。中华人民共和国成立以来史学界只有在研究鸦片战争、第二次鸦片战争时对一些中外烟贩有所论列，其余均语焉不详。中国共产党十一届三中全会以后，随着帮会史、黑社会史、地区经济史以及抗日战争史研究的全面展开，对一些有关的毒贩有了较扎实的个案研究。特别应当指出的，1997 年 1 月和 9 月，苏智良先生、王宏斌先生先后推出了各自的力作《中国毒品史》和《禁毒史鉴》，对毒品在中国的危害作了长时段、全方位的考察和研究，给了笔者以不少启示。与上述专著不同，本书并不是一部全面研究禁毒的专著。本书的重点是研究毒贩在近代中国的发展演变、他们的社会网络以及经营之道，因此在论及禁毒时，重点也仅放在禁止毒品的贩运方面，对于其他的方面则有意淡化，很少落笔，这点务必提请读者注意。如果本书的出版能为目前战斗在缉毒第一线的公安执法人员提供某些历史的启示，能够使广大人民群众坚定“珍惜生命，远离毒品”的信念，笔者将不胜欣慰。

第一章　鸦片战争前后西方毒贩在华的活动

第一节　从事鸦片贩卖的公司洋行

一、东印度公司

中国近代鸦片烟毒的来源可追溯到东印度公司。

东印度公司(1600—1858)是英国在东亚实行殖民掠夺的重要工具,“除了在东印度拥有政治统治权外,还拥有茶叶贸易、同中国的贸易和对欧洲往来的货运的垄断权”。① 1786 年,英国议会进一步规定,东印度公司对于航行于中国领有执照的港脚商人有充分的管辖权力。在 1767 年之前,每年输入中国的鸦片仅 200 箱,大规模向中国输出鸦片这一毒品的始作俑者即为东印度公司。

1773 年,经英国上校沃森和副董事长威勒尔的建议,东印度公司开始与中国进行鸦片贸易,在澳门西南海湾下碇的轮船上建立起囤积鸦片的堆栈。1794 年,公司又派了一艘运载鸦片的大船停在黄埔——广州港的附近,作为新的鸦片堆栈。鸦片的入口量随之迅速增加,至 1796 年进入广州的鸦片已有 1 070 箱,在当地商行中公开发售。清朝政府对此作出反应,下令裁去海关的鸦片税额,完全禁止鸦片进口。在这之后,东印度公司选中了澳门作为向中国内地走私鸦片的重要集散地。

1797 年,东印度公司垄断了在印度的鸦片生产。虽然它当时已不再是鸦片的直接出口商,伪善地禁止公司自己的轮船经营鸦片的买卖,但在公司发给与中国做买卖的私人船只的执照中却附有条件,不得载运非东印度公司生产的鸦片,违者处以罚金。这就是说,东印度公司特许港脚商人继续推销东印度公司自产的鸦片。1800 年,输入中国的鸦片已经达到 2 000 箱。

从 19 世纪开始,东印度公司不顾清朝政府的禁令,“迅速地把在印度种植鸦

---

① 《马克思恩格斯选集》第二卷,人民出版社 1972 年版,第 257 页。

片和向中国私卖鸦片变成自己财政系统的不可分割的部分”。[①] 贩卖鸦片有惊人的暴利，1813 年，印度上等烟土每箱的成本是 237 卢比，而东印度公司在市场上的拍卖价(含出口税)是 2 428 卢比，每箱可获毛利 2 191 卢比。按当年输入中国的约 3 800 箱鸦片计算，总毛利当在 832 万卢比以上。

1805 年，东印度公司与澳葡当局为了争夺鸦片利益发生了公开冲突。这年东印度公司对前往印度加尔各答的葡萄牙商船强征 20%的货税，澳葡当局立即报复，不准任何非葡萄牙商船在澳门卸下鸦片。后经调解，双方达成协议，即英国人在澳门贮存、销售鸦片必须雇请葡萄牙代理人。这些代理人应当按照鸦片销售量提取一定数量的佣金。[②]

1816 年，英国在印度开放了自由贸易，东印度公司的垄断仅仅限于茶叶贸易一项，这就大大推动了走私商人的活动。1817 年，印度“公班土”(上等烟土)每箱拍卖价是 1 785 卢比，而在中国的卖价高达 2 618 卢比，可获利 833 卢比，折合洋银 400 多元。在巨大的利益驱动下，偷运进中国的鸦片数量直线上升，1820 年为 5 147 箱，1821 年为 7 000 箱，1824 年为 12 639 箱，1834 年达到 21 785 箱。同时由于清政府方面的禁烟，鸦片堆栈从黄埔、澳门转移到珠江口的伶仃岛附近洋面。

1834 年 4 月 22 日，根据英王威廉四世的敕令，东印度公司买卖中国茶叶的特权被取消了，而且一切商务必须完全停止。马克思指出：“由于东印度公司从商务机关改组为纯粹的行政机关，对华贸易就向英国私人企业敞开了大门”，“在鸦片贸易史上标志着一个时代”。[③]

二、英美洋行

继东印度公司以后，在中国继续偷运贩卖鸦片的是一些英国、美国的洋行。其中，最大的一家是英国的怡和洋行。

怡和洋行是英国港脚商人查顿和马地臣在 1832 年正式开办的，其前身是 1828 年开办的查顿-马地臣公司。

查顿(1784—1843)，外科医生出身，先是在东印度公司往来广州和英国间的货船上充任医师，由此熟悉中国情形。19 世纪 20 年代初，查顿来到广州贩运鸦片，“盘踞粤省夷馆历 20 年之久，混(诨)号‘铁头老鼠’”。[④] 这一诨号源于某一

---

① 《马克思恩格斯选集》第一卷，第 716 页，人民出版社 1995 年版。
② 费成康：《澳门四百年》，上海人民出版社 1988 年版，第 202 页。
③ 《马克思恩格斯选集》第一卷，第 718 页、第 717 页，人民出版社 1995 年版。
④ 《鸦片战争档案史料》第一册，上海人民出版社 1987 年版，第 498 页。

次当他代表英国商人请求两广总督开放贸易时，头被掉下的竹竿打了一下，然而却没有留下一点痕迹。据1839年2月两广总督邓廷桢等人的奏报称，查顿"来粤贸易已十有余载。其初资本甚微，既合众夷之财，以操奇赢之术贾逾三倍，驯至坐拥厚资，无与比数。趸船所贮鸦片多半系其经营。该夷仍坐省照料。奸夷效尤，因以日甚。虽数十年来卖烟不自该夷始，而该夷实为近年渠魁"。[1] 1828年，他和马地臣合组的公司年走私鸦片6 000箱，获利10万英镑。1832年，怡和洋行开办后，该洋行派出的鸦片船当年就开到了辽东湾。次年查顿又指使普鲁士传教士郭士立乘船北上，卖掉了价值53 000英镑的鸦片。1836年11月，广东官府决定驱逐查顿，但他借口清理账目又在广东逗留了两年。查顿曾经夸耀过"走私鸦片，是最安全和最有绅士气派的投机生意"，在最好的年头，每箱鸦片的毛利可高达1 000银元。然而，当他被中国官方驱逐后就凶相毕露，在1837年11月公开提出，派遣更多的武装的欧洲船只到中国沿海兜售鸦片是目前唯一可行的办法。1839年1月27日，查顿为了逃避钦差大臣林则徐的通缉，从广州逃到澳门。1月30日，搭轮船回国。[2]

怡和洋行的另一个老板马地臣(1796—1878)，生于苏格兰。他先是在印度加尔各答协助叔父经商，1818年来到广州，在这之后一直在广州和澳门贩烟，并开始在中国沿海进行鸦片走私活动。1821年11月，他的三艘鸦片走私船"米罗普"号、"胡兰"号、"犹金尼"号遭到两广总督阮元的罚款惩处，并被勒令驱逐出境。两年以后，他又派船驶往福建泉州。1828年，他与查顿合组公司后，为了进一步扩大鸦片生意，专门在澳门创办了《广州纪事报》，每期公开登载鸦片行市的信息。1829年至1830年间，查顿-马地臣公司经销鸦片5 000箱，价值450万美元，约占同期中国进口鸦片总数的1/3。1832年，怡和洋行成立后，建立起一支专门在中国沿海进行鸦片走私的船队，其中，"红色海盗"号、"气仙"号、"发尔康"号都是当时最著名的几艘鸦片飞剪船。

1839年3月，钦差大臣林则徐抵达广东实施禁烟时，马地臣留在广州顽抗，4月间，一度在广州商馆中被困。后来，他被迫交出鸦片7 000箱，被林则徐驱逐出境。

查顿回国后，拿了在华英国鸦片贩子集资提供的活动经费，到伦敦向政府施加影响。1839年9月下旬，他带了不少有关中国沿海的地图等情报资料，秘密会见外交大臣巴麦尊，讨论发动侵华战争的种种细节问题，并竭力建议英国政府

---

① 《鸦片战争档案史料》第一册，上海人民出版社1987年版，第470页。
② 《近代史资料》总21号，第40—41页。

迫使清政府除了广州外再开辟上海、厦门、福州、宁波为商埠。在这之前查顿还向无耻文人瓦伦尔提供资料并进行资助,写了一本颠倒是非、混淆黑白、鼓吹对华进行军事报复的小册子《鸦片问题》,在英国上、下议院广为散发。根据查顿等人的提议,巴麦尊于10月1日的英国内阁会议上提出了发动侵华战争勒索鸦片赔款的计划。该计划经过长时间的讨论,先后被英国政府、议会所认可。因此毫不夸张地讲,查顿等鸦片贩子是鸦片战争的策动者之一。作为百万富翁的查顿后来还当选为国会议员,马地臣被封为爵士。1842年,马地臣用卖鸦片赚来的黑心钱买下了苏格兰西海岸的路易士岛,并将其辟为私人庄园。

鸦片战争以后,怡和洋行从澳门迁至香港,成为向中国内地推销鸦片的重要批发部。1843年1月,璞鼎查为了欺骗舆论在香港发布命令称:“鉴于中国皇帝的谕令和法律已经公布鸦片贩运是非法的……如果英国臣民从事这一贸易,将不会得到女王陛下的领事和其他官员的保护和支持。”①马地臣很快领悟到这一命令的实质是向英国公众表明英国政府与鸦片贸易毫无干系。因此,他在写给友人的信中说:“公使发表了一个措辞激烈的布告,等于零!是说给英国的圣人们听的。亨利爵士(即璞鼎查——引者注)绝不会想到要去执行它,而且私下肯定会把它当作一个绝妙的玩笑。不管怎么说,他准许鸦片在香港上岸和存放。”②五口通商之后,怡和洋行的“开路者”号很快出现在厦门的海面上。

在英商中仅次于怡和洋行的是以颠地为首的宝顺洋行。其前身是1832年组建的颠地行。颠地是“著名贩卖鸦片之奸夷”,此人“递年逗留省城,凡纹银出洋,烟土入口,多半经其过付”,③因此他是林则徐准备查拿严办的贩烟要犯。林则徐到达广州后,颠地仍在广州不走,组织煽动鸦片商人破坏禁烟。颠地的上述活动得到了英国驻华商务监督义律的公开支持。1839年3月下旬,义律乘快艇抵达广州,企图接走当时被困在商馆中的颠地。不料当天林则徐采取果断措施,下令封舱停止中英贸易,并派兵包围商馆,切断商馆与外界的联系。因此义律此行没能达到预期目的,结果颠地被迫交出鸦片1 700箱,并在具结永远不敢再来的甘结后才得以离开广州。

宝顺洋行拥有一些在华走私鸦片的快艇,其中,有“水妖”号、“伊芒特”号和“韦德·戴雷尔”号等。鸦片战争结束后,宝顺洋行并没有停止鸦片贩卖。1850年,该洋行的“阿美士德勋爵”号三桅帆船停泊在厦门港湾。

---

① 《在中国的两次鸦片战争》,第159页,转引自《近代史研究》1987年第4期,第31页。
② 同①。
③ 林则徐:《信及录》,《鸦片战争》(二),第244页。

鸦片战争前，在广州第三大的洋行是美国鸦片贩子开的旗昌洋行。该行始建于19世纪20年代。从30年代起，旗昌洋行为了便于武装走私，购置了一批美国特制的鸦片飞剪船，其中，有"玫瑰"号、"气精"号、"西风"号、"妖女"号、"羚羊"号等，大规模地从事中国沿海鸦片走私生意。有一个飞剪船上的职员写道："我们有充分的准备和流氓式的中国人较量一番，一两艘官船决计把我们赶不出航线。"①1837年，在旗昌洋行同类船只算是较小的注册吨数为150吨的"玫瑰"号把"一批在广州卖妥的鸦片运到南澳交货，并且有另外若干箱鸦片烟带去试卖。整船的货差不多有三百箱，广州价格是30万元"②。当它驶抵南澳岛时，与两艘中国战船遭遇，亨德等美国烟贩按惯例向中国官员行贿，然后所有的事情都解决了。③ 亨德(1812—1891)，1825年来华，在一家美国公司的广州代理处当学徒。1829年，在旗昌洋行任职；1837—1842年，是该洋行的合伙人。此人在华从事贩鸦片生意历时40年。他曾振振有词地自我辩解，胡说"吸鸦片这种习惯，和我们有节制的饮酒是一样的。至于和美国、英国所使用的烈酒及其害处相比，那么鸦片的害处是很微小的"。④

对于这种烟酒并论说，英国的有识之士大不以为然，并曾加以驳斥。1839年，英国人地尔洼在伦敦出版了《鸦片罪过论》，作者在论述鸦片之害时征引了不少中英图书，其中有一本《对华贸易论》是一英国商人在1836年在印度加尔各答出版的。书中指出："鸦片害人之深，远非酒所可比拟。鸦片不仅戕害人的健康，并且还麻痹人的智力与意志，使长久吸食的人，麻木不仁，缺乏意志。"⑤另一个英国人蒙哥马利·马丁在1847年在伦敦出版的《论中国的政治、商业和社会》一书中进一步写道："鸦片贩子在腐蚀、败坏和毁灭了不幸的罪人的精神存在以后，还杀害他们的肉体；每时每刻都有新的牺牲者被献于永不知饱的摩洛赫之前，英国杀人者和中国自杀者竞相向摩洛赫的祭台上贡奉牺牲品。"⑥

但财迷心窍的旗昌洋行的鸦片贩子们是不会把这些正义之言听进去的。当中国政府发出禁止贩烟的布告后，该洋行仍我行我素，照亨德的话来讲就是"我们并不管这些官样文章，我们只决心做买卖、划船"，"像以前一样，继续出售洋药"。⑦ 至鸦片战争爆发前夕，旗昌洋行后来居上，它在广州的地位已超过了企

---

① [美]丹涅特：《美国人在东亚》，商务印书馆1959年版，第59页。
② [美]威廉·亨德著，林树惠译：《广州番鬼录》，《鸦片战争》(一)，第266页。
③ 同②，第266—268页。
④ 转引自苏智良：《中国毒品史》，上海人民出版社1997年版，第79—80页。
⑤ 转引自《鸦片战争》(六)，第493页。
⑥ 转引自《马克思恩格斯选集》第一卷，第714页。
⑦ 亨德：《旧中国杂记》，《鸦片战争》(一)，第235—236页。

图联合垄断鸦片走私的怡和洋行与宝顺洋行。

五口通商以后，怡和、宝顺、旗昌等大洋行都在吴淞设有自家的趸船。在1845年仅怡和洋行就有趸船14艘。英国驻上海领事巴富尔、驻宁波领事罗伯聘均是该洋行的“好友”。宝顺洋行也不甘落后，在一段时间内，英国驻宁波领事的收入由该洋行完全供给。① 旗昌洋行的大股东祁理蕴索性当上了美国驻上海的领事，“首先作俑”，“开走私漏税之端”。② 在这些领事的关照下，外国洋行商人肆无忌惮地走私鸦片，根本不管什么关税不关税。

1855年8月，上海道台在税务司李泰国的配合下查获了25箱走私鸦片。鸦片贩子竟然聚众闹事。这时美国领事会同英国领事以海关税务司提名人的身份在会审公堂上控告税务司越权，结果赵德彻只得发还鸦片了事。

第二节　中外不法分子的贩毒行为

一、英、美等国不法商人的贩毒

鸦片战争前，在中国贩毒的固然有外国的公司洋行，还有不少分散经营的外国不法商人。早在1817年，清朝嘉庆帝就明令两广总督晓示外商：“嗣后各夷船倘再有私带鸦片烟泥者，进口之日，兵役等照例严搜，一经搜出，除将烟泥焚毁沉溺外，必将私贩之人从重治罪，决不宽贷。”③不料言者谆谆，听者藐藐，全然不把它当一回事。

1834—1839年，英美的鸦片商为了加速鸦片贸易，改变了原先的发货方式，“开始自己从伶仃岛趸船走私，在岸上向买主交货……这种无拘无束的情形越演越烈，不久就有大批外国船只或由外人控制的船只，以‘客船’的姿态出现……从东面的虎门到城西的花地，差不多沿河各处都成为这种贸易的舞台”④。

1834年12月，64名英国鸦片贩子为了自己的私利，联名上书英国国王，提议“授权给一位有适当官阶、思虑周到和富于外交经验的全权公使，偕同一支适

---

① 宁靖编：《鸦片战争史论文专集续编》，人民出版社1984年版，第25页。
② 《筹办夷务始末补遗》（咸丰朝）第一册，上，第173页。
③ 《鸦片战争档案史料》第一册，第21页。
④ 马士：《中华帝国对外关系史》第一卷，三联书店1957年版，第209页。

度的，但有充分规模的武装力量，便可轻而易举地封闭中国全部沿海贸易”[①]，逼迫清政府按他们的意旨行事。

1838年4月20日，英国驻华商务监督义律在致外交大臣巴麦尊的信中承认：“最近两个月中，在伶仃岛与广州之间从事于这种非法贸易的英国船只数量大增，在鸦片交货时常常引起这些船只与政府的缉私艇之间的武装冲突。”[②]这年上半年外国鸦片贩子共卖出鸦片18 932箱、每箱价值490卢比（合洋银245元），“所有之鸦片，只卖与凡由水路带出口之人”。[③]

林则徐到广东后于1839年5月发出告示：“凡尔各国夷人不来则已，若来至天朝地方，无论何国夷人，但有夹带鸦片，均照新例，人即处死，货尽入官，毋谓言之不预也。”[④]林则徐的举措得到了清朝廷的肯定。6月23日，道光帝批准的《洋人携带鸦片入口治罪专条》明确规定：“夷人带有鸦片烟入口图卖者，为首照开设窑口例斩立决，为从同谋者绞立决……起获烟土全行销毁。”[⑤]部分英国鸦片商人1839年6月从广州商馆撤离后立即开始了在中国沿海的武装走私活动。对此林则徐在8月22日指出：“今奸夷尚有多名未去，趸船尚有一半未开，尖沙咀所泊货船，带来鸦片为数更倍于前，屡经示谕，皆又匿不呈缴……现在拿获汉奸烟犯多名，皆已供明在某某夷船上买入，赃证确凿可凭。且又分遣三板东驶西奔，凡潮州、南澳、高、廉、雷、琼，该夷船所不应到之地，无不窜往。每以劈柴作为照牌，明写鸦片一个，洋银几元字样，于潮长时随流送入各口内，诱人售买。遇有兵船驱逐，胆敢先放枪炮恐吓抵拒。”[⑥]

在广东严厉查缉烟土的大背景下，难以将货脱手的外国鸦片贩子往往采取贱价诱售的策略，而一些百姓不顾官方禁令，贪图小利，秘密潜往购买。1839年7月，一向驾船运送客货的邓三娣“闻知夷船寄泊尖沙咀洋面，所带鸦片不能销售，价值大减”，于是起意低价购入，转卖图利。至8月26日，邓分四次从夷船上购入烟土73斤，每斤价格5.33银元—7.33银元不等。捕鱼为业的彭亚开1839年7月底听说客顺夷船上“带有烟土，因各口查禁甚严，难以出卖，如有人到船买土，该夷情愿让价”的消息后，马上与梁亚宝等人合伙，以每个17元银元的价格买进烟土6个，然后运回新塘地方加价卖出，转手获利。[⑦] 外国鸦片商人为了急

---

① 马士：《中华帝国对外关系史》第一卷，三联书店1957年版，第169页。
② 同①，第209页。
③ 《鸦片战争》（二），第426页。
④ 《鸦片战争史料选译》，中华书局1983年版，第151页。
⑤ 《鸦片战争档案史料》第一册，第602页。
⑥ 《林则徐集·公牍》，第132页。
⑦ 参见《鸦片战争档案史料》第一册，第727—728页。

于抛售鸦片烟，也同意采取以货易货的方式。如 1839 年 6 月 13 日，向在新安驾艇捕鱼的广东归善县人陈亚成等 3 人，“各出本钱二千五百文，买备咸鱼、鸡、鸭等物，载往尖沙咀……向不识姓名人夷船换得鸦片烟土半斤”，载回新安县长洲环肚地方全部卖出，“得银九圆均分”。①

英国烟贩的行径引起了英国正直人士的谴责。英国《北极星报》在 1840 年 4 月发表题为“鸦片战争”的文章，认为在禁烟运动中，“在华的英国臣民无论受到什么样的侮辱和伤害，受控告的都不应是中国政府，而应是鸦片走私犯们……英国政府应该做的不是派遣军队去掠夺平白无故的中国人，而是相反，即让这些走私恶棍们说出所损失每一个小钱的原因，然后立即把他们交给中国政府”法办。②

鸦片战争爆发后，随着清军的失利，英国的鸦片船队狐假虎威，一路尾随英国的远征舰队北上厦门、舟山以及吴淞口等地。

美国不法烟商在五口通商后亦趋活跃。1853 年，美国驻华公使马沙利在向美国国务院的秘密报告中承认：“我们美国人，几乎所有在上海及广州的美国人，都武装他们的商船……停泊在诸江的口岸，满载鸦片，抓住一切机会，售与中国商人……去年从印度输入中国的鸦片，价值逾三千万元以上，没有一包不是像上述走私状态进口的。”③必须指出，即便是中美《望厦条约》也没有给美国人合法贩烟的权利。《望厦条约》第 33 条规定：“合众国民人，凡有……携带鸦片……至中国者，听中国地方官自行办理治罪，合众国官民均不得稍有袒护。”对此马沙利应当是清楚的。

同年年初，由于太平军在长江流域的胜利进军，清朝统治不稳，人心思变，当时在上海的“英、美商人都抱怨说，几个星期以来，没能销出一点儿棉布或呢绒，连鸦片烟也无法销售，每箱价格由五百六十元跌到三百九十元和四百元”，仍少有人问津。④

必须指出，在《南京条约》签订之后外国鸦片烟滞销毕竟是个别现象，实际上出现的时间很少。在多数情况下即在多数时间内，外国烟贩们的生意是兴隆的。英国人蒙哥马利・马丁在上海开埠后“曾问过上海道台：促进我们对华贸易的最好办法是什么。他当着女王陛下的领事巴富尔上尉的面立刻回答我说：‘别再向我们运送那么多鸦片，我们就能够买你们的产品。’”⑤从上述谈话中人们不难

① 参见《鸦片战争档案史料》第一册，第 755—756 页。
② 转引自《近代史研究》1979 年第 4 期，第 23 页。
③ 卿汝楫：《美国侵华史》第一卷，三联书店 1952 年版，第 95 页。
④ ［法］梅朋：《上海法租界史》，上海译文出版社 1983 年版，第 56—57 页。
⑤ 转引自《马克思恩格斯选集》第一卷，第 715 页，人民出版社 1995 年版。

找到这样的信息：即上海开埠后进口的鸦片烟实在太多了，以至于上海道台顾不上外交场合脱口而出了。

一些在华的传教士出于宗教道德也对外国烟贩进行了谴责。英国伦敦会传教士麦都思在上海目睹进口鸦片造成的祸害后说："鸦片商们很少知道在他作这种败坏道德和具有破坏性的交易中给人们带来了多大的害处。在鸦片烟输入中国以前和以后，中国人口增加率的差异应该唤醒他们并使他们问问自己，他们对于那些吸食鸦片烟而患病和死亡的人是否负有责任。"[①]先后在广东、上海、青岛等地传教的德国礼贤会传教士花之安曾多次指责英国的鸦片政策是"只顾金钱而不顾人们利益的商业政策"[②]，认为毒贩贩毒使人"败伦灭纪，坏俗伤风"[③]。还有传教士指出，"由于英国臣民继续不断地进行一种破坏性毒物的武装违禁贸易，他们自己固然因此发财，但可怜的沉溺其中的中国人，却因之贫苦潦倒，甚至戕身丧命"[④]。

二、外国毒贩的帮凶

鸦片战争前后，中国的贪官污吏、汉奸商贩与外国毒贩相互勾结，串通一气，联手贩毒，害国害民。如果没有这些帮凶，外国毒贩要想在短期内将鸦片换成现银是根本不可能的。

早在1796年(嘉庆元年)清朝嘉庆帝就发出上谕，指出："鸦片烟一项，流毒甚炽，多由夷船夹带而来，嗣后，西洋货船至澳门时，自应按船查验，杜绝来源。至粤省行销鸦片烟，积弊已久，地方官皆有失察处分。恐伊等瞻顾因循，查拿不力，嗣后有查获鸦片之案，除查明地方官有得规故纵情事应严参办理外，其仅止失察者，竟当概行宽免处分。"[⑤]正是由于清朝官员的查拿不力，得规故纵才使外国鸦片源源不断地流入口内。美国旗昌洋行的亨德曾用轻松的笔调描写了他们的行贿效应："公行与黄埔船舶间的走私，是严刑禁止的，当户部(指海关监督)船夫们跟随在每艘停在黄埔的船上，以及他们的长官站在义和行及瑞行前面的时候，我们只要出些小钱，那监管的人，就乐为居间，而使我们免去一切麻烦。"[⑥]广东水师副将韩肇庆"专以护私渔利，南洋船约每万箱许送数百箱与水师报功，甚

① 《中国近代对外贸易史资料》第二册，中华书局1962年版，第863页。
② 转引自《近代中国》第六辑，立信会计出版社1996年版，第31页。
③ 同②。
④ 《北华捷报》1855年11月3日。
⑤ 《清朝续文献通考》(一)，卷五十三，征榷二十五。
⑥ 威廉·亨德：《旧中国杂记》，《鸦片战争》(一)，第236页。

或以师船代运进口”。[①] 于是韩肇庆反以缴烟有功保擢总兵，赏戴孔雀翎。水师巡船上行下效，公然与鸦片贩子商定，每箱鸦片收 5 元—10 元，每月按时受贿不误。当时广东的情形是“水师有费，巡船有费，营汛有费，差保有费，窑口有费，自总督衙门以及关口司事者，无不有费”。[②] 收了贿钞以后，自然是高抬贵手，放私入口了。1836 年 9 月，兵部给事中许球上奏说：“近年来，系有前督臣卢任内香山县田溥，全营缉获鸦片一起，此外并不多见，此兵役得规包放故也。”[③]在其他沿海各省查缉人员亦有“查获十百而报一二，夺人之禁物而鬻之”的现象。[④] 两广总督邓廷桢虽然竭力禁止“扒龙”等快船走私鸦片，“但他自己有四只水师船，专为用来运输鸦片走私之用……许多英国人所有的双桅轻艇和无棚小艇，都被他雇佣转运鸦片”。[⑤] 1845 年 4 月 26 日，英国驻华公使、商务监督德庇时致函耆英，明确讲：“中国政府的低级官员就是主要的贩卖者，获利甚厚。”有时官船直接靠上停泊在零丁洋上的趸船提卸鸦片，运往广州出售。[⑥]

同样负有缉私重责的海关的问题也不少。1813 年，嘉庆帝发表上谕指出：“至鸦片烟一项……奸商嗜利贩运，陷溺多人，皆由各处海关私纵偷越。”[⑦]1822 年，有御史揭露粤海关包税是广东鸦片走私猖獗的一大原因：“洋船一到，即有包揽上税者，将烟雇载渔船，先行寄顿，然后查船。”[⑧]1832 年，道光帝下令两广总督李鸿宾等人“剀切出示晓谕洋人，并严饬洋商向洋人开导，勿将烟土夹带货舱，倘经查出，不准该商开舱卖货，立即逐回，并严谕以货船之外，毋许另设船只，以杜私入之源。仍于省河禁止走私快艇”[⑨]。上述防范的措施应当说是比较周密的，但再好的措施也要有人去实施的，在中国封建社会走向没落，政治腐败已成顽症，积重难返的情况下，正如马克思所说，“侵蚀到天朝官僚体系之心脏、摧毁了宗法制度之堡垒的腐败作风，就是同鸦片烟箱一起从停泊在黄埔的英国趸船上被偷偷带进这个帝国的”。[⑩]

鸦片战争前，代表清朝政府与外商打交道的中国公行总商伍浩官即伍敦元就是一个利欲熏心不顾一切的无耻之徒。此人早在 1821 年就因循隐外国轮船

---

① 魏源：《圣武记》卷十。
② 蒋湘南：《七经楼文钞》卷四。
③ 转引自田汝康等：《禁烟运动的思想前驱》附录，《复旦大学学报》1978 年第 1 期。
④ 梁廷枏：《夷氛闻记》，中华书局 1959 年版，第 9 页。
⑤ 《鸦片战争》(五)，第 12 页。
⑥ 宁靖编：《鸦片战争史论文专集续编》，第 28 页。
⑦ 《清仁宗实录》卷二七一。
⑧ 《鸦片战争档案史料》第一册，第 48 页。
⑨ 《清宣宗实录》卷二〇五，第 13—14 页。
⑩ 《马克思恩格斯选集》第一卷，第 717 页，人民出版社 1995 年版。

夹带鸦片被两广总督阮元处罚过，并摘去了他的三品顶戴。[①] 自东印度公司对华贸易的垄断权被取消后，伍浩官“退出和洋人的一般交易，专和旗昌行一家合作，他的对外贸易全由旗昌行一家代理”[②]。两者之间你中有我，我中有你，一损俱损，一荣俱荣。1835 年，鸿胪寺卿黄爵滋在一份奏疏中揭露：“有英吉利夷人铁头老鼠者，遂与洋行伍元和串通，移在大屿山屯船开装，自后俱用现银交易。”[③]代表政府直接与外商进行进出口贸易的十三行官商尚且如此卑鄙无耻，那些不具备官方身份的中国商人更不会把本国政府的禁令放在眼里，当一回事。

在中外鸦片走私贸易中，买办起了极为恶劣的作用。香山县人黄添化 1823 年至 1830 年经人介绍在荷兰人番巴臣处做佣人，因而通晓外语，于 1835 年 2 月被推荐至花旗米也船上充当买办。1838 年 9 月，又被荐至港脚利土船上当买办。“喇吐船内带有鸦片烟土，黄添化能通汉夷言语，遇有内地匪徒欲买烟土，该犯即邀至夷船，传话说合，不计数次，每月得工银十二元。”此人于 1839 年 6 月 26 日在九龙洋面被广东水师抓获后被夷船放下的舢板突击救出，直到 8 月 23 日潜回家中探信时才被拿获。[④] 又有人揭露说：“漳泉沿海奸民，平日勾通夷船者，今多在船同事，习其教法，依其装饰”，因此“夷船日多，烟贩愈炽”。[⑤] 对此，两广总督邓廷桢指出：“夷人以汉奸为内线，汉奸以夷船为利源。”[⑥]林则徐亦透露：“兵船拿获汉奸，该夷胆敢将官兵诓去，掳禁夷船，勒令释放汉奸。”[⑦]

在巨大经济利润的刺激下，有些原先合法的丝商加入了鸦片公所，一些合法的糖商紧跟其后。1838 年 9 月，上海知县在上海东关外“亨吉号糖行内拿获贩工之福建人许阿伢、杨贞倌二名，搜获烟土九百余两……在永利号店内拿获兴贩窝顿烟土之福建人林让、陈其恩二名，搜获烟土一万五千余两”[⑧]。

五口通商之后，怡和洋行买办杨坊与宝顺洋行的一个买办首创了从上海购进鸦片运到苏州交换丝茶的方式，被外商迅速接受，并津津乐道地称之为“苏州方式”。据 1856 年江海道蓝蔚雯的密禀揭露：“西洋各国进口货物，近以烟土为最盛……其贩来上海者，夷商以抵付丝、茶价值为大宗。比如应付丝、茶价银一万两，夷商只付现银六七成，余以烟土抬价推抵。丝茶商不敢私运，即就地售与

---

① 《鸦片战争》(一)，第 139 页。
② 同①，第 258 页。
③ 《黄爵滋奏疏许乃济奏议合刊》，中华书局 1959 年版，第 48—49 页。
④ 《鸦片战争档案史料》第一册，第 726—727 页。
⑤ 同①，第 474 页。
⑥ 《鸦片战争档案史料》第二册，天津古籍出版社 1992 年版，第 106 页。
⑦ 《林则徐集・公牍》，第 132 页。
⑧ 《鸦片战争档案史料》第一册，第 403 页。

潮广土栈。”[①]这种由买办发明、外国烟贩强制推行的以鸦片充当硬通货公开交换其他物资的方式，在中国近代史上开了首恶的先例，进一步破坏了中国与外国之间本已不太正常的贸易关系。

三、外国毒贩的下家

鸦片作为一种特殊的商品，在其流通买卖的过程中总是有上家、下家的。鸦片战争前后上家是外国的公司洋行或散商，下家则是直接从外国毒贩手中买进鸦片的各色中国人。

在鸦片战争前这种接手推销的“总汇多在虎门、澳门、黄埔一带，其散布多在肇庆府属之高要县利广起填行并潮州府属之澄海县苍埠一带”，[②]“顺德县之陈村、东莞县之石龙等村亦有之”。[③]

清朝政府对于本国臣民贩卖鸦片烟早在1729年就有禁令，“兴贩鸦片烟者，照收买违禁货物例，枷号一月，发近边充军。私开鸦片烟馆，引诱良家子弟者，照邪教惑众律，拟绞监候；为从杖一百，流三千里”[④]。1821年，清政府重申鸦片禁令，明确规定“开馆者议绞，贩卖者充军，吸食者杖徒”[⑤]。在这之后，鸦片贸易由陆路公开贩运改为零丁洋海上偷贩。零丁洋当时是外国鸦片商人的鸦片囤积地。用来储存从印度运来的鸦片的废旧海船被称为趸船，在其旁边还配备了一些武装船只进行护卫。“其船名曰护货，同泊一处，为之捍卫”。[⑥] 中国鸦片购买者首先到密设在广州的为外国毒贩大量批发鸦片的黑店“大窑口”[⑦]看货样，交付现款，然后凭大窑口的提货单到趸船上提货。“趸船交鸦片时，对每箱鸦片要收取费用5元，叫做‘规费’。假如7天之内不交订单提货，则需再付2元的‘延期费’。从趸船上将货提走之前，总要用席篓重新包装，然后打上货主的私人标记，并注明重量”。[⑧] 包揽运送鸦片的是“快鞋”船，因其帆张3桅，左右快桨凡五六十，来往如飞，故名。“快鞋”经过关津时，“巡丁呼之则抗不泊岸，追之则去已无及，竟敢施放枪炮，势同对敌，瞬息脱逃”[⑨]。但广东雷州、琼州两府，直隶天津

---

① 《吴煦档案选编》第六辑，江苏人民出版社1983年版，第188页。
② 《筹办夷务始末》(道光朝)卷四，中华书局1964年版，第98页。
③ 同②，第120页。
④ 李圭：《鸦片事略》，《鸦片战争》(六)，第140页。
⑤ 同④，第141页。
⑥ 《鸦片战争档案史料》第一册，第85页。
⑦ 大窑口“以开设钱店为名，其实暗中包售烟土”。见《鸦片战争档案史料》第一册，第85页。
⑧ 《中国近代对外贸易史资料》第一册，第334页。
⑨ 同⑥。

的鸦片货主是直接将货过船，不需快船包带的。[①]

来自趸船的鸦片运到广州后，“广州代理商按卖价抽取佣金百分之五，以后减到百分之三”。[②]

1837 年，在澳门开烟铺的郭亚平，因缺乏资本，囤货有限，不能应付购烟大户的需求，于是串通荷兰人呗咕等人充当鸦片经纪人，带领素识的闽广船户，备银驾艇，引导至零丁等处洋面，向夷船私买运回。“各船户每买烟泥一担，郭亚平抽取经纪番银四元”。[③]

为外国毒贩批发鸦片规模较小的黑店被称为“小窑口”，散布在各城乡市镇，数不胜数。

后来，洋船载运大宗烟土至福建、浙江、江苏、山东、天津、关东各海口，也同样有人为之接应推销。例如，上海“广潮等帮土栈……向凭夷商土票赴吴淞提货转售”[④]，与广州至零丁洋的情况非常相似。

有些两广、福建的商民从外国人处买进鸦片烟之后，即北上转手倒卖。1838 年 9 月，道光帝在上谕中提到，“两广、福建商民雇驾洋船，转贩杂货，夹带鸦片烟土，由海路运往天津，向有潮义、大有等店及岭南栈房代为包办关税”。[⑤] 11 月 5 日，署直隶总督琦善奏报称，在大沽一带金广兴洋船上查获广东三水籍乘客邓然等人合资购买的 12 袋烟土共 131 536 两，已查明是由广州城外水西街万益号李四经手向洋船代买的，准备运至天津、奉天、上海等地加价售出。[⑥] 同年 12 月 15 日，山东官方在胶州外洋停泊的鸟船上查获广东澄海籍船户王万顺藏在船底夹板内的五箱烟土共 11 050 两。据王供称是由人代购自夷船准备在胶州出售的。[⑦]

鸦片战争前，南至广东北抵奉天，在中国漫长的海岸线上到处都有本国鸦片贩子的踪迹。

“粤东地处海滨，番舶络绎，匪徒趋利若鹜，骫法营私较他省为多，亦较他省为易。”[⑧]省城广州是大宗烟土的集散地，“两湖、江西为烟土出入之门户，其大伙烟犯，动辄百十成群，犹如私枭之出没，器械森然，人视死而如归”。[⑨] 处于东路

---

① 《鸦片战争档案史料》第一册，第 85 页。
② 《中国近代对外贸易史资料》第一册，第 334 页。
③ 同①，第 245 页。
④ 《吴煦档案选编》第六辑，第 188 页。
⑤ 《清宣宗实录》卷三一二。
⑥ 同①，第 392 页。
⑦ 同①，第 444—445 页。
⑧ 《林则徐集・奏稿》中册，第 655 页。
⑨ 《筹办夷务始末》(道光朝)卷三，第 66 页。

要区的潮州"所属近海口岸较多,夙为烟匪出没之所"。1839 年 3 月 15 日至 4 月 13 日,广东官方在此地搜缴了烟土烟膏 72 188 两,占全省同期查获量的 90%。[①] 在黄埔、澳门各海口、珠江口外零丁洋岛以及广东西江、北江流域,天地会的分支三合会是最大的有组织的鸦片走私团伙。

福建"下游各府地处海滨,且与粤洋相接,每有不法之徒通夷,兴贩情弊百出"[②]。每逢夏秋,福建沿海常有外船停泊。"奸民利其鸦片,引之使来。宽则诱其驶入港门,逼近马头,以便起卸;严则令其停于港口,暗雇渔舶代为交盘",而且也有人出有巨资,开设窑口,实"为烟土自外洋入内地之枢纽。"[③]

上海"实为东南数省贩烟之口岸……上海县地方濒临海口,向有闽粤奸商雇驾洋船,就广东口外夷舡贩卖呢羽杂货并鸦片烟土,由海路运至上海县入口,转贩苏州省城并太仓、通州各路,而大分则归苏州,由苏州分销全省及邻境之安徽、山东、浙江等处地方"。[④]

天津因"该处府县家人书役等,向多得规包庇",致使 1838 年"烟馆随处皆有,烟具陈列街前"。"山、陕等处商贾,来津销货,即转贩烟土回籍。"[⑤]

与此同时,奉天所属向为各地海船停泊口岸的锦州矢桥厂、海城没沟营、盖平连云岛等地也变成了东北地区鸦片的集散地。马老八、张裕源等著名烟贩应运而生。1838 年春,被清政府逮捕法办的三个东北籍烟犯供认,他们的货源分别来自福建海澄县福盛馆老板王老五、奉天新民厅某药铺老板张裕源和锦州的马老八。道光帝严令盛京将军宝兴等人"随时随地认真防查,倘有开设铺面,暗藏烟土,转相售卖……立即按名查拿,照律惩办,净绝根株"。[⑥]

沿海地区贩烟活动的猖獗首先与外国烟贩的重利勾引有关。林则徐称:"粤洋渔船疍艇之多,几不可以数计,其人贪利亡命,无不远赴外洋,而奸夷加意招徕,啗以倍蓰之利,即一蔬一薪,亦皆厚给其值,并以鸦片与之兑换,使之两获其利,利宽重而命愈轻。"[⑦]其次与某些执法缉私人员的受贿包庇甚至是联手合作共同经营是密不可分的。1837 年 12 月,充任粤海关澳门娘妈阁税口差役的谢安于次年 5 月间与巡船水手卢意一道查出赴关报验之香山郑亚两果船内有白烟土四包,结果收了郑给的洋银 3 元后私自放行。6 月 26 日,谢、卢二人查出李亚

---

① 《鸦片战争档案史料》第一册,第 523 页。
② 同①,第 538 页。
③ 同①,第 677 页。
④ 同①,第 407 页。
⑤ 《清宣宗实录》卷三一二。
⑥ 同⑤,卷三一六。
⑦ 《林则徐集·奏稿》中册,第 762 页。

养猪船内有烟土 3 个，得贿银 3 元；7 月 1 日，又查出莫亚兴菜船内有烟土 6 个，得贿银 4 元，均予放行。“此外陆续查出不识姓名客船烟土四五次，烟土多少不等，每次约得银二三元至八元不等，随时卖放。计共得银二十余两”，由谢安、卢意六四分成花用。[①] 1839 年 8 月，福建贩烟惯犯林干勾结金门镇标右营把总林和国，让林管驾的哨船在巡洋时为自己运送烟土。事为当地民众发现后，林和国部下兵丁竟敢公开开枪打伤民人 3 人。此案后经闽浙总督桂良等人查明，林和国受贿运送鸦片证据确凿，“应照海口员并收受窑口财物，无论赃之多寡拟绞立决例，拟绞立决”，所收贿银，查追入官。[②] 同年 11 月，广东番禺烟贩梁亚苏等 8 人起意出洋贩卖烟土，各出本银 125 元交付东莞县巡船舵工尹施昧。尹即利用指挥船内巡役水手的权力，将梁亚苏“由僻港送至新安县属铜彭洋面”，从英国鸦片船中买得烟土 45 个，原路护送返回。梁亚苏等人将烟土全部卖出得番银 700 两后，又给了尹施昧及巡役胡遗各谢银 50 元。案发后梁、尹两犯均被斩首处死。[③]

另有一些本国烟贩走的是内河航线，“其由内河兴贩至南北各省，盈箱累笥，载以舟车，实繁有徒”。[④] 如嘉白帮粮船水手也在运送漕粮之时偷贩烟土。[⑤] 鸦片战争前，汉口是华中地区的鸦片集散地，即使在林则徐两湖禁烟时暗中出售鸦片的贩子仍然不少。1838 年 9 月，林则徐在一份奏折中说：“臣历任所经，如苏州之南濠，湖北之汉口……各种货物销路皆疲，凡二三十年以前某货约有万金交易者，今只剩得半之数。问其一半售于何货？一言以蔽之，曰鸦片烟而已矣。”而鸦片“以衙门中吸食最多，如幕友、官亲、长随、书办、差役，嗜鸦片者十之八九，皆力能包庇贩卖之人，若不从此严起，彼正欲卖烟者为之源源接济，安肯破获以断来路？”[⑥]在长江流域的上游也有烟贩的踪迹。1839 年 5 月，四川总督宝兴奏报，在奉节之地下沱地方江面上查获奸商李洪发等人的船只，内有烟土烟膏 3 900 余两，烟草 10 800 余两、烟具 60 余件。[⑦]

鸦片战争前在各地贩烟的人群若以籍贯来划分，则广东籍、福建籍占了很大的比重。徐继畬曾经指出：“粤之惠、潮，闽之漳、泉，其民好利轻生，与他处异。自鸦片之利兴，趋之者十人而九，其事逸于农贾，一出而偿其息者数十倍，从吾法

① 《鸦片战争档案史料》第一册，第 760—761 页。
② 《鸦片战争档案史料》第二册，天津古籍出版社 1992 年版，第 18 页。
③ 参见《林则徐集·奏稿》中册，第 817—819 页。
④ 《清宣宗实录》卷三一六。
⑤ 参见马模贞主编：《中国禁毒史资料》，天津人民出版社 1998 年版，第 234 页。
⑥ 同③，第 600 页。
⑦ 同①，第 532 页。

则饥而死，必且侥幸于法之所不及而为之而不顾。”[1]正因为贩烟有厚利，因此在清政府发动禁烟运动后这帮人采用更加隐蔽诡秘的手法继续作案，“或由渡船夹带，或由渔艇分携，或乘坐肩舆使人不觉，或深埋窟窖无迹可寻，甚或幼孩背裹牛喉，老妇腰缠布袋，种种秘密，愈出愈奇”[2]。有的烟贩还把贩烟据点转移到僻远的乡曲村庄，“藏垢纳污，旧时既不少窝存，闻拿又转相寄顿。或深房密室，守以妇女，而莫能窥；或祠庙山林，埋以坑窖，而无由识，甚至装为棺柩，假作坟茔，诡秘万端，出人意表”[3]，给查禁烟毒的工作带来了相当大的困难。

烟贩若以组织来划分，则天地会系统的帮会最为活跃。1838 年，广东三合会烟匪在禁烟运动的严厉打击下不思悔改，“或代为护送船只，或代为之送各地销售，通同分肥”[4]。还有些广东福建籍的烟贩新立红会名目，列号分帮，“私带鸦片，潜入江西经销”。[5] 1840 年 9 月初，福建人江禄华在汀州府上杭官田地方、广东人李正昌在广东大埔与福建永定交界之广福亭地方各自建立红会。“福建名太平帮，广东名长生帮，各由总头招揽烟贩，陆续编号，分列一号至九号”，每号数十人不等。因会内“给红布旗一面，每人分给红布一条，挂在衣扣作为记认”[6]，故名红会。红会会员从闽广当地杂货船上低价收购烟土，雇人护送出境，分往各处加价售卖。他们为了逃避检查，蒙混过关，将“所贩烟土，或藏在夹板箱、雨伞柄、夹层竹箩底内，或棉袄、高底鞋内”。[7] 沿途“并有受雇挑担，及在途会遇，许给饭食沿路代为照应者”。各号总头“按贩土多寡抽取厘金”，并交会内专人保管。[8] 为了给会员打气撑腰，会单上写上了“神祇保佑通帮顺遂”的字样[9]，企盼着“贩烟图利”[10]。至 9 月下旬，红会匪徒 160 余名连同烟土 5 800 余两及刀械等件被官方查获。1840 年 12 月，烟犯江八满在福建永定被捕，“供认系太平帮第五号总头，受雇包送烟土不讳”[11]。此外，曾宝和曾在广东乐昌小码头与在当地贩烟的江西上犹县人朱义兴等人拜神结盟，吸收他们加入红会，向他们分发红布和尖刀。前者用作暗记，后者便于“贩烟互相帮助，以免他人抢夺。”[12]

---

① 徐继畬：《禁鸦片论》，《松龛全集》，山右丛书初编丛本。
② 《林则徐集·奏稿》中册，第 692 页。
③ 同②，第 802—803 页。
④ 中国第一历史档案馆馆藏清代军机处录副奏折：御史周春祺奏折(道光十八年十一月十四日)。
⑤ 《林则徐使粤督粤未刊信稿》，《中山大学学报》1988 年第 1 期，第 94 页。
⑥ 《鸦片战争档案史料》第三册，天津古籍出版社 1992 年版，第 142 页。
⑦ 《鸦片战争档案史料》第二册，第 663 页。
⑧ 同⑥，第 142—144 页。
⑨ 同⑥，第 145 页。
⑩ 同⑦，第 440 页。
⑪ 《中国禁毒史资料》，第 216 页。
⑫ 同⑥，第 229 页。

另据当代学者茅家琦的研究，原广西天地会首领之一后任太平军镇江主帅的罗大纲原先似乎也与广州奥立芬洋行的股东“景公”(C. W. King)贩卖过鸦片。[①]

上海小刀会首领、广东人刘丽川在1853年小刀会起义前曾在上海小东门“开烟店为生”[②]，其他头领如“闽人陈阿林、林阿福、陈阿六、李仙云等，粤人则李少卿、李爽轩，平素皆卖烟聚赌，刁悍不法，广结党羽，无籍游民多附之”。[③] 游民们“兴贩鸦片，遇事生风”[④]，一些人“以护送鸦片烟土为业，嗜利好争，动辄纠众，械斗拒捕，瞀不畏死”。[⑤] 1853年7月，广东嘉应州人李少卿从上海押运一批鸦片烟土去苏州贩卖，途经青浦千秋桥时被人假冒周立春之名劫夺一空。经过李与周立春的当面交涉，周答应将鸦片“押令赔还”[⑥]。周立春也由此经李少卿介绍结识了刘丽川，加入了上海小刀会。

从事非法的贩烟经营一直是中国近代帮会的重要活动之一，由此帮会可获取厚利作为维持和发展自身组织的物质基础，吸收大量的无业游民为其奔走效力。但人们从中也可以看出，帮会与外国侵略者有着共同的鸦片利益，仅就这点而论也极易被民族的敌人所收买利用，损害中华民族的民族利益。

第三节　清政府关于贩毒问题的对策

一、关于如何处置毒犯的讨论

鸦片战争前，中外烟贩猖獗，鸦片流毒甚广，不但东南沿海烟毒严重，就是天子脚下、紫禁城内也不是一块净土。1831年，兵部给事中刘光三在奏折中揭露：“近年以来，挑贩广货各商大半夹带鸦片烟，地方官拿获食烟之人，其供称买自不知姓名挑上。”而京城地方官“或听受嘱托，不复严追，亦所时有”。[⑦] 大学士、管理刑部事务卢荫溥等人在遵旨议奏刘光三奏折时指出，嗣后买食鸦片者除照例杖责枷号外，还必须“指出贩卖之人”，“如不将贩卖之人指出，即将食烟之人照贩

---

① 参见茅家琦：《太平天国对外关系史》，人民出版社1984年版，第46页。
② 《上海小刀会起义史料汇编》，上海人民出版社1980年版，第165页。
③ 同②，第985页。
④ 《福建·上海小刀会档案史料选编》，福建人民出版社1993年版，第330页。
⑤ 同②，第1022页。
⑥ 同④，第330页。
⑦ 《鸦片战争档案史料》第一册，第79页。

卖为从例，杖一百，徒三年”。[①] 同年，清政府破获了一个以皇宫首领太监为首的贩运、吸食鸦片的犯罪同伙。1834 年，又有人在朝廷严禁鸦片走私的大气候下，将从粤中带来的 100 两鸦片在京城以 240 金的价格售出。[②]

1836 年 6 月 10 日，太常寺少卿许乃济上《鸦片例禁愈严流弊愈大亟请变通办理折》，他的所谓变通办法就是请求公开弛禁鸦片，允许外国鸦片输入，照税则纳税，但鸦片进口不得用银购买，只准以货易货。许乃济的主张迎合了鸦片贩子的口味，得到了这伙人的赞同与叫好，但在京官中并无人附和。同年 9 月，内阁学士兼礼部侍郎朱嶟、兵部给事中许球等人上奏批驳许乃济的主张。朱嶟指出，英国“初以鸦片入关，即有削弱中原之念……其船窜入闽、浙、江南、山东、天津、奉天各海口，诚不知是何居心”。他认为，“独禁员弁士兵而许民间贩卖吸食”是“掩耳盗铃”的欺人之谈。一旦弛禁，百姓将“公然贩卖吸食”，藐视国法。因此朱嶟针锋相对地提出，“其有屯贩鸦片至千斤以上者，置之重典”。[③] 许球则要求“先严定治罪条例，将贩卖之奸民，说合之行商，包买之窑口，护送之蟹艇，贿纵之兵役，严密查拿，重法惩治”。至于外国烟犯，则“寄信该国王……倘仍前设立趸船，潜来勾诱，坐将茶叶丝斤等项概停互市，并将该国坐地夷人正法”。[④]

道光帝在接到朱嶟等人的奏折后，下令两广总督邓廷桢等人认真查拿鸦片贩子，力塞弊源。11 月 23 日，许球奏折提及的查顿等 9 名英美烟贩被驱逐。

1838 年 6 月 2 日，鸿胪寺卿黄爵滋鉴于外国鸦片贩子仍在大量走私鸦片，从维护清王朝的角度出发上奏，提出了更为严厉的禁烟方案。他认为：“夫耗银之多，由于吸食之盛，贩烟之盛，由于食烟之众。无吸食，自无兴贩；无兴贩，则外夷之烟自不来矣。”因此黄爵滋提出以一年为限戒烟，过期不戒者，百姓处以死刑，官员罪加一等。[⑤] 道光帝这次下令将黄爵滋的奏疏发给各省督抚、将军讨论，他在给两广总督邓廷桢等人的上谕中说，“有人奏，自鸦片流毒中国，纹银出洋之数，逐年加增，以致银贵钱贱。地丁、漕粮、盐课，因而交困。若不及早防维，力图筹复，将以中国有用之财，填海外无穷之壑，于国计民生，大有关系。所奏似属可行”，要邓廷桢等人“悉心筹划，妥议章程具奏”。[⑥] 道光帝的表态给这场大讨论定了调，讨论结果完全赞成或基本赞成的有湖广总督林则徐等 8 人，以各种理由和说法否定“重治吸食”的有盛京将军宝兴等 21 人，不过他们对于查禁鸦片

① 《鸦片战争档案史料》第一册，第 89 页。
② 雷瑨：《蓉城闲话》，转引自来新夏：《林则徐年谱新编》，南开大学出版社 1997 年版，第 220 页。
③ 转引自来新夏：《林则徐年谱新编》，第 779—781 页。
④ 同③，第 783—784 页。
⑤ 黄爵滋：《请严塞漏卮以培国本折》，《鸦片战争档案史料》第一册，第 256 页。
⑥ 同①，第 259 页。

则是一致赞同的。山东巡抚经额布认为:“若将食烟之人拟以死罪,而兴贩之犯转以轻典,不特轻重倒置,有失情法之平,且恐吸食者众,诛不胜诛,兴贩者转得兴贩如故。”[①]直隶总督琦善也认为严办吸食者不妥,这是“不治其少而治其多,欲将吸食之人概行论死,其贩卖者又将何以加焉”[②]。山西巡抚申启贤、云贵总督伊里布、广西巡抚梁章钜以及福建巡抚魏元烺的意见基本相同,他们一致认为应严惩贩烟开馆人犯、造卖贩运之人以及兴贩及开窑囤烟之犯。陕西巡抚富呢扬阿、江西巡抚裕泰以及浙江巡抚乌尔恭额则进一步提出,应首严海口之禁,次加兴贩开馆之罪,即必先重惩海口接引奸商,严治广东通洋烟贩。[③] 所有这些意见都有相当多的合理成分,我们认为将打击的重点放在烟贩上,无论从策略上还是可行性上都较重点打击吸食者高出一筹。从源头上防堵,把贩毒消灭在萌芽状态无疑是最经济有效的办法。

二、严厉处置毒犯措施的实施

1838 年 9 月 7 日,道光帝在听取了臣工的意见之后发布上谕,著步军统领衙门及各直省督抚严惩贩烟吸烟人犯,“有犯必惩,毋稍疏纵”,在全国范围内掀起了禁烟运动的热潮。

9 月间,在广东约有 2 000 名内地鸦片烟贩和吸食成瘾者被捕。1839 年 1 月,两江总督陶澍奏报拿获烟贩多人,收缴鸦片 57 000 余两;2 月 12 日,广西巡抚梁章钜奏报拿获烟贩 120 人,查获鸦片 128 400 两;2 月 23 日,浙江巡抚乌尔恭额奏报拿获烟贩 150 人,收缴鸦片 9 140 两;5 月 8 日,闽浙总督钟祥报告抓获烟贩 324 人,收缴烟土烟膏 125 400 两。[④] 据统计,自 1838 年下半年起至次年 4 月止,全国除广东外共拿获烟贩 4 111 人,收缴鸦片烟 588 179 两。[⑤]

在广州处决中国烟贩时曾多次遭到某些别有用心的外国人的干扰破坏。1838 年 10 月 26 日中午,广州官方在十三行广场处决贩烟团伙首犯何老近时,遭到了外国商人、水手的无理阻挠,刑场被毁,结果引起了广州近万名群众的义愤,他们自发地包围并冲击商馆。至 1838 年 12 月,估计有 2 000 余名鸦片贩子、掮客、吸食者被捕,每天都有一些人被判处死刑,一些烟商狼狈出逃,鸦片连一箱都卖不出去了。[⑥] 1839 年 2 月 26 日,广州官方在十三行商馆前十字街头绞

---

① 《筹办夷务始末》(道光朝)卷二,第 40 页。
② 同①,第 28 页。
③ 参见《鸦片战争档案史料》第一册,第 291 页。
④ 《清宣宗实录》卷三三二。
⑤ 《鸦片战争》(五),第 23 页。
⑥ 参见《清代全史》第六卷,辽宁人民出版社 1991 年版,第 344 页。

死烟贩冯亚根，外国烟贩兔死狐悲，居然下旗表示抗议。

钦差大臣林则徐到广州后，除了收缴外国烟贩鸦片 2 万余箱在虎门公开销毁外，对于本国烟贩同样毫不手软。4 月 4 日，林则徐特出示重申烟禁，下令“凡有从前买鸦片，无论兴贩图利，以及自行煮食，均须痛自改悔……倘再仍前执迷，或兴贩图利，或恋瘾不戒，私藏鸦片及烟枪、烟具在家，一经访闻……从重究办”①。

1839 年 6 月 15 日，清政府颁布《钦定严禁鸦片烟条例》39 条，通令全国遵照执行。《条例》规定，“沿海奸徒，开设窑口，勾串外夷，潜买鸦片烟土，入口囤积，发卖图利，一经审实，首犯拟斩立决……为从同谋及接引护送之犯，并知情受雇之船户，均拟绞监候。房屋船只，一律入官”。“拿获鸦片案内，如有合伙开设窑口，并合伙兴贩者，无论出钱多寡，以起意为首，余俱以为从论”；“贪利寄囤夷船鸦片烟土，流毒内地者，照开设窑口从犯治罪，其寻常兴贩烟土案内，究出知情受寄之犯，减首犯一等治罪”；“私开鸦片烟馆，引诱良家子弟者，首犯拟绞立决，房屋入官，从犯及知情租给房屋之犯，发新疆给官兵为奴，房屋一律入官”；对于收受贿赂纵放烟土的沿海员弁、官役人等《条例》也作了严加惩处的明确规定。② 6 月 23 日，清政府又拟定了外国烟贩来华的治罪专条：“此后夷人如带有鸦片烟入口图卖者，即照开设窑口例，拟斩立决。为从同谋者，从严拟绞立决，由该督抚审明确系带卖鸦片烟首从正犯，并无替冒情弊，即交该地方官督同该夷人头目将各犯分别正法，起获烟土，全行销毁……所带货物，概行入官。”③林则徐也向中外商民和澳葡当局发出告示，“倘向私售鸦片，一经拿获，即恭请王命正法”④。

从 5 月 13 日—6 月 28 日，广东又续获贩卖、煎熬、吸食人犯 192 名、烟土 12 773 两。⑤ 自 1839 年 8 月 11 日—1840 年 6 月 28 日，根据林则徐的 4 次奏报统计，广东又查获烟案人犯 1 083 人，烟土 81 201 两。⑥ 在《钦定严禁鸦片烟条例》颁布后不到半年的时间内，在除广东以外的各省区内查获了鸦片烟土 80 多万两，破获并处理了许多贩烟、吸烟集团和人犯。⑦ 另据当代学者萧致治研究统计，在 1838—1840 年两年内，除林则徐在广东海口从外国鸦片贩子手中收缴两万多箱鸦片外，在全国各地共收缴烟土烟膏 2 264 125 两，拿获鸦片烟贩 15 568

---

① 《林则徐集·公牍》，第 77 页。
② 《鸦片战争》(一)，第 536—542 页。
③ 《筹办夷务始末》(道光朝)卷七，第 5 页。
④ 《林则徐集·公牍》，第 121 页。
⑤ 《林则徐集·奏稿》中册，第 654 页。
⑥ 同⑤，第 691、737、788、854 页。
⑦ 朱金甫、郦永庆：《第一次鸦片战争期间禁烟问题新探》，《人民日报》1986 年 1 月 6 日。

名，成效显著。[①] 英国侵略者为了维护非法的鸦片贸易，保护自身的鸦片利益，终于悍然发动了可耻的鸦片战争。

三、鸦片战争后清政府在禁烟问题上的退让

英国政府是英国鸦片贩子的总后台，是鸦片利益的获得者和代表者。1842 年 8 月英国代表兼香港总督璞鼎查在有关《南京条约》的双边谈判中提出将鸦片作为货物纳税，公开贩卖。对此中方代表一直不敢正面回答，采取“俟姑再商”的拖延回避策略。8 月 26 日，璞鼎查在《南京条约》基本议定后以个人名义发表演说，建议中国“用实物买卖的形式使鸦片贸易合法化”。清朝钦差大臣对此答复说：“鸦片弛禁之事，目前不便遽然奏请。至中国官宪之责，止限于禁本国兵民吸食。各国商船是否携带鸦片，中国不必过问，亦毋庸绳之以法。”[②]因此，尽管《南京条约》字面上没有对今后的鸦片贸易作出明确的规定，但清政府的代表已明白暗示今后英国鸦片贩子可以在中国既不纳税又不受法律的制裁。《南京条约》的文本中只字不提鸦片贸易合法与否，其原因是“鸦片以新例初颁，衅端由是而起，既不便申明前禁，又不便擅定税章，遂置此项于不议”。[③]

1843 年 7 月，英国驻华公使璞鼎查向钦差大臣耆英递交有关鸦片问题的备忘录，重弹弛禁鸦片的老调，并扬言他已获得了禁止鸦片进入香港的权力。香港禁烟将迫使鸦片船只进入中国内河，事情会变得更糟。[④] 耆英当即表示，“中国严禁鸦片各条例，均所以约束中国人民，未尝禁及外国。亦犹贵公使之能禁英商，而不能禁他国也……嗣后英国商人夹带鸦片者，应由贵公使禁止出口；中国商民贩卖吸食者，应由本大臣等饬各管官严行查拿，有犯必惩。其各国商人，应俟该国领事到日，再由各海关照会，自为查禁，不准贩烟进口”。“至所论拟收平允之税一节，事无把握，又无成说，非奏明请旨，此时不敢遽议也”[⑤]。耆英的这番谈话虽然放弃了对外国在华鸦片走私的监管和查处，但在鸦片贸易合法化问题上没有松口。因此，璞鼎查只得在 8 月 1 日在香港发布命令，“鉴于中国皇帝的谕旨和法律已公开宣布鸦片贩运是非法的，任何人从事这一贸易将自负其责”，包括英国臣民[⑥]。这一命令表面上似乎是向中国政府表明英方对鸦片贸易的态度，然实际上是向英国公众表白英国政府与鸦片走私贸易没有任何牵连，也

---

① 参见《武汉大学学报》1990 年第 3 期。
② 《鸦片战争》(五)，第 515 页。
③ 李圭：《鸦片事略》，《鸦片战争》(六)，第 153 页。
④ 同②，第 287 页。
⑤ [日] 佐佐木正哉：《鸦片战争の研究》(资料篇)，第 253—254 页。
⑥ 《在中国的两次鸦片战争》，第 159 页。

不负什么责任。

耆英的表态后来还得到了道光帝的认可。1843年12月，道光帝密令耆英："回任后，申明禁令，此后内地官民，如再有开设烟馆及贩卖烟土并仍前吸食者，务当按律惩办，毋稍姑息。切不可听任官吏人等，过事诛求，致滋扰累。总之，有犯必惩，积习自可渐除，而兴贩之徒，亦可不禁而自止矣。"[①]在这里，道光帝把禁烟的范围缩小到本国的官民，而且似乎对于与内地对应的通商口岸有网开一面之意。

1844年，耆英擅自致函新任英国驻华公使德庇时，提出"鸦片贸易可以在双方默契下进行。按照这一默契，实现和平后，一次有关严禁鸦片的公告也没有发表过"。[②]

1856年，英国为了进一步扩充在中国的鸦片市场，把鸦片贸易合法化，伙同法国发动了第二次鸦片战争。1857年4月20日，英国外交大臣克勒拉得恩训令英国侵华军全权专使额尔金，"现在的鸦片贸易，在地方当局的许可与纵容下，似乎已达到充分满足中国鸦片需要的程度。但是以完纳关税把鸦片贸易置于合法地位，显然是比现在这种不正规的方式更为有利"[③]，这一训令多少道出了英国发动第二次鸦片战争的初衷。在中国国内"言利者亦有在上海抽取鸦片烟厘，每年可得百万之说。眈眈虎视，竟欲越俎代庖者不止一人"。但两江总督怡良等人认为，"抽厘必须官给照票，烟贩特为护符，竟可任其所之，莫能究诘，直是弛禁。不独显违谕旨，且以夷人屡求不准之事，一旦作此掩耳盗铃之举，即使每年可得百万，尚不可行。况处处受人挟制，徒饱言利者之欲壑，归公者不过十之二三，有损国体，无裨军饷"。咸丰帝阅后批示表示同意，认为"明给执照，抽取烟厘，必至处处受人挟制，担虚名，受实害，甚非计之得也"。[④]

1858年10月，英国全权代表额尔金在中英上海谈判中再次抛出鸦片贸易合法化的建议，宣称"假如这种药材能同其他输入品同等对待的话，许多与鸦片贸易连在一起的弊端都将得以避免"。清朝政府因镇压太平天国和抵抗英法侵略军费支出浩繁，财政空虚，急需通过新的渠道敛财，于是"钦差大臣们同意这样的意见，鸦片因而被列入税率，要缴纳的关税是每箱银子30两"[⑤]。1858年11月，清政府与英国、法国、美国签订了《通商章程善后条约》，从此在清政府的官方

---

① 《筹办夷务始末》(道光朝)卷七十，第2772—2773页。
② 《太平天国史译丛》第二辑，中华书局1983年版，第283页。
③ 转引自王宏斌：《禁烟史话》，社会科学文献出版社2000年版，第99页。
④ 《筹办夷务始末》(咸丰朝)第二册，中华书局1979年版，第512页。
⑤ 《第二次鸦片战争》(六)，第184页。

文书中“洋药”这一专用名词取代了“外国鸦片”的字样，直到1906年清政府重新在全国发动禁烟运动时这种称呼才有所变化。《通商章程善后条约》规定：“向来洋药……等物，例皆不准通商，现定稍宽其禁，听商遵行纳税贸易。洋药准其进口，议定每百斤纳税银三十两，唯该商止准在口销卖，一经离口，即属中国货物；只准华商运入内地，外国商人不得护送。”①

必须指出的是，虽然清政府对外屈服于外国的武力，对内急于筹措军饷，最终同意鸦片贸易合法化，但对国内的禁令并未放弃。1859年，清政府颁布的新条例规定，所有官员、兵丁、太监兴贩，收买，吸食洋药都仍照定例办理；开馆销售鸦片照诱赌例，分别是否经旬累月问拟，房屋入官；另外规定百姓中只准洋货商人经销烟片，他人仍不能问津。但即使“售卖洋货商人仍不准在铺内开馆，别项门面住户一概不准私售转卖寄存，如获有此等匪人及商民聚集者，照开局聚赌之例送部治罪，房间一概入官”。② 简而言之，这一新条例部分解除了民间不准贩烟的禁令，对于吸毒则在民间全面放开，从而极大地刺激了民间的贩烟活动。

至19世纪70年代初，上海流行女堂烟馆即一些烟馆为了招揽生意雇佣青年妇女为跑堂。1873年2月4日，《申报》刊登了上海阖邑绅商公启，题为《论女堂烟馆亟宜禁止事》，指出女堂烟馆“消耗资财”，“戕伐性命”，“两端巨患合成为一，其流毒之惨，岂有穷极”。公启强调指出，倘使人人都迷恋于女堂烟馆，则利源尽归烟馆业，势必影响其他行业的收入，使市面寥落，洋商最终也会受其害。不久女堂烟馆在上海被严厉查禁，从此一蹶不振。但10年以后北京、苏州、杭州等地又出现了妇女开设烟馆拐贩的情况，③太监阎连成甚至竟敢将烟馆开到了紫禁城内。④ 进入20世纪后，北京安定门外已是烟馆林立。1905年春节前，被清政府查封过一次，但春节过后马上又重新开张了。⑤

四、太平天国对外国毒贩的遏制

太平天国对鸦片采取了严禁的态度。洪秀全在金田起义前就指出，清政府“每年花中国之金银几千万为烟土，收花(华)民之脂膏数百万回满洲为花粉。一年如是，年年如是，至今二百年，中国之民富者安得不贫？贫者安能守法？”他“兴

---

① 《中外旧约章汇编》第一册，三联书店1957年版，第117页。
② 《大清会典事例》卷八二八，第3—4页。
③ 《光绪朝东华录》第二册，中华书局1958年版，总1577页。
④ 同③，总1568页。
⑤ 天津《大公报》1905年2月17日。

言及此，未尝不拍案三叹也”。[1] 太平天国定都南京后曾发布告示：“洋烟黄烟不可贩卖吸食也。洋烟为妖夷贻害世人之物，吸食成瘾，病入膏肓，不可救药……倘有贩卖者斩，吸食者斩，知情不禀者一体治罪。”[2]太平天国发行的《醒世文》也告诫商人们，“百般贸易俱可做，烟酒禁物莫私营”。[3] 太平天国的《十款天条》则将“吹洋烟”提高到“犯天条”的地步。

1859 年，干王洪仁玕在《资政新篇》中明确提出了禁绝一切生熟鸦片的措施：“先要禁为官者，渐次严禁在下，绝其栽植之源，遏其航来之路，或于外洋入口之烟不准过关。走私者杀无赦。”[4]洪秀全深以为然，在这一条上方批示“是”，表示赞同。

在实际的对外交往方面，太平天国在禁烟问题上一再表明了不妥协的强硬态度。英国公使文翰在太平军占领南京后不久就预言，就太平军“彼等之书籍之故与行动而言，鸦片将被严厉禁绝，非同现在只有禁烟之虚名，将必实行禁绝也”。[5] 1853 年 5 月 3 日，文翰结束天京之行返回途中，收到了镇江太平军守将罗大纲的文书，欢迎中外平等贸易，但英国人“不应再卖鸦片”。英方表示，英政府对于鸦片之买卖向来不加理会，“对于从事经营鸦片业者，听凭中国当局处理之”。[6] 然而就在镇江，英国兵轮在拒绝向太平军出售火炮火药米粮的同时，公然宣称“如要烟土，尽有可卖”。太平军当即斩钉截铁地回答：“我处不用此物。”[7]此后又有邓特洋行为再次试探太平天国的禁烟决心，派出“尼姆纳”号停留在距南京上游 50 英里的芜湖，拟“和太平天国建立鸦片贸易”，然而费时半年，“结果终未成功”。[8]

1854 年 6 月，英国军舰舰长麦勒西访问天京，向东王杨秀清提出了 30 个问题，其中，第 27 个问题是关于对外贸易方面的。6 月 28 日，由石达开和黄玉昆奉命起草的东王“诰谕”送达麦勒西。《诰谕》明确指出：“平定时，不唯英国通商，万国皆通商，天下之内兄弟也。立埠之事候后方定，害人之物为禁。”[9]

由于太平天国在其管辖区实行严厉的禁烟政策，吸食鸦片者要被处死，同时

---

① 中国近代史资料丛刊：《太平天国》(二)，上海人民出版社 1957 年版，第 570 页。(以下简称《太平天国》)

② 《太平天国》(三)，第 225 页。

③ 《太平天国》(二)，第 505 页。

④ 同②，第 536 页。

⑤ 《太平天国》(六)，第 917 页。

⑥ 同⑤，第 907 页。

⑦ 《太平天国》(七)，第 123 页。

⑧ 呤唎：《太平天国革命亲历记》下册，中华书局 1961 年版，第 442 页。

⑨ 转引自茅家琦：《太平天国对外关系史》，第 100 页。

又严禁商贩卖烟土，使上海的外国鸦片商人的鸦片生意大受影响，鸦片市场陷于呆滞。英商怡和洋行在1854年5月30日的内部通信中哀叹："卖货实属困难，上品烟土，价格已继续下降到330元100斤，目前似乎没有上涨的希望。"[①]1855年初这伙烟贩又叫苦说，"虽然价钱这样便宜，但仍然没有人买"[②]。

1860年，忠王李秀成进军江浙时仍继续执行禁止鸦片输入的国策，致使上海进口的鸦片从1859年的33 000箱下降至这年的28 000箱。1861年12月，太平军攻占宁波后，严厉取缔鸦片贸易。1862年初怡和洋行宁波支店的负责人格林惊呼，两个月来连"一箱鸦片都没有卖得出去"[③]。

太平天国沉重打击了外国烟贩们，因此外国烟贩及其后台老板为了他们的侵略权益，转而穷凶极恶地反对太平天国是不足为奇的。一个外国人曾经这样说过，1858年，《天津条约》签订后，清政府"把鸦片的贸易合法化了……太平天国却不是这样……明白了这些事实，我们就不难明白，为什么各通商口岸的领事及商人都反对太平天国"。[④] 应当说，此人的观察是十分深刻的。

① 王崇武：《太平天国史料译丛》，神州国光社1954年版，第107页。
② 同①。
③ 转引自罗尔纲：《太平天国史稿》，中华书局1955年版，第99页。
④ 转引自卿汝楫：《美国侵华史》第一卷，三联书店1952年版，第234—235页。

第二章　晚清民初贩毒的继续与禁烟运动的再起

第一节　贩毒的新动向

一、以港澳为基地的鸦片走私

鸦片战争以后，英国根据《南京条约》侵占了香港，而澳门仍被葡萄牙租赁着。1859 年的鸦片贸易合法化并不能阻止鸦片的走私，相反，港澳地区成了资本主义列强向中国内地走私鸦片的基地。在港英、澳葡殖民当局的庇护下，不仅外国船只甚至中国船只也纷纷加入了鸦片走私的行列。外国学者莱特指出："从事这项非法贸易的民船船队，往往聚集在这两个地方，因为各该殖民地当局并不想去制止它们，所以，它们……都配有适当的人员和武器，绝不害怕任何想要试图截阻它们的缉私武力，不论殖民地当局究竟凭着什么借口，把英国旗帜的保护扩大到那些租有英王土地的中国人自置的中国民船，无可争议的，他们这样做，无疑是给予这类民船所有主一种手段，使他们得以违反《虎门条约》第四款……的规定，而不受殖民地当局方面的处分。"[①]从地理位置来看，广东水路多歧，各种大小船只均可驶往离岸不远的香港和澳门，加上鸦片物小价高，特别容易夹带走私。

从 19 世纪 60 年代开始，鸦片走私贩又开通了一条从香港到长沙的陆路通道。具体路线是从香港到九龙，由九龙经连平州翻越大庾岭进入江西，再由江西转入湖南长沙。

另外，香港、汕头之间的客轮也成了烟贩们看好的交通工具。船上的旅客、水手以及服务人员经常私带伪装成炼乳、肉类、饼干、火柴的鸦片入境，有的贴着原封未动的商标，有的连实际重量都非常接近。还有一些烟贩把鸦片藏在宽松的衣服内、挖空的扫帚柄里或在烟片上面放上鲜花、洋葱等气味很重的植物蒙混

---

① 莱特：《中国关税沿革史》，三联书店 1958 年版，第 296 页。

过关。[1] 1870 年，爱国诗人黄遵宪游香港时作《香港感怀》诗，其中写道“为谁刈藜藿，遍地出芙蓉”，并自注“以鸦片肇祸，开港后进口益多”。据中国海关总税务司赫德估算，1869 年一年中“洋药到香港八万八千箱之多，进口报税者只有五万箱”[2]，其余 3.8 万箱显然是以走私的方式进入中国内地的。

港英当局在香港实行鸦片专卖，自由吸食，鸦片的包税权是港府仅次于卖地的大笔收入，往往占政府收入的五六分之一。马克思指出：“1856 年输入中国的鸦片，总值约 3 500 万美元，同年英印政府靠鸦片垄断获取了 2 500 万美元的收入，正好是它财政总收入的$\frac{1}{6}$。”[3]港英当局还在 1876—1886 年间公开出租罂粟种植物给烟农，每年收入 173 000 元。在 1889 年至 1900 年间，这项收入每年增加到 364 000 元。烟农们在收成之后又多向大陆走私鸦片，获取暴利。[4]

1881 年，李鸿章在一份奏折中谈到沿海一带猖獗的鸦片走私：“各省滨海之区，袤延万余里，河港纷错，沙岸无垠，势难处处设关，节节防查。其偷入内地之后，路径四通八达，或假冒官车镖差，或附搭眷船行李，狡谋诡计，百出不穷。即使经过关卡，亦不能逐人逐件一一搜检，致生事端。至卖放包庇之弊，在所难免。巡丁岂知大义，洋药价值甚昂，走私者即偶被检出，但分给时值十中之一二，巡丁得此，已足偿数月之薪金，未有不纵放者。更有豪强之徒，纠合亡命，执持兵器，包揽闯越，结帮兴贩。关卡巡役单弱，往往熟视，无可如何。”[5]这一年中英双方就停止鸦片走私和税厘并征展开谈判，曾有中国包买印度鸦片逐年递减直到停种停买以及建立专办的洋药英商公司，每箱鸦片向中国交纳一定厘税的方案，因英国政府迟迟不表态而胎死腹中。另外德国人德璀林亦有承包鸦片买卖的方案，由德国政府出面借中德商务谈判之机硬压中方接受，结果被清政府断然拒绝。[6] 广东富商何献墀提出的包揽计划，则被香港总督以何献墀“不甚可靠”为辞否决掉了。在当时无论什么人都想开办垄断性的洋药公司，但由于各方牵制以及各自利益的考虑，谁也没有办成。

澳门在鸦片战争前是英、美、葡等国烟贩的会聚之所。早在 18 世纪初，葡萄牙人已经在那里进行鸦片走私贸易，后来就没有停止过。1815 年，两广总督蒋攸铦向朝廷奏报：“香山县澳门地方，向西洋夷人凭居之所，向来西洋夷船赴别国

---

① 参见王宏斌：《禁毒史鉴》，岳麓书社 1997 年版，第 194 页。
② 参见奕䜣奏折，《筹办夷务始末》（同治朝）卷七十九，中华书局 2008 年版。
③ 马克思：《鸦片贸易史》，《马克思恩格斯选集》第一卷，第 719 页。
④ 马士：《中华帝国对外关系史》第二卷，商务印书馆 1963 年版，第 425 页。
⑤ 《李文忠公全集・奏稿》卷四一，第 27—29 页。
⑥ 参见《李文忠公全集・译署函稿》卷十二，第 41—42 页。

贩货返澳，并不经关查验，即将货物运贮澳地，俟卖货时方行报验纳税，难保无夹带违禁货物之事。”[①]军机处接报后下令“鸦片烟一项流毒甚炽，多由夷船夹带而来，嗣后西洋船到澳门时，自应按船查验……庶可杜绝来源”[②]。但鸦片走私始终禁而不绝。1839年，钦差大臣林则徐向道光皇帝报告：“澳门为洋商聚集之所，洋楼屯贮烟土，久成弊薮。”[③]同年9月初，林则徐会同两广总督邓廷桢从香山前往澳门视察，并在接见澳葡官员时重申了清政府的禁烟政策。在虎门销烟的巨大的震撼下，澳葡当局在鸦片贸易方面有所顾忌和收敛。然而随着清政府的战败，英占香港后，澳门的一些鸦片贩子认为，“香港作为一个鸦片仓库，比较安全”，因为当时“香港的主要洋行是从澳门迁来的，都经营鸦片生意”[④]。澳葡当局对此自然不会甘心，为了更方便地开展包括鸦片在内的各种走私贸易，擅自在1845年11月宣布澳门为自由港，次年又强行驱逐了驻澳的中国海关机构，于是鸦片战争期间暂告中落的鸦片走私又在澳门重新复兴。

鸦片贸易合法化以后，“鸦片由印度运入中国，先趸寄香港，寻复由港零运各口……而偷私者专以香港、澳门为渊薮”。[⑤]

据统计，在1887年中国九龙海关、拱北海关成立之前，“通过非法的途径运入中国的外国鸦片数量每年共约20 000担”。[⑥] 另据当代学者邓开颂的研究，1883—1885年从澳门走私进入大陆的鸦片分别为4 188担、5 961担和6 513担，大大高于合法运进大陆口岸的1 968担、2 263担和1 768担。[⑦]

1876年，清政府与英国订立《烟台条约》时提出对香港实行鸦片税厘并征。这一方案对清朝中央政府来说可把原先由地方政府征收的厘金收归己有，对香港的外国鸦片贩子而言，可避免内地各关卡的苛征，能使鸦片更畅顺地行销内地。但9月间签订的《烟台条约》只是肯定了税厘并征的原则，并未作出具体的规定；直到1885年7月18日中英签订《烟台条约续增专条》即《洋药税厘并征专条》时才明确规定，鸦片每箱(100斤)向海关缴纳税厘110两(其中关税30两，厘金80两)，在内地不再缴纳任何厘金，从而在实际上取消了清政府在1858年中英《通商章程善后条约》中对鸦片贸易合法化所作的一些限制性的规定；同时，规定中英双方应尽快派员查禁香港至中国偷漏税厘之事。同日，英方照会中方，

---

① 《清代外交史料》(嘉庆朝)卷四，第28页。
② 同①，第29页。
③ 《清宣宗实录》卷三二六。
④ 《中国近代对外贸易史资料》第一册，第429页。
⑤ 马建忠：《适可斋纪行》卷二，《南行记》(上)。
⑥ 《中国近代对外贸易史资料》第二册，第858页。
⑦ 邓开颂：《澳门历史(1840—1949)》，珠海出版社1999年版，第150页。

称“此次所定续增专条,倘中国国家不能使有约各国一体遵照,则英国国家即有废新章之权,而洋药税项即复照中国前次已行之成法办理”。[①] 中方代表对英方包藏的祸心未加详查,匆忙复照表示同意。

《烟台条约续增专条》第 9 款重申:“烟台条约第三端第七节所载派员查禁香港至中国偷漏之事,应即作速派员。”据此 1886 年 5 月上海道邵友濂等人奉命前往香港,与港英当局洽商在香港缉私问题。港英当局在谈判中忽然提出,缉私必须以澳门同样办理为前提,否则香港亦不答允。由于中国政府从未向葡萄牙出让过澳门的主权,中国其他地方船只来往澳门享受的是中国国内的征税标准,因而澳门在贸易条件上比香港占有优势。对此,香港当局早就心存不满,再加上如果香港单独缉私,鸦片贩子必然会流向澳门,使澳葡当局有钱可赚,这也是港英当局所不愿意看到的。

奉清政府之命与澳葡方面交涉的是英籍海关总税务司赫德。他多次劝说清朝总理衙门为了换取征税、缉私方面的合作,同意对葡方“居用”澳门加以考虑。同时未经清政府同意,擅自派英国人金登干前往里斯本与葡萄牙政府谈判。在清政府内部北洋大臣李鸿章等人急于从税厘并征中获取更多的海军建设经费和财政收入,接受了赫德出卖中国主权的说法,同意用澳门地区的条款换取征税、缉私方面的合作。1887 年 3 月,中葡两国代表签订了中葡《里斯本草约》。其最主要的内容是:(1)“定准由中国坚准,葡国永驻管理澳门以及属澳之地,与葡国治理他处无异”;(2)“定准由葡国坚允,若未经中国首肯,则葡国永不得将澳地让与他国”;(3)“定准由葡国坚允,洋药征税宜应如何会同各节,凡英国在香港税办之件,则葡国在澳类推办理”。[②] 同年 4 月,清政府在香港、澳门设立了海关。这一措施一方面确实使中国政府增加了几百万两的税收,另一方面也使过关的鸦片数量迅速增加。从更大的方面来讲,中国以丧失对澳门行使主权的代价来换取香港、澳门对鸦片缉私和税厘并征的合作是得不偿失的。人们从中亦可再一次清楚地看到,资本主义列强的鸦片利益对中国的主权和领土完整造成了多大的伤害!中国对于香港、澳门丧失行使主权无一不和罪恶的鸦片贸易有关。

二、在上海的中外鸦片商行

1843 年上海开埠后,资本主义列强逐渐在上海建立了英租界、美租界和法

---

① 《中外旧约章汇编》第一册,三联书店 1957 年版,第 473 页。

② 《清季外交史料》卷七四,第 14 页。

租界，后英美租界又合并为公共租界。于是一些外商以及与之有联系的华商公开在租界内销售鸦片，并转销全国各地，上海成为当时世界上鸦片消费量最大的都市之一。

当时上海有大同行、小同行、挑膏店、烟馆等四级贩烟的网络。

大同行是专做印度烟土进口的英国洋行，又可细分为三种。

第一种是英国人开设的烟土商行如怡和洋行，1843 年该行和宝顺洋行等到上海开业，在 70 年代以前一直控制着鸦片贸易的主导权。

第二种是英籍犹太人开设的贩土商行，如新康、老沙逊、新沙逊、哈同等洋行。老沙逊即大卫·沙逊（1792—1864），1832 年在孟买设立沙逊洋行，随后以香港为前沿据点向中国走私运销鸦片。1845 年，该行在上海江西路九江路口设立分行，在孟买、上海间贩卖鸦片。在最初的二十几年中沙逊洋行还不是怡和洋行的对手，它的鸦片贸易量只占上海鸦片贸易的 20%。1872 年，次子伊莱亚斯·沙逊（1820—1880）在老沙逊病死 8 年后独自创办了新沙逊洋行，行址设在仁记路 5 号（今滇池路和平饭店后门）[①]。新沙逊洋行锐意进取，积极改善情报和运输系统，特别是果断地采用了刚问世不久的吨位大航速快的新式轮船投入鸦片的远程运输，从而很快取代怡和洋行，成了鸦片贸易的头号洋行。至 70 年代末，沙逊集团已控制了 70%的印度鸦片的贸易量。有人估计，沙逊集团在 1840—1914 年的 74 年间，由鸦片贸易所获的利润高达 140 593 780 两。[②]

1874 年，另一个英籍犹太人欧思·爱·哈同（1847—1931）来到上海谋生。此人先进老沙逊洋行为职员，1886 年改换门庭，进入新沙逊洋行任地产部经理，1890 年前后升任大班。在学得新、老沙逊洋行鸦片经营的奥秘后，哈同于 1901 年独立开办哈同洋行，其主要业务是烟土和土地的买卖。他仅用了短短几年就青出于蓝胜于蓝，超过了新沙逊洋行成为鸦片贸易的新盟主。哈同在新沙逊洋行任职时期自筹资金，建立仓库，大量囤积烟土，等涨价时加价抛出。某一次，他在清政府放出风声要禁烟时在已有 1 万箱鸦片存货的基础上乘机大量低价进货，时隔不久禁烟之说烟消云散，烟土价格在一周之内暴涨了 30%。吃准行情，老于世故的哈同仅此一笔就赚进了几十万两的白银。[③]

1885 年之后，以在鸦片贸易方面居领先地位的沙逊洋行为主，在上海设立

---

① 《新沙逊洋行片断》，《旧上海的外商与买办》，上海人民出版社 1987 年版，第 178 页。
② 张仲礼、陈曾年：《沙逊集团在旧中国》，人民出版社 1995 年版，第 18 页。
③ 参见郭绪印：《旧上海黑社会》，上海人民出版社 1997 年版，第 16 页。

了“洋药公所”即鸦片贸易所。“洋药公所”在成立后的20年中共销售鸦片40万箱，平均每年2万箱。[①] “洋药公所”是挂牌定价出售期货的，需要购买鸦片的各土行土商必须先交定金预约购买哪个月的货（而不是像过去那样按沙逊洋行的挂牌定价认购现货）。如此新办法的出台不仅使沙逊等洋行可收取定金供资金周转运用，而且在各土行急需时临时加价，赚取超额利润。“洋药公所”推出的期货交易方式使得各土行土商均可进行炒买炒卖，极大地刺激了鸦片贸易的新繁荣。

第三种是英籍“白头行”，即英籍阿拉伯人（头缠白布）开设的贩土商行，如“八巴利”洋行等。

小同行的职能是向上述三种大同行购得烟土后设店零售，或再转批发给内地商人。

挑膏店经营规模较大，是专门熬制烟膏，零售给烟馆或鸦片吸食者个人的商店。生鸦片是不能直接吸食的，必须经过熬制方可使用。在上海经营挑膏店的主要有潮州帮和广州帮。相传广东潮州人郑四太爷最早来沪，在后马路（今宁波路）开设郑洽记土行，操着英语为怡和洋行推销鸦片。接着郑氏族人陆续来沪开设郑永康、郑宝成、郑宝康等土行。潮州帮贩烟的第二号人物是郭子彬，此人亦通英语，上海开埠伊始即专门代洋商洽谈生意，从中获得丰厚的回报。郭即以此为资本，开设郭鸿泰土栈。除了郑、郭两大姓之外，潮州帮贩烟的第三大姓是陈姓。陈姓的土行有陈源大、陈有利等。1856年，上海道台吴煦奏准朝廷，设置广潮义捐，由上海广潮鸦片商人承办鸦片捐赠税。具体办法是每贩出一箱鸦片，由广潮商人向政府缴20两银捐税。[②] 从此，广东商人在上海确立了经销鸦片的垄断权。

当时属于潮州帮办的烟店有林恒丰等数十家，它们的特色是烧工地道，蘸烟发泡时细沫白泡，层出不穷。属于广州帮的烟店有广诚信、广诚发、广诚昌、广福和、广维新等数十家，特点是多陈膏宿膏，香味浓厚，因此价格也最贵，至清末广帮的烟膏卖价在每钱130文至140文之间。烟膏质地口味最好的是位于九江路上的广诚信，店内设施最豪华的是位于公馆马路（今金陵东路）江西路口1873年开办的南诚信。

至于小规模的烟馆，据1872年《申报》的统计，上海约有1 700余家，“几同茶、酒、饮食之店焉”[③]。以在英租界的为最多。此外，在上海英租界尚有不少出售烟

① 郑应时：《潮籍鸦片烟商在上海的活动及其与蒋介石政权的关系》，《广东文史资料》第21辑，第2—4页。

② 参见《吴煦档案选编》第六辑，第188页；第七辑，江苏人民出版社1983年版，第115页。

③ 《申报》同治十一年第二十二号。

土的土栈。据《华商行名簿册》披露，至 1906 年尚有 30 个土栈在英租界内。[①]

对于挑膏店、烟馆老板来说，只要能够赚钱，中外烟土均在其经营的范围之内。因为中外烟土进货渠道、进货价格不同，分别为不同层次的吸食者所接受，倒也各行其道，相安无事。

三、土药的自行生产与销售

中国农民零星自种罂粟在鸦片战争前就有了。1831 年，云贵总督阮元奏报，"滇省边隅，民风素来淳朴……而沿边夷民，因地气燠暖，向种罂粟，收取花浆，煎膏售卖，名为芙蓉，以充鸦片。内地人民，以取罂粟子榨油为名，亦复栽种渔利"。同年，四川总督鄂山报告，川省"会理州、平武县一带，毗连番界，尚有种植罂粟花处所"。[②] 1841 年 1 月，掌云南道监察御史杜彦士奏称，川滇交界地区"人民素以栽种罂粟为主，煎烁成土，变名曰'芙蓉膏'。贩卖者半皆川省奸民"。在云南永昌地方还发现"有匪徒聚党贩卖烟土，每出辄数百人，手持枪炮，各带红旗，旗上书将本求利、舍命取财二语，往来四川顺庆、宁远之间，肆行无忌"。[③] 然而在 1859 年之前，这种种烟、贩烟只是局部的、零星的，且多发生在边远地区。

1859 年 4 月，咸丰帝批准了惠亲王绵愉有关将洋药、土药一并抽厘的奏请，实际上等于承认了土药生产及其销售的合法性。一些农民便开始广种罂粟，生产鸦片，提供市场。如果单纯以经济收益来看，种植罂粟每亩可获生鸦片 50 两左右，几倍于种植粮食作物的收入，因此改种罂粟之风很快蔓延全国。"各省种植罂粟者，连阡接畛，农家习以为故常，官吏亦以倍利之，而听之。"[④]但左宗棠在担任陕甘总督期间，仍严禁种植罂粟，同时，严禁贩烟。他规定，川滇等地土烟入境，一律焚毁；厘卡对于查出的夹带烟土也一律焚毁，不准抽厘放行；即便是洋烟贩子入西北境，也一律勒令折回。可惜的是，禁毒仅限于西北一隅，而且时间也不太长，因此对全国的影响不大。

四川、云南、贵州的土烟产量最高。光绪年间，"川东无处不种罂粟，自楚入蜀，沿江市集卖鸦片者，十室中不啻六七"。[⑤] 四川涪陵一地所集聚的土药，每年就招来了湖南、湖北、江西、广东等大批商人前往预订收购，川黔土多在涪成庄。"大吏移土厘局于涪，以道员督理税收，每年数十万两。"[⑥]光绪年间朝廷下令川

---

① 参见《近代中国烟毒写真》上卷，河北人民出版社 1997 年版，第 85—86 页。
② 《近代中国烟毒写真》下卷，第 337 页。
③ 《中国禁毒史资料》，第 220 页。
④ 《鸦片战争》(一)，第 300 页。
⑤ 何嗣焜：《存梅斋文稿 · 入蜀纪程》。
⑥ 同治《重修涪州志》卷十八，第 2 页。

土出口每百斤抽收土税银 20 两，令四川官方设卡稽查。然而川土“行销湘、鄂、陕、黔等省，道途数千里……万山从杂，路径分歧。且土贩人结伴同行，向多犷悍……或恃众而肆意闯关，或伺隙而潜行偷漏。种种情弊，防不胜防”。[①] 至光绪末年，四川“有四十余州县，除边厅者，向资罂粟为生计”。[②] 贵州从光绪年间开始，从自种自销鸦片发展到外运外销。省城贵阳经营鸦片买卖的商行有锦盛隆、彭钰鑫、德厚荣、万盛兴等，有的甚至在湖南等地开设了分号。即使在黔东北、黔西北的彝族地区的土司们也已广种罂粟，贩卖鸦片了。[③] 1882 年，有人估计说：“四川、云南、贵州三省共出烟土 265 000 担，三处土人所食仅需 165 000 担，余皆分运近省。”[④]据 1897 年赫德的估计，四川鸦片产量为 120 000 担，云南 80 000 担，贵州 40 000 担。[⑤] 至 1906 年国际委员会估计，四川生产的土药已增至 238 000 担，云南为 78 000 担，贵州约为 48 000 担。三省合计 364 000 担，约为全国鸦片产量的 2/3。[⑥]

陕西、甘肃、山西三省的土烟产量仅次于四川、云南、贵州。19 世纪 60 年代，陕西关中的渭南、泾阳、凤翔，陕北的宜川、延川和陕南的汉中等县已成为著名的鸦片产区。[⑦] “咸丰以后鸦片由广东贩运入甘”，“吸者日多，种者亦日众，利厚工省又不择土之肥瘠”。至咸丰、同治之交罂粟花已遍布陕甘各县，产量日多，质品亦佳。到 1906 年，甘肃凡有条件的地区如唵歌集、罗家川、西河川、黄茨滩等地几乎都种上了鸦片。每逢割烟季节，商贩云集，谓之赶大烟场，一时呈现畸形的繁荣。[⑧] 1882 年，山西巡抚张之洞奏报说：“晋民好种罂粟，最盛者二十余厅州县，其余多少不等，几于无县无之。旷土伤农，以致亩无栖粮，家无储粟。”[⑨]他的前任山西巡抚曾国荃在 1878 年在奏折中痛陈种罂粟之害：“未种之先，吸烟者不过游手无赖及殷实有力之家，至于力耕之农夫，绝无吸食洋烟之事。今则业已种之，因而吸之，家家效尤，乡村反多于城市。”[⑩]据 1906 年国际鸦片委员会的估计，上述三省生产的鸦片约有 114 000 担。[⑪]

---

① 《光绪朝东华录》第三册，中华书局 1958 年版，总 3181 页。
② 何嗣琨：《存梅斋文稿・入蜀纪程》。
③ 《彝族简史》，云南人民出版社 1987 年版，第 159 页。
④ 《强本堂汇编》，《官游偶记》卷上，第 23 页。
⑤ 《光绪朝东华录》第四册，中华书局 1958 年版，总 3963 页。
⑥ 《中国近代农业史资料》第一辑，三联书店 1957 年版，第 457 页。
⑦ 《近代中国烟毒写真》下卷，第 476 页。
⑧ 《近代中国烟毒写真》下卷，第 533—534 页。
⑨ 张之洞：《禁种罂粟片》，《张之洞全集》第一册，河北人民出版社 1998 年版，第 107 页。
⑩ 曾国荃：《申禁栽种罂粟以裕民食》，《曾忠襄公奏议》卷八，第 16 页。
⑪ 《中国近代农业史资料》第一辑，三联书店 1957 年版，第 457 页。

江苏、浙江、安徽三省生产土烟较早，江苏徐州、浙江台州、温州以及安徽宿州、亳州等地均以盛产土烟而闻名。据赫德 1897 年的估计，浙江生产土药 1.4 万担，江苏生产土药 1 万担，安徽 2 000 担。[①] 又据 1906 年国际鸦片委员会估计，上述三省所产土烟约有 36 000 担。[②]

东北三省在光绪年间也是土药的重要产区。据 1884 年《申报》记载："东三省之种罂粟者不下十之六七，去年收成甚丰，今年烟蕊露土，又报发荣滋盛。"[③]据赫德 1897 年统计，吉林年产土药 6 000 担。[④] 又据国际鸦片委员会估计，东北每年土药产量为 15 000 担。

面对农村产种罂粟的狂潮，清朝高层官员意见不一，赞成者宣称如此可以抵制洋药的输入，反对者坚持不可开口子，遗患无穷。两种意见针锋相对，争执不下，导致时禁时弛，此禁彼不禁，反复无常。其中弛禁派的主要代表是醇亲王奕譞和李鸿章。奕譞在同治末年提出，只要洋药来源不绝，就不能禁止土药的生产。李鸿章对此深表赞同，他认为："唯有暂行弛禁罂粟，不但夺洋商利权，并可加增税项……应仍循总理衙门原议，阴相抵制，以冀洋药之来渐少，再加厉禁为宜。查云、贵、川、陕、山西各省多种罂粟，疆臣台谏每以申明禁令为言，是徒为外洋利薮之驱，授吏胥扰累之柄。究之罂粟日种日广，势仍不可遽禁。闻土药性缓价廉，而瘾也薄，不比洋药为害之烈。为今之计，似应暂弛各省罂粟之禁，而加重洋药之税厘。使外洋烟土既无厚利自不进口……民财可杜外耗之源，国饷并有日增之势，两得之举也。"[⑤]这类以土药抵制洋药的主张表面上看起来似乎是以毒攻毒，增加国家税收，但实质上是以牺牲广大百姓的健康以至生命为代价的。不幸的是，清朝最高决策者经过长期犹豫之后最终采取了李鸿章等人上述饮鸩止渴的方案。历史的事实表明，土药的生产和销售确实在一定程度上抵制了洋药的大量输入，但是未能也不可能从根本上杜绝洋药的进口。

土药的自行种植必然会带动土药的销售。就贵州而言，道光末年还是两广商人带来的烟土即所谓"广土"的销售市场，然而进入光绪朝之后贵州本省所产烟土因品质优良、价格便宜不仅充斥本地，而且也获得了两广商人的青睐。他们争先恐后将贵州烟土运回两广销售，牟取暴利。与此同时，贵州烟土又打进了湖南市场。贵州人、湖南人都在湖南做"黔土"生意。贵阳的锦盛隆、万盛兴等烟号

---

① 《光绪朝东华录》第四册，总 3963 页。
② 《中国近代农业史资料》第一辑，第 457 页。
③ 《申报》，光绪十年四月十二日。
④ 《光绪朝东华录》第四册，总 3963 页。
⑤ 《李文忠公全集·奏稿》卷二四，第 20—21 页。

在湖南洪江设立分号,获利10万至20万两白银不等。[①]

1897年6月,户部上奏称土药"开禁之后,种植日广,贩售日多,骎骎有不可遏之势"。然而不论各省或按亩收税还是设局统捐,均有弊病。"统计各省收数,每年不过一百数十万两。其中,胥役之包庇,商贩之偷漏,官吏之侵渔,种种弊端,更仆难数。朝廷徒受开禁之名,赋税未获征收之实"。而贩卖土药之商贩,"本非廉贾,所谓多取之而不为虐者也"。户部提出,拟"在各省出产土药繁盛各处设立总局,略仿洋药税厘并征之法,先行试办。每担百斤征银六十两,就近在总局交纳,纳足之后,发给印票,粘贴印花,任其销售。无论运往何处,概不重征"。[②] 这一方案经光绪帝批准,在全国实行。

1901年,清政府因财政窘迫,决定加征土药税厘三成,1904年,又下令在全国实行统捐,称每担土药统捐一律提高为115两白银。1905年,清政府在武昌设立八省土膏统捐局,负责在两湖、两广、江苏、江西、安徽、福建征收,其他省区次年陆续开办。清政府在收取了巨额的土膏统捐后为了保护这一财源,只好承担起保护鸦片贩运的责任。具体做法是"保护商人,统捐收清,粘给印花执照,听其销售。如有劫案,地方官坐视不理,一经禀告得实,即行撤任留缉。荒僻之处,酌拨兵勇巡船……力为保护"。[③] 尽管清政府全部放宽了对于土药的禁令,但由于经济利害关系,地方当局和鸦片商人并不领情。1906年初,安徽土药局致函督办八省膏捐的柯逢时,宣称"现在上税已畏其重,而私贩者多,若再加膏捐,势必人人贩私,徒有加捐之名,而无加捐之实"。信中举例说"江苏徐州府土药,每年收税三十余万金。今年重加膏捐,以原系三十二两之税,已加十二两膏捐。闻又加二十四两,因之土行关闭十多家,土客无人开买"。[④] 地方政府机关尚且如此抵触,直接经营鸦片烟土的商人们的态度更是可想而知了。事实上,在两湖、江苏、直隶等地,这伙烟贩的反抗滋事从1907—1909年一直没有停过。

第二节 晚清民初的禁烟运动

一、清政府禁烟运动的再度发动

19世纪末20世纪初,清政府被迫签订了《马关条约》《辛丑条约》后,大量举

---

① 《近代中国烟毒写真》下卷,第267页。
② 《光绪朝东华录》第四册,总第3963—3964页。
③ 《清朝续文献通考》卷五一,征榷二十三,第8062页。
④ 《皖省土药局禀复碍难骤加膏捐》,《申报》1906年1月7日。

借外债向日本等列强支付巨额赔款，致使财政空虚，每况愈下。在此大背景下，清政府不断增加对鸦片的税收以支撑危颓的财政。1905年，清政府决定改办“土膏统捐”，规定每百斤鸦片收银由原先的60到90两增加至115两，由户部设局征收。两年之后全国的土药税额增加至900余万两，几乎相当于当年厘金实收额的一半，远远超过1900年的180万两。①

但是自戊戌维新开始，中国的一些有识之士已自发地组织起来呼吁禁烟。维新派人士在维新变法时期于日本设立戒鸦片总会，在上海、广州、香港及澳门设有分会。1900年以后，又出现了无锡戒烟局、羊城戒烟社和福建去毒社。1905年5月，福建去毒总社成立后首先组织调查队，搞清鸦片的贩运、销售、吸食的情况，然后协助在州县设立禁烟局，取缔鸦片窝，并把吸食者送进医院进行戒烟治疗。1906年，该社又举行集会，游行焚烟，大造声势。②

外国在华传教团体也相当关注中国的鸦片问题。1890年5月，在上海召开的在华各国基督教传教士大会通过了《禁烟之议案》，坚决反对继续进行鸦片贸易，并建议中华医药传教会设法制止吗啡等所谓戒烟药物的销售和滥用。会后苏州传教士杜布斯组织了禁烟联合会，因该会会址设在苏州，故又称之为苏州禁烟会。1906年8月，杜布斯会长将有1 333名传教士签名赞同的请求禁烟的呈文递交两江总督周馥，请其转呈光绪帝。③ 有位史密斯牧师在其著作《中国的特点》一书中指出，鸦片“比战争、饥荒和瘟疫加在一起的危险还要大，更能致中国人于死地”。④

当时的中国经销土药、洋药的“鸦片烟贩随地皆是，错杂民居，核而计之，约得十与一之比例。无论山乡僻壤，甚至不成聚落之地，操此业者必有数家。入其室横陈其间者，曾无虚榻”。⑤ 贩烟吸毒的情况确实是十分严重的，中外人士的禁烟言论和行动绝非无事找事，也不是小题大做。1906年9月，光绪帝在中外舆论的促进下，经过大臣们的反复讨论，权衡利弊得失最终发出了禁烟上谕。光绪帝指出：“自鸦片烟弛禁以来，流毒几遍中国，吸食之人废时失业，病身败家。数十年来，日形贫弱，实由于此。言之可为痛恨。今朝廷锐意图强，亟应申儆国人，咸知振拔，俾祛沈痼而蹈康和。著定限十年以内，将洋土药之害，一律革除净尽。其应如何分别严禁吸食，并禁种罂粟之处，著政务处妥议章程具奏。”⑥11月

① 《清朝续文献通考》，第8249页。
② 吴家瑜：《福建禁烟运动“去毒社”》，《福建文史资料》第2辑。
③ 《教会年鉴》1910年版，第64页。
④ 转引自[英]莫理循：《中国风情》，国际文化出版公司1998年版，第40页。
⑤ 《论中国社会现象及其振兴之要旨》，《东方杂志》第12期。
⑥ 《光绪朝东华录》第五册，总第5570页。

30 日，光绪帝批准下发了政务处提出的《禁烟章程十条》，《章程》勒令各城乡镇的烟馆在半年之内一律停歇，烟膏店必须注册登记，每年停歇一批，10 年内禁绝。1907 年，清政府又颁布了《管理售卖膏土章程》《购烟执照章程》，规定只有各省设立的土市公行才是百姓合法买卖鸦片的机构，民间所有的鸦片交易均须经过土市公行，否则以走私论处。根据新出台的公行制度，清政府有了实际管理民间鸦片贸易的可能。同年冬，为了强化管理，在新定的《新刑律》中明确列有鸦片烟罪。

光绪帝死后新继任的宣统帝于 1909 年初新颁《禁烟条例》，规定凡栽种罂粟，制贩大烟，设烟馆制烟具等均处有期徒刑。同年清政府正式宣布禁止吗啡进口。当年海关报册显示，吗啡的进口从以前的一年四五吨猛降为只有数两。绝大部分的吗啡改走走私的渠道。①

重新开始禁烟后鸦片税锐减，清政府先后出台了土药统税、印花税、盐斤加价等加以凑抵。1909 年，清政府发表上谕，表示宁可牺牲鸦片税也要禁烟到底的决心。上谕宣称“国家财用虽绌，岂恃此鸩酒漏脯以救饥渴，而不为吾民除此巨害耶”。②

清政府在严令各地禁种罂粟的同时，又在各地限时关闭土行烟馆。四川于 1907 年 2 月成立戒烟总局，“谕令所有烟馆，自本年正月初一日起至六月底止，与贩卖烟具者一律歇业”。③ 江苏原有熟膏店 12 790 家，到 1909 年初已减少到 2 830 家，仅苏州一地就关了 1 960 家，宝应县也关了千余家。京师、天津、福州、广州和贵州的烟馆大多在 1907 年关闭。但据 1907 年 8 月 14 日英国驻华公使朱尔典致中国外务部的照会称，有旁观者谓，华官“所闭烟馆亦唯改而售膏，是以吸食鸦片之人，未尝有减”。④ 至于对禁种禁吸各省官方互相观望，很少采取实际的行动。更有甚者，从 1909—1911 年陕甘总督长庚只知征税，对鸦片的种、运、售、吸一概放任不禁，致使当地烟土远销京、沪、冀、豫等地，省城兰州一地烟馆就多达 300 余家。⑤ 锡良担任云贵总督时，在省城搞了禁烟局和分局，但对外县只发布告，不采取实际行动。1910 年，鸦片烟瘾极大的李经羲继任云贵总督后，禁烟便不了了之，连禁烟局也无形中解散了。⑥

某些地方官员的虚应故事使禁烟运动打了折扣，鸦片商人的反抗更是直接

① 《一九一九年南北议和资料》，中华书局 1962 年版，第 94 页。
② 宣统元年二月二十四日上谕，《宣统政纪》卷八。
③ 《锡良遗稿·奏稿》第一册，中华书局 1959 年版，第 650 页。
④ 《外交报》第 225 期，戊申十月初五日。
⑤ 《近代中国烟毒写真》下卷，第 534 页。
⑥ 同⑤，第 338 页。

破坏了禁烟运动。

1907 年 4 月 18 日和 24 日，江苏苏州、常熟各烟馆因 4 月 13 日膏捐加价，举行罢市。在这之前苏州还有一次未遂的烟馆请愿活动。先是 4 月 10 日，苏帮郎子封率先邀集城内外同行在苏州同春茶馆商议抵抗。4 月 12 日，郎再次邀集苏、广、汴三帮同行 1 900 余人分别在同春、玉壶春茶馆集议，当场与广帮陈复昌拟就反对加价公禀，称“各烟馆歇业后，并无别业可图，应请让捐展缓闭歇”，并预定次日清晨聚众请愿。事为官方侦悉后予以禁阻。①

同年 10 月，直隶鸡泽、广平两县开办洋药统捐，引起烟馆罢市，局员被放逐。②

1908 年 11 月，湖南常德的土贩竟然持械闯卡抗捐。③

1909 年 2 月 25 日是武汉土业领取官方牌照之日，当天汉口各大土庄遵章领取牌照后照常营业，但“各小土膏店决计不领牌照，并发传单令武昌、汉口、汉阳三镇同业一律于初七日（26 日）罢市，又派人去仍在营业的土庄滋扰，逼其随同罢市”。又有无赖多人，在街守候，见有自行售卖者，立毁其店。武汉官方当即示谕，以 2 月 27 日为限，“至期不开，即著缴照，永远停歇”。届期土行中凡“资本较巨者，遂一律开市，并请警局派勇守门，以免被扰”。④ 一场风波至此基本化解。

从全国而言，上述烟贩的对抗并没有引起大范围的波动，因而只是一股小小的逆流。它根本无法阻止禁烟运动的继续进行。1911 年全国各地土药统捐局的裁撤标志着清政府再次发动的禁烟运动取得了阶段性的成果。

二、有关禁烟问题的中外交涉

1906 年，清政府果断发起禁烟运动的国际背景是英国政府强行维持鸦片贸易的政策开始有所松动。

这年 5 月 30 日一些英国议员在下议院开会时仗义执言，指出鸦片是毒品，维持在华的鸦片贸易是不道德的。《天津条约》和《烟台条约》有关鸦片弛禁的规定都是英国强迫中国接受的。现在英国应主动停止鸦片贸易，向中国道歉。但印度部大臣约翰·莫莱在会上则诡称，鸦片贸易之所以不能禁止，是因为中国政府不愿禁止，问题不在英国，“果欲禁之，我英当不阻拒。试观中英商约关于吗啡

---

① 《烟馆大集会议之纷扰》，《申报》1907 年 4 月 15 日。
② 章开沅、林增平主编：《辛亥革命史》中册，人民出版社 1980 年版，第 339 页。
③ 同②，第 341 页。
④ 《记汉口土膏店滋事》，《东方杂志》第六卷，第三册“记事”，第 13 页。

固允禁其入华，此即英国乐从中国意见之先声也……使其立意果坚，自必慨然允从。虽印度财政有损，在所不惜也”①。

中国驻英公使汪大燮最早得悉英国下议院关于鸦片贸易的辩论情况，看到英国政府鸦片政策有所松动的迹象。他专门上奏朝廷，要求抓住机遇，果断禁烟。他指出，以土药抵制洋药根本不可取。事实是“十余年来，中国栽种土药，遍地行销，其初税利薄轻，物价甚廉，冀以抵制洋药。而土药自为土药，洋药自为洋药，其进口仍如故，然而土药弥漫于中国，几几不可收拾矣”。汪大燮认为罂粟流毒是中国致侮之由之一，“我岁费三四千万所购得此恶名，不可谓非至愚之甚矣！”“设我果有禁意，英必投袂而起，以表同情，可断言也……禁之一说，何待再议”。② 这一发自英国的奏折得到了与汪大燮、汪康年兄弟关系密切的清朝大学士瞿鸿禨的大力赞同，对于促成清政府再度禁烟具有十分重要的作用。

1906 年 11 月 29 日，清政府外务部就禁烟问题照会英国驻华公使朱尔典。次年 1 月 25 日，中国驻英公使汪大燮将同样内容的照会以备忘录的形式递交英国外交部。中国禁烟照会的要点是：

其一，“中国政府现已下令限十年内绝禁土药，唯欲有成效，必须印度鸦片同时根除，以冀届期一律禁绝，故请将印度鸦片按年递减。以 1901 年至 1905 年之数，为暂禁之张本，故特请英廷自 1907 年始，将印度运华鸦片岁减十分之一”。

其二，“香港熬煎烟膏，输入中国内地者为数额巨。土药及印度洋药既已渐禁，则烟膏必将日增。中政府筹有两项办法，拟请英廷相助办理：一请香港总督严禁烟土烟膏运入中国境内，二若有此等烟膏运入，则必重征税饷”。

其三，“现今各租界之客寓、酒馆、茶楼、娼寮以及俱乐部、游戏场，均以鸦片供客。中政府今欲禁止鸦片，所有烟馆亦当一律封闭，凡烟枪、烟灯以及一切吸烟器具，均不准店铺发售。拟请英廷转饬所属官员，竭力相助，俾中政府得以实行禁烟新章”。③

1907 年 8 月 14 日朱尔典奉英国政府训令复照中国外务部，提出：其一，“1901 年至 1905 年出口印药，每年通扯有 67 000 箱，其中运至中国者，则占五万一千箱。今拟此三年内，每年将出口之数减去十分之一，即 1908 年限 61 900 箱，1909 年限 56 800 箱，1910 年限 51 700 箱。倘此三年以内，贵政府能设法实行禁止吸食、栽种，则英政府必于此三年期后，每年按此数减运出口。至土耳其、

① 《鸦片贸易问答》，转引自《外交报》第 152 期，丙午年七月初五日。
② 《光绪政要》五，卷二十三，第 32—33 页。
③ 《外交报》第 223 期，戊申九月十五日。

波斯及他国之鸦片，中国政府必须分别同时限禁入口”。

其二，“香港熬制烟膏及贵政府拟禁烟膏入中国口岸之议，敝政府尚未查明，故须从缓答复”。

其三，“各租界须封禁烟馆及稽查发售鸦片与售卖烟具各店户之议，敝政府之意，则谓租界之华官能实行设法限禁，则工部局自必照办，毋庸候华官申请而始办理”。①

1908 年 3 月中英双方经商定就鸦片问题达成协议，除第一、三点基本不动外，第二点修改为：“香港所熬之烟膏禁止运入中国境内，两国各行设法自防在本港私入之弊，声明港膏禁止出口入华，并禁止烟膏由华入港贸易。”所有上述协议先试办 3 年，届时如中国方面土药不能按比例减种，英方宣称有权废止条约。②这样英国既可保护其鸦片利益，又可将责任全部推到中国方面。

为此宣统皇帝特意下诏，指出：“鸦片烟盛行以来，流毒异常惨烈……近来官绅士庶各知悔悟，争相结社劝诫，即素嗜鸦片者，亦未尝不痛心疾首，自怨自艾。各国善士尚多倡设公会，禁栽买，广施药方，每以中国鸦片不除，引为深憾……英国现已实行递减，如期禁查，转瞬三年，何以答友邦政府之美意？何以慰各国善士之苦心？此机一失，时不再来……著臣工协力通筹，认真办理，无论如何为难，必期依限断绝，毋得稍涉因循，致干重咎。”③由于中国政府在三年禁烟试行期内上下一心，共同努力，大见成效，英国政府只得同意遵守前约，于 1911 年 5 月 8 日再订《中英禁烟条件》，承诺“无论何省土药已经绝种，他省土药亦禁运入，显有确据，则印药即亦不准进入该省。唯言明，广州、上海二口应为最后之结束，务须俟中国政府尽行以上方法，始可将该口禁止印药入口。”④至此，有关限禁洋药入口之中英谈判基本结束。

当年 7 月，清政府外务部鉴于奉天、吉林、黑龙江、山西、四川五省烟药禁绝，致函英国公使按条约首先禁止印度烟土运入上述五省。英方派人核查证实后，表示同意照办。

三、辛亥光复后南方诸省的禁毒

1911 年，爆发的辛亥革命推翻了清王朝的统治。清政府来不及完成的 10 年禁烟计划历史地落到了南方革命政府的身上。南方革命政府指的是南京临时

---

① 《外交报》第 225 期，戊申十月初五日。
② 《外交报》第 236 期，己酉二月初五日。
③ 《外交报》第 237 期，己酉闰二月十五日。
④ 《中外旧约章汇编》第二册，三联书店 1959 年版，第 711 页。

政府及其领导下的南方各省军政府，虽然存在时间并不长，但在禁烟方面还是做了不少的工作。

以孙中山为首的资产阶级革命党人是一批诚挚的爱国者，他们发动革命的目的就是要反对帝国主义侵略，挽救民族危亡，因此不可能不关注鸦片问题。伟大的民主革命的先行者孙中山先生早在1894年《上李鸿章书》中就提出了禁止洋烟的设想，他写道本人“近以愤于英人禁烟之议难成，遂劝农人栽鸦片，旧岁于农隙试之，其浆果与印度公土无异，每亩可获利数十金。现已群相仿效，户户欲栽……亦一时权宜之计也。他日盛行，必能尽夺印烟之利，盖其气味较公土为尤佳，迥非川滇各土之可比……印烟之利既夺，英人可不勉而自禁，英国既禁，我可不栽，此时而申禁吸之令，则百年大患可崇朝而灭矣”。[①] 孙中山的上述曲线禁烟论有着明显的时代局限性，若从思想渊源上考察则与林则徐是一脉相承的。1847年2月，任陕西巡抚的林则徐在复署江西抚州府文海的信中说：“鄙意亦以内地栽种罂粟，于事无妨。所恨者，内地之民嗜洋烟而不嗜土烟。若内地果有一种芙蓉胜于洋烟，则孰不愿买贱而食？无如知此味者，无不舍近图远……未必回心向内耳。”[②]从林则徐到孙中山他们在考虑以土烟取代洋烟时都有一种一厢情愿的不太切合实际的主观意向和推论，把抵制洋烟的问题想得太简单了。

不过，孙中山在就任南京临时政府临时大总统后，顺应了历史的潮流，迎合了民众的需要，实行严禁鸦片的政策。1912年2月上旬，孙中山致电湖北都督黎元洪，反对实行鸦片专卖，认为“专卖一节，非禁烟之良法。现时南洋各埠办此，实于禁烟进步有阻，盖视为一种收入，必难收净尽之效，理势然也。故即将来官卖之法，亦恐无以取信内外而必其办到”[③]。3月2日，他以大总统名义发布禁烟令，宣布“方今民国成立，炫耀宇内，发愤为雄，斯正其时……为此申告天下……其有饮鸩自安、沉湎忘返者，不可为共和之民。当咨行参议院，于立法时剥夺其选举、被选一切公权，示不与齐民齿。并由内务部转行各省都督，通饬所属官署，重申种吸各禁，勿任废弛”[④]。3月5日，内务部属下的全国禁烟公所正式成立，该公所要求各省、县设禁烟局、处、所，协助行政长官推行禁政，实施督察。次日，孙中山命令内务部严行禁烟，他指出：“查前清禁烟各令，其可施行者，即转咨各部通饬所属，仍旧厉行，勿任弛废。其有应加改良及未尽事宜，并著该

---

① 《孙中山全集》第一卷，中华书局1981年版，第17—18页。
② 转引自来新夏：《林则徐年谱新编》，第638页。
③ 《孙中山全集》第二卷，中华书局1982年版，第73页。
④ 《南京临时政府公报》，第27号。

部悉心筹划，拟一暂行条例，颁饬遵行。务使百年病根，一旦拔除，强国保种。”①3月14日，南京临时政府内务部向下属各省都督转发了孙中山的这一总统令，并说明今后有关禁烟事件请与全国禁烟公所直接联系。

在南京临时政府的推动和支持下，南方各省军政府纷纷行动起来。湖北、湖南、安徽、陕西通过了严厉的禁烟法案，烟贩一经捕获，均处死刑。湖北等政府都督黎元洪“迭饬各司处妥筹办法，种、贩、卖、吸四者一律严加取缔”②。对于武昌出现的土栈烟馆，军政府勒令在12月1日前必须关门停业。③ 1912年12月19日，湖北军政府在襄河查获民船一只，船内装有没有公栈印花的26箱洋药。据雇船的鸦片贩子交代，这批鸦片属汉口胡元兴土行所有，因在省城禁烟严厉难以销售拟运至各城镇推销。湖北军政府内务司当即将这批走私洋药搬至黄鹤楼附近焚毁。

湖南对鸦片惯贩毫不手软，全省“枪毙烟犯之案，不下十数起”。④

浙江军政府在1912年2月发布《浙江实行禁绝鸦片议决案》，规定2月17日为鸦片禁绝期限，届时土膏店营业执照等一律废止，并限期在禁烟局、禁烟分局之下附设戒烟局，令有烟瘾者入局戒烟。绍兴军政分府进一步规定，到禁绝期限，各土膏店须将所有存土如数送府，当众焚毁，以消积毒。⑤ 然而浙江的议决案竟遭到英国方面的异议，认为该省在土药未禁绝之前，无禁止印药进口之理，据此要求发还9箱在浙江被扣的印度鸦片，并以不承认中华民国相威胁。在南京临时政府外交部的再三电商协调下，浙江都督后来宣布：“本年阳历六月末号，凡禁烟局戒烟局亦定期一律裁撤，期于烟毒扫除净尽。”⑥浙江禁烟局的调查员工作十分认真，每日挨户查验种植、贩运和吸食鸦片的情况，如实上报，不徇私情。各县禁烟所的权力很大，可判被抓获的烟贩15年徒刑甚至枪毙。

江苏订有禁烟办法六条，都督程德全通令各县经营烟土之店铺要逐渐改业。⑦

上海光复后，军政府都督陈其美发布告示称，“上海五方杂处，匿居私吸实繁有徒……为此特布禁令，如有私卖灯吸者，一经查出，财产立即发封，本犯严行惩

① 《孙中山全集》第二卷，第183页。
② 《武汉近事一束》，《申报》1912年3月27日。
③ 《鄂都督禁烟新令》，《申报》1912年11月6日。
④ 《湘省禁烟之大骚动》，《申报》1913年1月14日。
⑤ 凌青、邵秦：《从虎门销烟到当代中国禁毒》，四川人民出版社1997年版，第95—96页。
⑥ 《浙江都督电》，《申报》1912年3月27日。
⑦ 《程都督禁烟政策》，《申报》1912年11月13日。

办”[①]。上海名演员孟春帆为警世人，专门编排了新戏《枪毙烟犯》，长演不衰。1912年3月27日，禁烟联合会大会在上海召开，宣布成立恢复禁烟主权会，以“修改中英烟约，实行恢复禁烟主权为宗旨”[②]。上海开展的禁烟运动有效地阻止了鸦片通过惯常的渠道贩运销售，致使大批烟土积存在上海关栈。外加上东南各省先后禁烟，欲从上海运出鸦片也很困难了。据1912年12月31日《申报》报道：“今夏六月以前，东南各都督实行禁止印烟进口，在沪滞销有约二万九千余箱，价值一千余万镑。”[③]

安徽都督柏文蔚上任不久即下令封闭烟馆，铲除烟苗，“对于禁卖禁吸两端，将以强制力实行，所有各土膏铺户拟先调查存货若干，勒限本年底止尽数销售。届期余土，拟由公家备价收购”。[④] 1912年9月，一个中国鸦片商人在安庆因贩运一批没有货单的洋药被查获，柏文蔚旋将这批走私毒品全都销毁。不料英国驻上海领事罗磊斯、英国驻华公使朱尔典相继出面干涉，要求皖督照价赔偿。朱尔典还扬言“浙、皖、赣、鄂、湘各省严令禁烟，不但违背约章，且致英商销路窒滞，赔累甚巨，请中国政府妥筹办法”。[⑤] 中国外交部根据柏文蔚“极力主持，勿稍放松”的意见，据理驳斥，称查禁无货单之鸦片完全符合《中英禁烟条件》。英方理屈词穷，为了逼中方让步，竟然出动两艘军舰开到安庆进行威胁。柏文蔚则针锋相对，集中炮队严阵以待，英方见中方有所准备，不敢贸然行动，只能令军舰驶离安庆。10月23日孙中山在安庆高度评价柏文蔚禁烟有方，称赞“禁烟事办理最认真者，要算贵省……贵省禁烟办法，实可为各省模范也”。[⑥]

江西军政府直接没收焚毁过英国商人的多箱鸦片。

云南光复后，都督蔡锷在严禁哥老会公口时，一并查禁了公口用以聚会联络的烟馆。1912年10月，云南都督府发布禁烟令，由民政机关拟定禁烟条例，并派员到各县巡查督促，又订有《各属禁烟事务所章程》《各属查获烟土办法简章》，凡有违犯者概以军法惩治。[⑦]

山西、陕西在光复后属于南方革命阵营。山西都督府对于贩卖毒品金丹洋烟者，“令三家以上之保结，以后决不再有贩卖情事”。陕西都督张凤翔为了严惩烟贩，特意制作了4具铜铡刀陈列军政府门前，以严刑峻法推行禁政，同时广为

---

① 《辛亥革命在上海史料选辑》，上海人民出版社1981年版，第338页。
② 《禁烟联合会纪事》，《申报》1912年3月29日。
③ 《中英鸦片交涉之严厉》，《申报》1912年12月31日。
④ 《柏都督禁烟之严厉》，《申报》1912年6月19日。
⑤ 《禁烟纪略》，《民国十周年纪事本末》上册，大东图书公司1977年版，第93页。
⑥ 《孙中山全集》第二卷，第531—532页。
⑦ 《近代中国烟毒写真》下卷，第456页；《申报》1912年10月15日。

印发各种禁烟条令告示等，每 10 户及不满 10 户者均发给一张，“以供人人传览”。①

孙中山在解除临时大总统职务后仍念念不忘中国禁烟问题的彻底解决。1912 年 5 月 4 日，他向英国国民发出公开信，宣称如不在全国禁种之时“同时禁卖，则禁种之令，极难施行。盖今日烟价倍增，倘复容人售卖，蚩蚩之农必嗜利种烟。以中国幅员之广大，时局之多艰，不禁卖而禁种，甚非易易。故必禁卖禁运，然后禁种一事，始可望其实行也。奈昨年中英订立鸦片新约，与禁卖禁运大有妨碍，使我国禁烟一政，陷于进退维谷荆天棘地之中，谅非贵国仁人志士之初心也”。为此，他“恳求贵国人士，于我国更新之始，还我自由禁烟主权，俾吾人能铲除此至酷至烈之毒物，而出我人民于孽海焉”。②

为了争取英国舆论界对中国自主禁烟的支持，孙中山还致函伦敦各报社，呼吁英国“允此要求，俾吾人得于本国境内禁止售卖此害人毒品，并悬为厉禁，则栽种自能即停。谨为全国同胞乞助英国国民”。③

四、袁世凯主政时期的禁毒

接替孙中山担任临时大总统职务的是得到帝国主义列强支持的袁世凯。早在清末新政时期袁世凯就是朝廷大员中禁烟派的主要代表人物。从总体上看，袁世凯主持北洋政府时期是主张禁烟的。这一方面固然是受到南京临时政府禁毒政策的影响，另一方面从更深层次来讲也是继承了清末禁烟法令和措施的结果。北洋政府在袁世凯主政期间，采取了各种强硬措施，在中英十年约期内初步完成了禁种罂粟制止鸦片流毒的任务。

袁世凯在就任临时大总统的当天，宣布在民国法律未议定以前，暂行援用 1911 年经资政院议决拟于 1912 年公布施行的《新刑律》。《新刑律》中有一章是鸦片烟治罪条例，共有 10 条。其中规定，贩卖和制造鸦片、鸦片烟具以及收藏鸦片烟者，处三等至五等有期徒刑，并处 500 元以下罚金；官吏纵容外国商人贩运鸦片或鸦片烟具，处二等或三等有期徒刑，并处 1 000 元以下罚金；开设鸦片烟馆及私种罂粟者均处四等以下有期徒刑，或拘役，罚处 300 元以下罚金。同时规定犯有以上各条者剥夺其选举权、被选举权和参加考试、出任公职等公权，现任官员免职。

---

① 《陕西禁烟之伟举》，《申报》1912 年 9 月 7 日。

② 《孙中山全集》第二卷，第 570 页。

③ 中国国民党广东省党部宣传部编印：《禁烟毒专刊》，第 2 页，参见《孙中山全集》第二卷，第 571 页。

1912 年 5 月，北迁后的参议院通过了禁烟法案，提议全国禁绝罂粟种植日期为当年 12 月 31 日(后改为 1913 年 6 月 30 日)，在“禁卖”一章中明确要求各鸦片烟土膏店按月递减，届期一律关闭，剩余鸦片烟土一律缴禁烟局，统一销毁，违者治罪。[①]

10 月 28 日，袁世凯以临时大总统名义颁发严禁私种鸦片令，晓谕种者不准再种，贩者分别停歇，吸者立即戒除，违者一律治罪。

同年，北洋政府内政部鉴于戒烟药中往往掺有鸦片，作出严行禁止的补充规定，次年又对贩运和销售罂粟种子也作了明文禁止，违者处五等有期徒刑或 200 元以下罚金。1914 年 4 月，又出台了《吗啡治罪条例》，规定制造、贩卖吗啡者分别情形处以三等至五等有期徒刑，并处 500 元以下罚金；巡警和海关关员纵容包庇贩运吗啡者处以三等以下有期徒刑。同时规定海洛因等毒品亦适应本条例规定。[②] 这年 3 月 5 日北洋政府还公布了《禁种罂粟条例》，宣布如有再种罂粟，各地政府一经发现必须强行铲除。上述法律文件对于确保民初禁烟运动健康有序进行起了重要的保障作用。

京师为首善之区，1912 年 5 月，京师警察厅发出通告，限全市土膏店在 5 月 16 日之前停业。

在山西，都督阎锡山将禁烟作为他大力推行的“六政三事”的重点，在各村搞起了戒烟会。由于他禁烟彻底获得了北洋政府的嘉奖，山西也因之称为“模范省”。

浙江全省禁烟督办、第六师第十一旅旅长张载阳亲自“带兵分巡各区，无论官民有贻误烟禁者概以军律执行”。[③]

远在祖国边陲的新疆也不例外。1914 年 8 月，省长杨增新下令，限制英侨、俄侨将毒品输入新疆，同时禁止任何人包括英侨、俄侨在新疆种植罂粟。奇台县知事郑有叙亲自下乡查禁，将平顶渠烟犯张丙堂、莺格布拉渠烟犯王正福等拿获正法。[④]

严厉的禁烟措施收到了预期的效果。1913 年上半年，英国调查人员在中国外交部特派专员的陪同下赴各地实地查验，认定直隶、广西、安徽、湖南、山东五省已禁绝鸦片。英方承诺自这年 6 月 15 日起，不再向上述五省运入外国鸦片。1914 年，经中英双方派员会勘，确认福建、湖北、浙江、河南四省的鸦片烟苗已全

---

① 《参议院提议实行禁烟法案》，《政府公报》1912 年 10 月 1 日。
② 《公布吗啡治罪条例》，《政府公报分类汇编》，第 3 页。
③ 《浙省加派禁烟督办》，《申报》1913 年 1 月 14 日。
④ 《近代中国烟毒写真》下卷，第 636 页。

部肃清，决定自当年 6 月 15 日之后外国鸦片不再运入上述四省。

其他尚未完成禁种鸦片任务的各省在北洋政府的严厉督责下，也在十年约期行将届满的紧急情况下分别采取了强硬措施，最终在 1916—1917 年完成了任务。英国政府只能履行中英禁烟条约的义务，宣布停止向中国输入鸦片。

必须指出的是袁世凯主政时期的禁烟工作并非十全十美，无懈可击。1915 年 4 月下旬，袁世凯在英国的武力威胁和外交压迫下派蔡乃煌为禁烟特派员前往上海，直接与沪港烟土联社谈判有关存土销售问题。上海联社的主持者是英籍犹太巨商爱德华·释拉。此人是新康洋行和《大陆报》馆的主人，在他的主持下，上海联社在民国成立前后大量收买小同行及广州、香港各地的存土，堆存于怡和、沙逊两家仓库栈房内，囤积居奇，加价出售，印土原价每箱 2 000 余两白银被抬至每箱 10 000 余两白银，比国产的烟土高出几倍，自然影响了印土的销路。[①] 蔡乃煌抵沪不久就与外国鸦片贩子们签订了《苏赣粤三省禁卖土烟合同》，在禁止售卖土烟的幌子下，帮助联社出售他们积存的 6 000 箱左右的鸦片。联社方面则保证在合同期内向中国政府交纳 6 000 箱以上的捐款，每箱 3 500 元，这样实际充当外国鸦片推销员的袁世凯政府即可稳获 2 100 万的财政收入。消息传出后，国内舆论一致认为，此举“名曰查禁私烟，实为督销洋烟”，坚决反对，但袁世凯不为所动，电令苏赣粤三省照办。

在一些地方，实际上也没有完整地全面地厉行禁烟。如 1914 年甘肃总督张广建控制下的禁烟总局只禁种植鸦片而不禁贩运、出售和吸食鸦片。如此禁烟的动机据说是为了增加甘肃本省的财源。

陕西禁烟则是先紧后松。该省进入民国后禁烟工作进展良好，不料在 1914 年秋忽然又恢复了土药罚款局、戒烟药膏销售处，后来又搞了稽核征收罚款总局，禁烟出现了大倒退。[②]

从中央到地方各级官员这种目光如豆、见利忘义的愚蠢之举，给了处于绝境的中外鸦片贩子以可乘之机，使他们得以继续用烟毒危害中国人民。

除此之外还有一批趁机贪赃私贩、知法犯法者。湖北郧西县知事尹忠在禁烟期间查获烟土不下数千两，均私自“遣其科员蔡某、表弟严中节，藉解饷来省之便，潜运汉口销售”。1914 年 10 月 13 日，当严中节派家丁私运烟土至省城途经襄阳时被人告发，当场被道尹截获烟土九斤十二两，价值约千金。案发后尹忠还

---

① 《上海文史资料存稿汇编》第十二册，上海古籍出版社 2001 年版，第 250 页。

② 《陕省烟毒匪患日烈》，天津《大公报》1915 年 10 月 20 日。

想方设法，企图嫁祸于表弟的家丁身上。① 在“模范省”山西，关卡厘金局常有捕获私运烟土情事，然而有关经办官员竟敢收赃私放。“与烟犯彼此相喻，两方面咸以两得其利为归宿。故其会见，含有调和之性质焉”。有一烟犯光顾了向官员行贿数百金，没有向兵士行贿十五金，结果功亏一篑，仍被告发下狱。② 另据报载，山西陆军辎重营少校唐复兴退伍后不务正业，私养护勇，执同州某军官护照，骑马持枪，在山陕沿河一带包运烟土，所过关津无人敢于查阻。唐复兴还行贿买通禹门局绅李天培偷运烟土入晋。至案发时止，唐已“带兵护送烟土四五千两”③。

在职官员的贪赃枉法，严重干扰了禁烟运动的进行。为了金钱、暴利，总会有些人不顾法律、道德，以自己的官位、权势为赌注，甘愿与鸦片贩子为伍，与人民为敌。

在袁世凯统治时期，中国还有一些处在帝国主义侵略势力控制之下的禁烟盲区。其中，问题最突出的是大连、青岛两地。这两个地方的中国海关实际操纵在日本人手里，因此成了当时鸦片、吗啡贸易最巨之地。1905 年，日本在日俄战争中战胜俄国后，从俄国手中夺取了原本租自中国的旅顺口和大连湾以及长春到旅顺的南满铁路及其相关权益。1906 年日本设立关东都督府，治理旅大租借地。关东都督府制定了鸦片专卖的制度，放手贩毒。仅在大连一地，日本人在 1913 年就卖掉了六又四分之一吨吗啡，获利 840 万元。1912 年，中国外交部在致日本伊集院的节略中就指出：“吉省禁烟查察最难，日本烟土外运之途一日不绝，即一日多一密卖之窟，禁令格不能行。大连一带，竟公然租地种烟，盈阡累陌，弥望数十里，既有产地，又有销场，故屡禁而不能绝。”④1915 年 8 月，日本借参加第一次世界大战对德宣战为名，出兵攻打青岛战胜德军后，强迫中国政府与之签订《恢复青岛海关协定》，将原来德国攫取的侵略权益据为己有，其中规定 1905 年 12 月 1 日中德有关青岛的协定依然有效，只不过将文本中的“德国”一词换成“日本”即可。而 1905 年 12 月 1 日的协定中规定：“无论何种货物，在青岛上陆，有政府执照者，不受海关检查。”日本根据这一条款肆无忌惮地进行有组织的毒品输入，“盖输入之土，皆假军用品三字为名，用巨箱运装”。⑤ 1916 年，日本在青岛公然开设“扶桑官膏局”，由中国毒贩刘子山具体经办贩烟生意。该局毒品主要来自台湾、南洋、波斯等地，由日本军舰负责运输。年进口熟膏 6 300

---

① 《知事贩土又卖枪》，《申报》1914 年 11 月 18 日。
② 《山西政界之黑暗》，《申报》1915 年 5 月 13 日。
③ 《退职军官包运大宗烟土案》，《申报》1915 年 4 月 29 日。
④ 马模贞主编：《中国禁毒史资料》，第 597 页。
⑤ 参见《美人揭穿日人运土黑幕》，长沙《大公报》1919 年 10 月 3 日。

余斤、波斯土 2 660 斤、台湾土 2 740 斤，售后利润由刘与日本人平分。[1] 驻青岛的日军还暗中支持日本浪人勾结中国土匪孙百万部贩卖鸦片、海洛因。又由于胶济铁路为日本人所管理，所以他们能够将鸦片毒品偷运到上海及长江一带销售，“据闻每次运 2 000 箱，每箱值 20 000 元，合计 4 000 万元”。[2]

帝国主义列强在中国土地上横行霸道、耀武扬威，使得中国官方很难在一些地方采取有效的措施彻底根除毒瘤，因此这些禁烟盲区就成了中外贩毒者的乐园，中国毒患反复发作的“盲肠”。

五、上海租界的禁毒

1908 年，英国议员在中国禁烟运动取得明显成绩的情况下发表谈话，表示赞扬，同时催请英国政府注意“上海租界之烟馆至今并未闭歇一家”的事实。[3] 由各国传教士组成的上海基督教除烟会还专门致电英国议会，强烈要求尽快撤除上海公共租界内的所有烟馆。而对华输出鸦片不多又竭力维护在华利益的美国在鸦片贸易遍受国际舆论谴责的大气候下，倡导召开万国禁烟会议。

1909 年 2 月 1 日，万国禁烟会议在上海公共租界召开。出席会议的代表有美、英、法、德、意、奥、荷、葡、俄、日、波斯、暹罗和中国。中国首席代表、两江总督端方在会上发言时，首先代表中国政府感谢美国总统罗斯福发起此会。端方在介绍了中国禁种禁贩禁吸的概况后指出，外国鸦片商人根据不平等条约破坏中国禁烟是当前禁烟的一大难题。此次会议历时 26 天，代表们在听取了各国有关本国鸦片的调查报告后经过讨论协商，通过了 9 条议案。其中有关中国租界禁毒的有三条：(1)“本会极力敦促凡在中国有居留地及租界之各国政府，倘于各该居留地及租界之内，尚未实行关闭鸦片烟馆者，须仿照他国政府已施行之禁令，参酌情形，迅速举办。”(2)“本会会员敦促，凡在中国有居留地或租界之国各代表，须陈请各本国政府，与中国政府议定条例，禁止制造贩卖内含鸦片烟质或鸦片提制品之戒烟丸药。”(3)“本会会员劝慰各国代表陈请各国政府，凡在中国有居留地或租界者施行药商专律于领事裁判权内，俾该国之民，有所遵守。”[4]

尽管这些议案只有劝告和请求的性质，对于任何国家的政府都没有强制约束力，即没有任何法律效力，但这毕竟是正义的呼声，道德的体现，对于英国政府及其鸦片利益团伙来说不能不是一种巨大的压力。它在客观上有利于清末禁烟

① 参见《美人揭穿日人运土黑幕》，长沙《大公报》1919 年 10 月 3 日。
② 参见《禁毒全书》上册，第 496 页。
③ 《申报》1908 年 3 月 3 日。
④ 《万国禁烟会决议案》，《宣统己酉大政纪》第十册，卷七。

运动的顺利进行，也有利于租界自身主动采取实际行动禁烟，同时也是国际合作禁毒的一个良好的开端。

1912 年 1 月，在海牙召开的国际禁烟会议上，中、美、英、法、德、意、葡、俄、日、波兰、暹罗、丹麦 12 国代表经协商签订了《海牙禁烟公约》。该公约中有一部分是关于国际社会协助中国扑灭鸦片毒品的内容，如设法不让鸦片进入中国、查禁租界内的吸贩鸦片等。1913 年 6 月，在海牙召开了第二次国际禁烟会议，34 国(含原来的 12 国)代表出席了会议。在会议结束时，除英、德两国外，其余国家的代表均表示承认《海牙禁烟公约》的原则和精神。由于该公约明显有利于中国开展禁毒，因此中国政府于 1915 年 2 月率先与美国、荷兰签订了禁烟公约和协议，开始实行《海牙禁烟公约》。

在国际舆论有利于中国禁烟的强大压力下，上海租界当局不得不在 1915 年 3 月将禁烟提到议事日程上来。到 1917 年 3 月底，上海公共租界的 580 家烟膏店、法租界的 212 家烟膏店经过每半年关闭四分之一的过程全部关闭。

第三章　北洋军阀时期贩毒的流行

第一节　北洋军阀对毒品的放纵

一、勉为其难的浦东焚土

根据1915年《苏赣粤三省禁卖土烟合同》的规定，上海联社方面所存烟土在三省售卖的期限是1917年3月31日。但直到1916年帝制取消时，上海联社尚有3 600余箱存土未能售出，于是联社方面向中国政府提出了展期售卖之议。消息一经传出，立即遭到中国社会各方面人士的反对。安徽都督柏文蔚致电全国禁烟联合会，指出“洋药禁运至期，黑籍同胞有起升希望，吾辈亦有荣施，乃闻沪上奸商又以巨资运动展限，似此谋利害国，令人发指，请力争为祷”。[①] 北京政府听取了各方意见之后，决定不再展限禁烟。[②]

然而身为副总统兼江苏督军的直系军阀首领冯国璋却来了个偷梁换柱。此人先是赞成不再展限，接着以保全外国鸦片商人利益为名，建议政府收买存土，作为药品发售。此议通过后冯国璋以政府名义与上海联社谈判磋商，双方在1917年1月28日草签了《收购存烟合同》九条，规定1917年3月31日前联社估计留存的印度鸦片2 100箱由中国政府用民国元年的六厘公债全部收购，10年内全部还清。[③] 消息披露后，国会议员表示强烈反对，此项合同作为悬案暂时搁置。

1917年7月，张勋复辟被粉碎后，冯国璋自立为代理总统；8月1日，正式就任总统。1918年1月8日，冯国璋下令财政部、内务部迅速办理上海联社存土悬案，不得再缓。至同年6月，双方在北京再次签订合同，规定上海联社的

---

① 《申报》1917年1月6日。
② 《申报》1916年12月8日。
③ 《中外旧约章汇编》第二册，第1253—1254页。

15 775 箱存土全部由中国政府收购。收购方式不变，只是每箱鸦片的收购价格从 8 200 两减为 6 200 两白银。[①] “以 6 分利公债支付，由内务总长以每箱 1.6 万元销与某公司，得在江苏江西销售，作为医药之用。其发售期为 3 年”。[②] 具体由上海英国汇业银行总理、协记制药公司的吴引之操作。风声传出后国内外舆论大哗，9 月下旬，参议院 30 名议员联名向政府提出质询书，批评政府的这一违法行为。另一方面，上海联社则通过他们控制的《大陆报》连续批评中国政府禁烟不力，放纵军人种烟贩土，以致上海存土充斥，现距中英条约 10 年禁绝之期不远，何能信守条约？[③]

在国内外舆论的压力之下，北洋政府在刚刚卖掉 300 余箱鸦片的情况下不得不在 10 月 19 日紧急刹车。是日，北洋政府照会先前提出抗议的美、英公使称：“我大总统本除恶务尽之决心，颁严禁售卖之明令。本日国务会议复本此旨，议决办法，除已售出之三百余箱外，剩余之一千二百余箱，订期合同中外官绅监视，悉数销毁。”[④]1918 年 12 月，大总统徐世昌颁令在上海就地焚毁这批存土，并重申禁烟令。

1919 年 1 月 17 日，在北洋政府委派的监视焚土专员张一鹏与驻沪特派员、上海海关监督冯国勋的主持下，所有存土在中国社会各界代表和外国客人的监视下于上海浦东开炉焚毁，至 19 日全部焚毕。

浦东焚土虽然不是出自北洋政府的初衷，但毕竟正式结束了外国鸦片合法输入中国销售的历史，在当时即被视为中国“鸦片合法贸易史的可资纪念的最后一页”，[⑤]因而也是清末民初禁烟运动胜利结束的显著标志。

浦东焚土使北洋政府在经济上受到了重大的损失，先前为了购买这批存土北洋政府共耗费了 1 200 万元。当时就有人心存疑问，政府方面怎舍得做如此血本无归的买卖？直到 1922 年 3 月 13 日《民国日报》发表《水竹邨人贩烟大黑幕》一文才多少揭开了这一谜底。文章指出，水竹邨人即徐世昌 1918 年 9 月就任总统之初即提倡大借外债，与一般经手人朋比分肥。“复由府院部三方串通，以数千万之巨款，在上海购买烟土，故意放出 2 000 余箱，迨事发觉，即以明令将该 2 000 余箱之烟土付之一炬，于是一时舆论咸称颂邨人之贤明”。文章分析徐世昌下令焚土的作用有三：“（一）经此一番掩耳盗铃之手续，则人民之注意但在

① 《一九一九年南北议和资料》，第 40—41 页。
② 同①，第 437 页。
③ 《上海文史资料存稿汇编》第十二册，第 250 页。
④ 《中华民国史事日志》第二册，大东图书公司 1981 年版，第 156 页。
⑤ 《上海近代社会经济发展概况》，上海社会科学院出版社 1985 年版，第 186 页。

焚土而不在贩土。（二）即使贩烟事发，人民因邨人曾一度明令焚土，贩土之事必不疑及邨人身上。（三）经明令焚去2 000余箱，则烟值必大涨，所余烟土可以居奇，其所得之利，较诸所焚之损失，必在数倍以上，如此既可渔利，又可收认真焚烟之美名。”文章最后揭露说，某机关某要人亲自告诉作者本人，“此次贩土，闻每箱获利5 000元。2 000箱合计共获利千余万元，邨人先承取400万元，所余七八百万，则由京沪各经手机关瓜分，每股所得至少亦五六万元”。国家元首尚且如此，一般官吏更是可想而知了。

二、中央政府毒品政策的演变

从表面来看，袁世凯死后北洋政府在禁毒问题上基本上是按袁世凯制定的方针办事的。继任大总统黎元洪在1916年8月13日颁布严禁鸦片通令，以示实现禁烟之决心。9月19日，黎再申严禁令，声称从1906年开始为期10年的“订约之期，本月届满……深虞猾吏舞文，奸商玩法，或托词稽征罚款，或私自存土运销，阳假官符，阴扬毒焰，一隅横溃，功败垂成”，是以重申前令，“其有犯种运售吸诸罪者，并由法庭从重惩治……其后不容遗孽，再毒新邦”[①]。

1917年初，议会收到了大总统提交的咨请议会议决的鸦片治罪法案，共15条。其中第3条规定：“贩卖罂粟种苗，或意图贩卖而收藏、运送，或自外国输入者，处无期徒刑或一等有期徒刑。”[②]1919年1月6日，大总统徐世昌发出命令，称“近今烟禁甚严，仍以厚利所在，莠民奸商多方尝试，甚至有假冒军人由各路包运销售情事。似此违禁营私，肆无忌惮，若不严行查缉，则禁烟要政直同虚设，于国家前途影响至巨……嗣后应责成各省督军省长，遴派专员，会同各税关严密查察，毋论是否假冒军人，但遇包运烟土，即行切实拿办，毋任漏网”。[③] 次日，黄锡铨等11名参议员提出“为吗啡害民甚于鸦片，请咨政府修订吗啡治罪条例，扩充范围加重罪刑，以保人种提议案”，历数了日本自1909年以来对华贩运吗啡的罪行，强烈要求政府“提出民国三年公布之吗啡治罪条例，从速修订，扩充范围，加重罪名，凡贩卖吗啡及业刺打吗啡暨受刺打吗啡之人皆处极刑”，更希望政府方面能就此向日方进行严正交涉。[④]

在黄锡铨等人提案的推动下，大总统于1919年3月发布了严禁吗啡的训令。训令指出：“吗啡为害甚于鸦片，久经悬为禁令，颁布治罪之法。近岁厉行禁

① 《中国禁毒史资料》，第667页。
② 《大总统提出鸦片治罪法案》，长沙《大公报》1917年2月1日。
③ 《一九一九年南北议和资料》，第478页。
④ 同③，第95页。

烟,无知愚民往往代以吗啡,饮鸩自甘,流毒浸广,积成沉痼,害及民生。而廛市痞徒或违禁贩运或制药朦售,稽察偶疏,流弊错出。亟应从严查禁,期与烟禁一律肃清。著各省区军民长官饬属认真查察,遇有私运私售吗啡情事,按法严惩,毋稍宽纵。其掺合吗啡毒质制成药品者,亦应切实检查,随时惩禁,以弭隐患,而惠群生。”①同年 4 月,南北议和时,双方一致同意将严行禁绝栽种罂粟作为议题之一,并一致承诺,关于这些方面“国家均有法律规定……将来自当切实履行”。② 在此之后,北洋政府于 5 月 20 日、11 月 6 日多次重申禁毒令。

北洋政府在自己实际控制的境内实行普遍的禁毒,即使外国人也必须守法禁毒,一经查出同样依法严惩。1921 年 7 月,希腊人订墨思与意大利人费某合伙在常德烟贩处买进 1 000 两烟土后,搭乘招商局复盛轮返回汉口贩卖。不料船行至洞庭湖中遭到岳州海关派出的湖星轮的拦截和检查,订墨思等人非法携带的烟土当即被查出。案发后意大利人费某应驻汉意国总领事电请送交汉口意领事署收讯,订墨思则由岳阳县署转解省署交长沙地方法院审判。后依照中华民国新刑律的有关条文,以共同贩卖鸦片烟之罪判处订墨思五等有期徒刑两个月,并处罚金 100 元。因订墨思“声称归国在即,请求易科罪罚金,当准将二月徒刑易赎 60 元了案”。③

中国政府的禁烟态度对各外国在华的租界当局也有一定的影响。1913 年,汉口烟商在当地烟禁行将到期之际纷纷“匿迹租界,勾串外捕密开烟馆土店”。经中国官方与各国领事商谈后,英、德、俄三租界最早禁烟奏效。唯独法、日两租界仍烟雾迷漫。法租界华捕头王占元、胡春山等私收烟户捐款,为之通风报信。“如官厅探得某街某里某某门牌为烟馆土店,商妥领事探查,彼等必早得消息通知,暂行收藏遮掩一时,依然营业”。但自 1917 年初,新任法领事到任后情况大有改变。此人到任伊始就严饬捕房查禁毒品,“一月以来沿街面之店铺密营此业者多已收歇”。2 月初在法租界长清里 21 号抗命开设烟馆的烟棍赖沅山被拘获刑讯。④

但是北洋政府实施禁毒实际上是不够坚决的。一考虑到毒品专卖带来的财政收入,北洋政府便跃跃欲试,实行开禁。1923 年初,日本人丸尾千代郎向中国财政当局提议,将财政部以前所拟的鸦片公卖局改名为检查违禁药品事务所,实行所谓积极的专卖,以期逐年减少鸦片买卖。丸尾千代郎称,“中国每年由外洋

---

① 《政府公报》第 1105 号,1919 年 3 月 3 日。

② 《一九一九年南北议和资料》,第 226 页。

③ 《破获外人贩烟案》,长沙《大公报》1921 年 7 月 13 日。

④ 《汉口烟祸肃清难》,北京《晨报》1917 年 2 月 4 日。

秘运进口的鸦片，总额有一万万余元，其余关于秘密买卖吸烟等项的总额有三万万元。若采了专卖的制度，那么可以将这项收入抵押大借款，日本愿先垫三千万元”。处于山穷水尽境地的财政部认为此议可行。不料被国会方面探悉此情，王文璞等众议员提出质询。上海万国拒土会、商界联合会也发电反对。在外交方面英国驻华公使发表声明，谓中国此举大是妨害国家之信义，自列于国际行动之外。日本使馆亦发表声明，断然否认政府与丸尾千代郎有任何联系。至此财政部只好收回鸦片专卖的预案。①

北洋政府在政治上缺乏必要的权威性。把持地方军政实权的各路军阀心里只想着如何搜刮钱财扩充实力，根本没把中央政府的禁毒法令放在眼里。

三、北洋军阀的贩毒

1916 年，袁世凯死后，中国进入了军阀割据的状态。各路军阀拥兵自重，为争夺地盘厮杀不已。为了有足够的资金来维持军队的开支，几乎所有的军阀都依靠鸦片消费税作为自己经常性的收入。

1916 年，王占元督鄂后与孙传芳商定，以地方协助军饷为名，准许武汉福记、福康隆、同康等 8 家公司领照开设土栈。这 8 家公推赵典之为代表，与驻军负责人协商议定每担（1 000 两）烟土纳“协饷税”200 元，由烟土商负责在宜昌交货贴花，然后由“武汉”“飞熊”“楚雄”三只兵船包运到武汉，再卸至烟土公栈。军警督察处成立后又将土栈增加到 16 家。② 1924 年，大毒贩赵典之被官府委任为武（武昌府 10 县）黄（黄州府 8 县）禁烟总处处长，将缉私所获的烟土再派销出去。

1918 年春，陕西督军兼省长陈树藩与镇嵩军首领刘镇华商议后在陕西率先组织禁烟善后清查总局，打出“寓禁于征”的幌子利用毒品掠夺社会财富。陈树藩“在陕省各处设立运贩机关，派队护送，获利额巨”。③ 刘镇华在其直辖的十几个县每年大收鸦片烟税多达 1 500 万元以上，超出了全省田赋一倍有余。④ 至 1920 年，全国播种罂粟的省份已有陕西、云南、湖北、河南、福建、贵州、四川和甘肃。至 1922 年，仍继续坚持禁令的省份只剩下山西和吉林了。

军阀们在鸦片的种植、运输和销售等各个环节上都动足了脑筋，巧立名目进行搜刮。种植鸦片要交“烟苗捐”、“烟苗税”；运输要收“印花税”、“起运税”、“过

---

① 参见朴之：《鸦片公卖》，《东方杂志》第二十卷第 6 号，1923 年 3 月 25 日出版，第 9—10 页。

② 《近代中国烟毒写真》上卷，第 531—532 页。

③ 《一九一九年南北议和资料》，第 244 页。

④ 《向导》周报第 145 期。

境税”、“出口税”和“护商费”，销售要纳“出售税”、“落地税”、“秤捐”和“佣金”等。在军阀们的肆意纵容下，一度绝迹的烟馆烟店死灰复燃，卷土重来，再度开张。

1918 年 3 月，刘镇华继任陕西省长兼督军后，除了公设烟馆，包庇烟贩外，还与镇嵩军各路统领合资开设惠济公司，专门包送烟土，运至开封、徐州等处销售。[①] 在人口不满五万的汉中，有 1 000 多家烟馆，以此为生者不下二三千人。在居民不过 200 户的南郑县一集镇上，也有 30 多家烟馆。

1921 年，陆洪涛任甘肃督军后也重开烟禁。他在兰州设立“禁烟善后局”，各县遍设分局，征收对烟土贩子的罚款。同时，又在省城设“烟膏税局”，各县同样设分局，各乡镇设分卡，征收所谓“熟膏税”。另外，陆洪涛还设立官方垄断的“联运处”，该处所征的运费为每箱 1 060 两，数倍于商贩自运者。[②] 在他的直接倡导下，甘肃省自 1921 年后又是罂花遍地、烟馆林立了。1924 年，全省的鸦片税收入高达 2 000 万元，“数万军队，依之供给”。[③]

1921 年，在张北闲居的兵痞张成德拿到张北康保游击队长的名义后，收纳巡防马队旧部，招抚土匪，扩展势力，由于人马远远超出额定的 50 人编制，薪饷不敷，于是擅自组织部下赴热河贩卖大烟，并抢劫百姓财物。1923 年冬，被张北县知事扣压，张成德非但不悔过自新，相反在伺机逃脱后发动兵匪哗变。[④]

1919 年 12 月 23 日，湖南督军张敬尧串通驻湘第六混成旅旅长张宗昌的部下押送鸦片烟种子 45 麻袋(每袋 200 余斤)，从奉天运至武昌鲇鱼套车站。麻袋包上标明“奉天发，交湖南第二路总指挥司令部查收”，拟要车皮由长武路运回湖南，因无护照被车站扣留，押运者顿时逃走。案发后知情者揭露：“此物由奉天往京汉路来者已运去一批，计二十袋(约五千斤)。”另一说是，此类鸦片种子“以前已偷运过数次，皆有运粮秣的护照，所以车站检查员难得察觉”。26 日，车站检查员游泳请武汉学生联合会代印传单，指出张宗昌此举“原系效法陈树藩，通同张敬尧在湘广种罂粟以获厚利，以作彼五年之军费”。北洋政府在舆论的强大压力下电令湖北督军王占元就地焚烧所扣烟土种子，以顺舆情。12 月 31 日，毛泽东等 24 人以湖南旅京公民名义就此事上书国务院，指出湘督张敬尧到湘以来“言其流毒最大者，鸦片是也。自张督到湘省烟禁大开……鸦片及鸦片种子，自外埠装运到湘，不知凡几。张督劝民种烟，召各县团总，发子令种。长沙一县发子至四万包之多。湘民多相惊怪”。上书认为，此次张敬尧运毒证据确凿，“事关

---

① 《近代中国烟毒写真》下卷，第 479 页。
② 同①，第 553 页。
③ 章有义：《中国近代农业史资料》第二辑，三联书店 1957 年版，第 620 页。
④ 参见邵雍：《民国绿林史》，福建人民出版社 2001 年版，第 94—95 页。

国家大禁与国际交涉,应恳钧院速即呈明大总统,将湖南督军张敬尧明令罢职,提交法庭依律处办,以全国法而救湘民”。①

1920年10月,张作霖力保先前在湖南战线的张宗昌开复原职。张宗昌为表感激之情在湖南买了不少烟土派人带到奉天准备送给张作霖。不料这批烟土在奉天车站前面的一家中国人开的旅馆内被日本警察全部搜去,采运此项烟土来奉的3个军官在搜查时拔出手枪企图抵抗,结果被日本警察制服后送警察署,关进监牢。②

1921年,直系王占元的十八旅赵荣华部驻宜昌,经常护送出川过境的烟土。这年浙帮烟土商从四川购进烟土,路过宜昌,已谈妥由赵部派兵护送,不料一在海关供职的英国人因向烟土商敲诈未遂,向吴佩孚告发,结果整船烟土被查获,付之一炬。次年吴佩孚批准设立济宜办事处,由宜昌商会会长韩慎之任济宜办事处经理,于是在晚清被禁绝的土税号又应运而生,公开买卖鸦片,以烟土税济军饷。在济宜办事处的纵容下,宜昌土税号从开始的七八家增加到18家,而且还有大小烟馆100余家。③

1923年11月,宜昌军事当局公开允许鸦片公卖,“设鸦片公管局,专司其事”。鸦片商只要交纳200—450元的税便可公开将鸦片运到宜昌、沙市和汉口等地出售。鸦片烟馆亦明码标价,“每灯月收费1元”④。

在安徽涡北为姜桂题看守门户的二营毅军受姜之命兼作武装贩运烟土的勾当。这些军人由热河进关,从粤汉路到达开封,再用马轿车把烟土装运回亳县,由姜家瑞成钱庄经理李香南等人负责将烟土推销出去。亳县白布街杂货铺掌柜高某与姜桂题义子姜呈五搭上关系,在毅军中挂个名义,身后跟着成群的卫兵,专门来往于亳县、漯河一带,为瑞成钱庄打开了漯河这个码头的鸦片生意。⑤

由于马联甲主皖时征收烟税,导致安徽烟禁大开,“土贩不南趋上海,即北走济南”,于是鸦片烟土从蚌埠源源不断地进入山东各大埠,仅“济南一埠,每月销行,约在30万元以上”。⑥

1924年,张宗昌在第二次直奉战争后入据山东,任军务督办。张在主政山东期间指使禁烟局总办姜寰以“寓禁于征”为名,下令各县广种罂粟,并且动用军队公开护运烟土。张宗昌的亲信们则趁机大开烟馆,牟取暴利。1925年,奉军

---

① 《张敬尧运烟败露详志》,上海《民国日报》1920年1月3日、5日、6日。
② 《张宗昌孝敬张胡烟土统被日警搜了去了》,上海《民国日报》1920年10月26日。
③ 《近代中国烟毒写真》上卷,第515—516页。
④ 《宜昌军阀竟许鸦片公卖》,《民国日报》1923年11月9日。
⑤ 同③,第301页。
⑥ 《鲁省执法者大贩烟土被破获》,《民国日报》1924年1月5日。

进驻上海后，南市小东门、九亩地一带，在5月间一下子有20多家售土机关同时开张，公开营业，此风很快蔓延到闸北、吴淞等处。在上海各团体的强烈反对下，公开售土稍微有所敛迹，不过驻沪奉军为此却发生了争斗和内讧。①

江西自蔡成勋主政后，“设立拒禁毒品局，意在拒绝禁制毒品以遂其垄断专卖之私。名为拒禁，实为专卖”。蔡成勋将全省81个县划分为14个区，每区设立分局，招商包运包卖，并许调用军警护送私货。② 1924年，江西旅京同乡会专门编写了《蔡成勋与鸦片烟》一书，对蔡的贩烟劣行进行揭露。

北洋时期东南地区最大的军阀是孙传芳。此人自闽入浙，由浙而苏，即挟烟土祸延五省。孙传芳部等人均携步枪、烟枪，遐迩皆知。该部进驻上海后设立的军警特别查缉处与刚开张的五福公司相勾结，贩运烟土，每次进口的烟土多达千箱以上，在高昌庙附近的起卸现场有海军加以护卫。查缉处撤销后，五福公司才闭歇。③

1924年至1925年，发生的两次江浙战争，与军阀们争夺上海特别是上海的鸦片烟税有直接的关系。马寅初指出：“所谓齐卢战争及第二次孙传芳与杨宇霆之江浙战争，实均为鸦片战争。”④

1924年，江浙战争结束后，北洋军阀第五师师长白宝山在上海与广商鸦片商行推销员郭海山结为把兄弟，合作做运销鸦片的黑生意。郭的联系人是白公馆的内勤副官马小柱等人。他们在上海购入鸦片装箱后，装上第五师的水师营船只，驶回墟沟海边卸下，搬入白家大楼的地下室储存，再成批对外销售。两年之内共经销烟土650箱。白宝山的部下缉私营副营长李凤山勾结南城人胡凤山合资开办怡记商行。该商行从外地或从水路运来的鸦片包装箱可以免检，一直搞到1927年第五师在南京溃散才收场。向以第五师为后台贩毒发财的海记商行也随之垮台。⑤

四、西南军阀的贩毒

西南军阀虽然在政治、军事方面与掌握中央政权的北洋军阀时有冲突，但在贩烟护烟，抢夺鸦片利益方面与北洋军阀有惊人的相似之处。

早在1915—1916年，滇军入川反对袁世凯称帝时就陆续将近500驮烟土

---

① 《近代中国烟毒写真》上卷，第92页。
② 《旅沪赣人痛斥蔡成勋推销鸦片》，《民国日报》1924年1月8日。
③ 《近代中国烟毒写真》上卷，第93页。
④ 《禁烟公报》第1期，1929年11月。
⑤ 同③，第347—349页。

(每驮 2 箱,每箱 1 000 两,共计约百万两)陆续运进四川。这批烟土批发价每两 4 元 2 角,烟商们转手以每两七八元的价格卖出,但还是比川土便宜了一半。滇军将贩烟所得充作军饷,一些随军人员认为有厚利可图,一齐包揽了烟土的运售,从此开了民国滇军贩毒的先河,破坏了民初大好的禁烟形势。[①]

袁世凯死后发生的首起重大烟案亦与滇军有关。新任司法总长张耀曾、参议院议员袁嘉谷、滇督唐继尧部第五梯团团长叶荃等人从云南前往北京时私运烟土 40 箱(约 7 000 磅),于 1916 年 8 月 5 日途径上海时被英租界工部局在旅馆中查获 20 箱。案发后舆论大哗。云南督军唐继尧闻讯后来电为叶荃等人辩护,坚称他们"均属品学兼优,洁清自好之士,决不至骫法营利私带烟土"。他的解释是"此次该代表等出省之时,因赶赴约期,除所带仆从外,同行之普通人甚多,并有多数商人在内,挟带烟土必系随从人等与普通商人勾结包庇之所为。至该代表等漫不经心,竟为奸人所欺蔽,疏忽之咎,既无可免,而继尧失于觉察,咎亦难辞"。[②] 事实真相究竟如何,究竟谁欺蔽谁,只有当事人心知肚明。

1917 年,靖国军兴时唐继尧以滇川黔靖国军总司令名义,派龙云、胡若愚两军赴广西。然两军将领领得饷项后大部分用来购置烟土,随军运走。沿途需要当地币制时即将烟驮打开,按需出售,所得款项用于军队开支,利润部分由带兵长官自由支配。这种做法玷污了靖国军的护法声誉,滇军在广西被人指为卖烟的队伍。[③]

1919 年,驻四川省自流井的滇军不再禁止开设鸦片烟馆,"唯须购买云南运来之鸦片,每两价银五六元"。不过由于川土时价每两仅为 1—2 元,因此云土"销场大形滞塞"。[④]

1920 年,云南开放了鸦片禁种,原筹饷局经办的半公开的鸦片运输捐相应改由再度成立的禁烟局办理。禁烟局规定鸦片在省内可以自由运输,但每百两须交纳滇票 6 元的所谓罚金,领取内运证。后来又规定从邻省运入的鸦片也要交罚金,而且将罚金抬高到滇票 10 元(不久又增加到 20 元)。1920 年至 1922 年,全省每年约收罚金三四十万元。1924 年以后,每年所收罚金增至 100 万元以上。

1921 年 2 月,主政云南的唐继尧被顾品珍赶出云南,流落香港。当时就有一些日本浪人向唐鼓吹,说等到再回云南时,可用吗啡质很多价格又便宜的云南

---

① 《四川文史资料选辑》第七辑,第 174 页。
② 《唐继尧电请严办烟犯》,天津《大公报》1916 年 8 月 25 日。
③ 《近代中国烟毒写真》下卷,第 413 页。
④ 《蜀省军政界之黑幕》,天津《大公报》1919 年 6 月 9 日。

烟土加工制造成吗啡、高根、海洛因等烈性毒品运到长江一带售卖，可获厚利，而且烈性毒品体积较小重量较轻，比鸦片更便于携带。唐听后信以为实。1922 年 3 月，唐继尧回云南夺得政权后，于 1923 年春乘禁烟公所总办兼富滇银行行长李鸿纶赴北京充当代表之便，命其携带日本驻滇领事的介绍信和各路著名烟土的样品到汉口，与日本的制毒机关接洽。双方密商条款如下：(1) 由该机关介绍技师两人，与李氏一同回滇制造吗啡、海洛因等物，所需机械也由技师代买；(2) 由云南曾在日本学过制药的人担任行政和技术补助事务；(3) 烟土由技师化验后指定，收买供给；(4) 制造机关密设于昆明，名曰"化学工厂"，不对外做任何事务，技师不与外人来往，所需饮食用度由云南优予待遇；(5) 制成品由云南带到汉口，交由日本人代销。根据上述协议，经日本技师化验李氏带去的样品后决定以开化烟为主，以丘北及麻栗坝烟掺和补助。接着云南官方专门设立"泰丰隆"商号，采购开化、丘北及麻栗坝烟两万多两，同时在昆明南门外富滇银行货仓内设厂秘密制造。3 年后，加工成精粗吗啡 3 000 余两、海洛因 1 000 余两。但李鸿纶派人将少数样品带去汉口日本制毒机关化验鉴定照约代销时，不料对方认定不合格因而不能定价销售，也闭口不谈补救方法。至此唐继尧只能赶走日本技师，将制毒机器和成品一并封存，直至 1935 年上述毒品才上交省财政厅，另存南屏货仓，并在 1945 年抗战将要胜利时以代用品名义分散卖给私人。①

1917 年，贵州经过中英联合会勘之后鸦片产量锐减，导致了烟土紧缺，供不应求。鸦片烟价上涨到每两售价 5 两—10 两白银。最早在贵州提出鸦片开禁的是督军、省长刘显世的外甥王文华。在此之前只有刘显世的族人刘若愚主持的隆兴公司敢于仗势在昆明经营鸦片。隆兴公司常借经销土产为名夹运鸦片，出省贩卖。当时王文华手握全省兵权，为了广筹军饷，缓和部下为争夺护送烟商这一美差而产生的矛盾提出鸦片开禁。这一动议经刘显世提交行政会议及省议会通过，终于在省财政厅内设立了负责征收烟税的筹饷局，以财政厅长兼筹饷局长，向烟土外运商征收烟税，名为"饷捐"。规定所有外运商在烟土起运之前，必须按每担征收 80 元的税率向筹饷局完纳通关税，并在烟箱上加贴封条方可起运。贵州开烟禁后，鸦片商人趋之若鹜、激烈竞争。② 刘显世还在松坎设立"护商事务所"，护运鸦片，且派亲信刘显潜、易荣黔用武装护送大烟至湘西、川东一带销售。

刘显世主黔时期由于贵州鸦片存货不多，烟税并不兴旺。1920 年 11 月，卢

① 《近代中国烟毒写真》下卷，第 350—351 页。
② 同①，第 298 页。

焘代理黔军总司令后,因大量收获新货,运售数量猛增,税收也随之水涨船高,逐渐充裕起来了。[①] 卢焘当时还在广西百色开设兴隆公司贩运烟土到梧州,还派专人到梧与梧州镇守使韦荣昌洽商过开设分公司事宜。[②] 1921 年,对贵州西路烟土行情了如指掌的安顺人谷正伦任中央直辖黔军总司令后,乘机派出军需官到安顺护运烟帮,从中收取护运费及烟税。[③]

1922 年 3 月,袁祖铭登上了贵州省长的宝座后,提出了"以烟盐为纲"的财经计划,把本省外销烟土的通关税,由原来的每担 80 元提高到 120 元,又建立了一个官商合办专营烟土的交易所,然后将收获的烟土交许开风旅的 2 000 余徒手兵,每人在背包中暗藏烟土 500 两,由麻江出发,经过湖南洪江、常德,抵达汉口,所有烟款,全部用作购买械弹之用。[④] 这年唐继尧之弟唐继虞长驱入黔,袁祖铭应战不及,退至川东就任北洋政府的川黔边防督办。

1923 年,袁祖铭率黔军驻重庆,废弛烟禁,以"寓禁于征"为名,每灯收捐洋 1 元 5 角,行之不到一月,烟馆即达千余家。[⑤] 在吴佩孚的包庇下,袁祖铭将搜刮来的大烟运到北京及湘鄂赣等省销售,所得钱款依然用于购买步枪、手枪装备部队。当时袁祖铭的军队完全控制了从重庆到宜昌一带的长江水道,使贵州对外贩运烟土畅通无阻。1923 年 10 月 6 日,汉口警方检查榆荫里三号黔军驻汉筹饷处时当场查获烟土 50 箱,[⑥]经查系袁祖铭所运。事发后,督军萧耀南在袁祖铭的屡次电请下于 21 日下令警厅将查获的 1 278 斤烟土提出发还,但据黔军驻汉代表刘少南声称"土虽发还,尚失去万余两"云云。[⑦] 1924 年春,第一混成旅旅长李晓炎奉袁之命将大批烟土运至北京,专门掌管趸卖烟土生意的是李的部下营长刘德一,刘营长当时住在李晓炎的把兄弟、北京警察总监田政臣的公馆里,田公馆自然也就变成了黔军在京囤放鸦片的货栈。其中,有 6 000 两烟土由刘营长借用田总监的汽车卖给了在京的贵州籍众议员杜铸元。在四川李晓炎旅部译电员的主要任务之一,就是经常翻译黔军系统卖大烟经纪人向部队长官报告卖烟账目的密电。

1924 年底,袁祖铭靠鸦片生意扩充起来的队伍已达到 6 个师两个警卫旅。1925 年 2 月,袁祖铭奉段祺瑞电令节制贵州全省军队并兼管驻川黔军。不久,

---

① 《近代中国烟毒写真》下卷,第 268—269 页。
② 《近代中国烟毒写真》上卷,第 600 页。
③ 《禁毒全书》,第 430 页。
④ 同①,第 270 页。
⑤ 《中国禁毒史资料》,第 1080 页。
⑥ 《民国日报》1923 年 10 月 12 日。
⑦ 《民国日报》1923 年 10 月 27 日。

袁的队伍重新接管了贵州,仍把鸦片运至长江各省销售。[①] 袁祖铭驻防重庆期间,设"禁烟稽查处"征收特税,每担烟土收 60 元,并从中分拨十几元给同驻重庆的刘湘。但刘湘仍感不满意,于是另设"禁运总处",争夺特税收入。后来刘湘与杨森联合,在 1926 年将袁祖铭赶出了川东。[②] 1926 年底,袁祖铭在常德被害。袁死后,他在常德开设的两家烟土公司被湖南军阀唐生智查封,袁所囤积的数十担鸦片被没收。[③]

两广方面的烟土生意是袁祖铭的部下、新任贵州省长彭汉章负责的。彭汉章采纳了其参谋长陈继宗、军需处长夏晴初等人的建议,在对两广运销烟土中断日久的情况下抽调精锐部队,护送鸦片商人通过梧州以上、柳江两岸的土匪活跃地区,收取大笔的护商费。陈、夏等人亦假公济私,自筹资金并挪用公款购入大批烟土一并装船运出,获利不小。[④]

四川各路军阀在防区纷纷征收鸦片印花税、起运税、落地税、过境税、出售税等,并规定农民必须把自己生产的鸦片卖给禁烟查缉局领有专门收买鸦片执照的"认商",而"认商"则必须向禁烟查缉局按收购进来的数量缴纳运销捐,其中内销每担征 300 元,外销每担征 600 元。内销鸦片主要批发给当地的土膏店,再由土膏店把烟膏卖给鸦片烟馆。二十四军军长刘文辉曾发出军部通令,在其防区之宜宾、乐山、自贡、泸州等 7 个城市设立官膏栈,限定日期强迫私商将存烟低价卖给"公家",然后再由各县府设立的公土推销处以高于市价一倍的价格卖给"公烟馆"。[⑤] 他的兄弟刘文彩在宜宾担任川南禁烟督察总处处长时普设官膏店,公开出售烟土,此外,还设立隶属总处的护商队武装护送烟土。当时宜宾全城烟馆林立,公私烟灯在 3 000 盏以上。[⑥] 1926 年春,杨森旧部进驻忠县、万县,杨在万县亦设立禁烟查缉处,并在万县设立分处,强迫川东十余县人民种植鸦片,自己从中搜刮。[⑦]

四川军阀还通过长江水道大量向外贩运烟土。1924 年初,刘湘、杨森等人从四川运出的大批烟土在宜昌被王汝勤部扣留,后经双方代表讨价还价,于 3 月下旬将烟土从宜昌运至汉阳,暂存川主宫,共计 350 个木箱,重 730 担,由杨森手

---

① 《近代中国烟毒写真》下卷,第 317—318 页。

② 马凤程:《贵州军阀与鸦片》,《西南军阀史研究丛刊》第二辑,贵州人民出版社 1983 年版,第 357—359 页。

③ 参见《西南军阀史研究丛刊》第二辑,第 359 页。

④ 《近代中国烟毒写真》下卷,第 271 页。

⑤ 同④,第 135 页。

⑥ 同④,第 131—132 页。

⑦ 马宣伟、肖波:《四川军阀杨森》,四川人民出版社 1983 年版,第 52 页。

下的一个团长出面，以军饷不足为由包运包卖。由于烟土开价甚低，每两只售1.2元，汉口烟贩纷纷前往接洽。至3月25日，已售出1/3。另外，原先由王汝勤查扣的杨森甲子轮上包运的烟土，经洛阳吴佩孚来电疏解，也以收税45 200余元后放行。直系军阀吴佩孚来电称，“彼此俱属一家，毋须因此争执，甲子轮所载之土，有照码号给半税，即予放行”。王汝勤接电后被迫遵照执行，但仍暗中密电吴佩孚，“请饬令川中将领刘杨等不得再有包运偷关情事，以免破坏军饷云”。① 刘文辉之兄刘文彩在宜宾开办的新华实业股份有限公司的主要业务就是装载宜宾烟土运往长江下游各地。公司“老蜀通”号、“元通”号、“南通”号、“昭通”号四条船在1928—1931年间至少装运了1亿两鸦片烟出省。另外，刘文彩在1920—1931年间在宜宾设厂大量制造吗啡，运销上海，由刘玉山代销。所获本利，由刘玉山就地代购各种军火。②

20世纪20年代初，新桂系取代陆荣廷政权后沿袭了旧桂系的缉私系统，而且还力图把与之合作的烟帮纳入自己的势力范围。原烟帮头目陆华书后来成了黄绍竑的把兄弟、新桂系军队中的一个营长。③

1924年秋，早已在广西梧州开设济通公司做烟土生意的唐继尧又派人赴广西游说李宗仁等人协商经桂赴粤，准备在广东就任大元帅府副元帅，并委任李宗仁、黄绍竑为军长，条件是赠送云南鸦片烟土400万两价值约700万元。一俟烟土运抵南宁，李、黄即通电就职。李宗仁、白崇禧在南宁召开的高级干部会上对此事表示反对，但俞作柏在会上发言认为，“纵令我们不受唐氏委任，可否先取得他的400万两烟土，然后决裂。因为本军饷糈支出，七八百万元的巨款，对我军会有莫大的裨益”。此言一出，赞同者反对者都有，众说纷纭，莫衷一是。这说明主张拿烟土作无本买卖充实军饷的绝不是仅仅俞作柏一个人的意见。后来李宗仁深知骗唐烟土再行决裂的危险性，认为“如再和他敷衍，必然夜长梦多，足以动摇军心而偾大事，不如以快刀斩乱麻的手段，立刻和他摊牌”。④ 于是在唐继尧代表宣称400万两烟土已在运桂途中时果断将其拘押，给这起烟土案画上了句号。

在这之前广西发生政变，旧桂系的一个营长刘华堂(名日福)自称自治军总司令，开始在百色护送烟帮，抽收行水充作军饷，中饱私囊。⑤ 具体标准是每百两烟土摊交军费六七元。刘华堂在广西统一后改编为旅长。1926年，他电告黄

---

① 《杨森贩土遭众怒》，《民国日报》1924年3月25日。
② 《近代中国烟毒写真》下卷，第137—138页。
③ 参见苏智良：《中国毒品史》，第271页。
④ 《李宗仁回忆录》，广西政协文史资料研究室1980年印行，第228—230页。
⑤ 《近代中国烟毒写真》上卷，第590页。

绍竑宣称缉获私土70万两，呈解省政府。黄绍竑得到这批烟土后马上变卖，得毫洋70万元，用作筹办广西银行的资金，原已准备好的纸币也乘机出台。[①]

南北军阀逼民种烟自己贩烟的罪恶行径遭到了代表中国最广大人民群众利益的中国共产党的无情揭露和抨击。时任中央总书记的陈独秀曾在《向导》周报上发表署名文章，旗帜鲜明地表示："军阀们……强截捐税，种烟贩烟，这些举动我们当然应该反对。"[②]1926年7月，中共机关刊物《向导》周报又发表文章指出："种烟是军阀所强迫的，军阀因无军费，因要中饱私囊，如孙传芳要想得到一千万元的收入，便允许南通张状元包种鸦片，其余如刘镇华、周荫人及从前赵恒惕等，也因要想得到军费，便不得不勒令农民种烟。"文章认为，中国社会出现的各种灾荒和米荒，是同各地军阀实行鸦片祸国的政策联系在一起的。[③]

五、普通民众的贩毒

(一) 个体贩毒

北洋军阀时期军政官员们固然利用手中的权势大肆贩毒发财暴富，普通百姓也有不少人通过各种渠道以买卖毒品而谋生活的，如此上下呼应而又各行其道，使得鸦片毒品的销售几乎遍及中国各地方各阶层。

1923年，中国政府经过艰苦交涉从日本手中收回了青岛，立即在这一昔日日本之最大的销烟场严禁毒品，但直到1924年春全市仍有烟窟3 000余处。一般小贩及开灯供客吸食者为了求得保护，"均结交一官厅阔人，作为护符。甚至妇人卖烟，竟有与课员办事员发生关系者"。安徽亳州、江苏徐州一带的农民从原籍赴青岛时，多以夫妇两人或以全家老小，扮作乞丐模样，用手推小车一至数辆，每车装上数筐烟土，筐之上面盖以极破烂不堪之污秽衣服，夫推妇拉，沿途乞食度日直到青岛。然后依次出售烟土和小车，更换华服乘车而返。[④]

在河南安阳、新乡、武安、沁阳等十余县均有制造白丸等毒品的场所，股东是当地的绅士。至于"贩卖之人，则更是触目皆是。即任便指一小杂货摊上，或一售瓜子花生篮中，莫不有毒丸出售……嗜之者固比作家常便饭，售之者亦视同布帛菽粟，无人问亦不胜其问也"。在这些地方贩卖白丸、鸦片等毒品被视为正常生意，"偶尔有人告发，被告者虽然受罚，而举发者亦深受群众之嫉视。驯至假借

---

① 《近代中国烟毒写真》上卷，第586页。
② 《向导》周报第56期，1924年2月27日。
③ 《向导》周报第164期，1926年7月21日。
④ 《青岛变成鸦片窝》，《民国日报》1924年3月1日。

他事,加以陷害而后已”。[①]

在江苏南通,城南便俗剧场南首莘园园主薛某是主持当地贩土生意的最大土贩。薛每次进货均“由海道运来,约有三四百箱之多”。[②] 好端端的莘园于是成了烟土的囤积之处。

甚至连六根清净的和尚也卷入了贩毒的浊流。据报道有江西籍僧人刘志泉、刘绅保父子两人先前在贵州做生意时稍获余资后即购买烟土,并以此为原材料设法制成了一个长约4尺、周围约2尺的“泥塑罗汉”,外面糊泥贴金,由刘绅保背负,刘志泉“则手持缘簿,伪作游方者”。1923年1月12日,当他们从常德乘民船至长沙小西门外码头时被水警看出破绽,当场查获。烟土罗汉经称量,计重32斤。[③]

另有一些有身份地位的商人完全可以正当生意谋生,偏偏也不肯放弃烟土这块“肥肉”。如20世纪20年代,在上海开办有利银庄及潮汕电船公司的广东潮州人陈坚夫不满足于正当生意的收入,“伙同私运大帮红土”,经查实为贩毒之主犯。[④]

还有些商人自知贩毒理亏,于是掩耳盗铃自称是经营戒烟药,于是心安理得地放手大干。洞庭山人席筱杞在上海汉口路昼锦里开设门市部,经销由日本进口用吗啡做的所谓戒烟药“哑支那”。为了打开销路,他托人在上海报纸上刊发广告,仅20几天,40箱“哑支那”就销售一空。后来,同业告发席筱杞卖的是实为鸦片代瘾剂的高级毒品。捕房接报后立即封闭了席的门市部。已赚足钞票的席筱杞经过上下打点,结果只捉去一个小伙计抵罪就销案无事了。[⑤]

(二) 各地烟帮的形成

1917年春,中英联合会勘结束后,云南鸦片产量锐减,烟价日渐上涨。当时不仅没有鸦片可以输出,就连本省吸户自己吸食的鸦片也大为紧缺。每旧两鸦片在昆明卖到银币5元还是十分抢手,不易买到。一些地霸、奸商勾结军阀到本省边地或四川、贵州产烟区组织长途武装贩运,牟取暴利。一些小商小贩见有利可图,也纷纷组织贩运。云南烟帮猖獗一时,他们的口号是“典田卖地,将本求利,有人挡着,人头落地”。

1918年,唐继尧曾派省会警察厅长秦光第率兵一团,往西路查缉烟帮,在顺

---

① 《河南最近之三害》,天津《大公报》1924年3月27日。
② 《中华国民拒毒会关于南通贩土案之往来电》,长沙《大公报》1926年2月9日。
③ 《烟土塑成菩萨》,长沙《大公报》1923年1月13日。
④ 《中国禁毒史资料》,第821—822页。
⑤ 参见陈存仁:《银元时代生活史》,上海人民出版社2000年版,第35—36页。

宁、云县交界地方，与马姓烟帮发生遭遇战。警方武器先进，烟帮则占着有利地形，双方互有伤亡。最后烟帮因粮食将尽无法相持，主动提出将所携武器和所运烟土交出一半，并赔偿500元银币作为被打死兵丁的丧葬费用了事。秦光第回省后向唐继尧汇报，唐也拿不出什么高招，只是发文要求各县随时侦查，及时消灭烟帮。然而仅凭各县一点力量薄弱的团队是根本不敢过问烟帮的行踪的。[①]一时间，贵州边界朗岱、兴义、盘县等处以及四川边地雷坡、马边等处的烟土也由当地商人运滇售卖，形成了云南历史上"邻烟倒灌"的时期。[②] 1920年，云南开放烟禁后腾冲商帮纠合下关200多家商号，形成专贩鸦片的大烟帮，一次即贩至广东百万两以上。[③]

20世纪20年代以后，广西也有了武装护烟，对抗官府、军阀、土匪的烟帮。每个烟帮一般都配备长短枪数十支。他们带着各种货物和现款，到达目的地后或将货物交给当地商号出售，或径自在大街上设摊，以货易货，换回同等价值的鸦片。当时著名的烟帮头目有陈荣廷、刘宇臣、陆炎等人。陈荣廷与军阀陆荣廷同名，且是老伙伴。[④] 此人专走龙州、靖西、镇边、云南那条道。在那条道上每一站头他都娶了一个老婆，每次上路贩烟对他而言等于在自己的这所房子与那所房子间走动。陈荣廷在烟帮中腰杆最硬，能打通各种关节。刘宇臣则是广西自治军总司令刘日福的侄儿。陆炎曾任巡防队哨官，后移居百色，与新桂系的黄绍竑是结拜兄弟，公开贩卖烟土，关卡、军队不敢为难，一般土匪也不会打劫。那些后台不硬的烟帮为了确保安全只能请求军方护送，护送费则由烟商与军队事先议定，由云南、贵州等地运烟土至广西百色，每两收保护费3角。百色以下又有各段的保护费，总计由百色入口到梧州等地出口，每两烟土要交保护费毫洋六七角。但军队收了保护费后并不负完全的保护责任，如果遇到更强大的军队中途劫夺以至遭受损失，护烟军队并不负责赔偿，只能是烟帮自己倒霉。[⑤] 1924年，自称自治军总司令的刘日福就经常派兵护送烟帮。

在军队势力薄弱兼顾不到的地区，烟帮就另雇地方土霸的人马护送。从广西百色城到英水河南岸八渡一带以及从红水河入贵州地界一带，均须雇地方武装护送。武装护烟的著名地方土霸有西隆县苗冲的杨登鹏、西林县猫街之罗大炮、贵州江边的王海平、南龙以北的袁老太爷等。杨登鹏，1909年生。1923年，

---

① 《近代中国烟毒写真》下卷，第344页。
② 同①，第407页。
③ 同①，第447页。
④ 《近代中国烟毒写真》上卷，第575页。
⑤ 同④，第575—576页。

跟自称苗王的大舅杨福应当随从;1926 年,升任队长。杨登鹏在西隆县护送马帮,贩卖烟土,一直干到 1935 年秋,杨福应被广西当局击毙时为止。①

西北地区的烟帮称之为马客。1916 年,甘肃省内土烟种植基本禁绝后投机商贩又相继从外地向甘肃贩运烟土。当时新疆西部哈尔湖附近大量种植的大烟由回族马客运到哈密,再运酒泉。马客有马有枪,武装贩毒。他们途径新疆各地税局遭到查问时就谎称大烟是葡萄干。当时大烟在哈密每两值银一两,到兰州后可售银二两,于是商贩们趋之若鹜。② 1914 年至 1920 年,张广建督甘时还有一批冒险商人偷赴川、康边境、黑水、那娃一带贩土,如中途不遇诸如土匪劫夺、官卡缉查等事故,平安回来,每两烟土可在河州最高卖到白银 14 两,真是一本万利。当然如果遇到事故,轻则失土,重则丧命。③ 1921 年,陆洪涛任甘肃督军,他在 1922 年起在河西走廊开放了烟禁。因此又有一批河州商人从永登一带贩土,当地烟价每百两 15 元,加上百两征税 5 元,才 20 元,但只要运到河州就可卖 30 余元,每百两可获利 10 余元。烟贩们为了偷逃税收,不走大道,偏走偏僻的小路,但碰到官方查缉人员,即处以 5 倍至 10 倍的罚金,往往导致一些烟贩破产。④

(三) 鸦片商号的活跃

1920 年,云南开放烟禁后,经营滇缅贸易的鹤庆商帮老商号福春恒在其创始人蒋宗汉的主持下,把滇西及缅、印鸦片运销广东、四川等地,年运销量达二三百万两。鹤庆商帮的其他商号如兴盛和、文华号、复协和等也经营鸦片生意,少则数千两,多则几十万两。喜洲商帮天顺昌商号从云县、下关把鸦片运往省城昆明和广东,永昌祥商号则将大量鸦片运销四川,因而暴富。⑤ 1925 年,去云南马街市旅行的日本东亚同文书院的学生"看见了市内到处都有卖鸦片的烟馆。跟学生们住在同一个旅馆的鸦片商人,身上带着武器去交易鸦片。这商人一边擦干净枪,一边跟学生们谈鸦片的价格"。⑥

1921 年前后,贵州安顺先后创立了恒兴益、公合长、天福公、恒丰裕四大贩烟商号。恒兴益是 1922 年由零买整卖的囤户组合而成,股东有二三十人,丁纯武任总经理,王志熙任协理,邓羲之任昆明庄经理。这 3 个人的兄弟子侄也分任总号和分庄经理或其他重要职务。恒兴益的章程规定,凡出任外庄经理职务的

---

① 《民国人物传》第七卷,中华书局 1993 年版,第 269 页。
② 《近代中国烟毒写真》下卷,第 552 页。
③ 同②,第 557 页。
④ 同②,第 558 页。
⑤ 同②,第 447 页。
⑥ [日] 薄井由:《东亚同文书院大旅行研究》,上海书店出版社 2001 年版,第 217 页。

人须投资 5 000 元以上的股东或者由 5 000 元以上的股东提出保证，才够资格。该号主营大烟和汇兑业务，兼营纱布和百货。天福公总号设在贵阳，股东人数较少，股本总额约五六万元，总经理贾文钦，1925 年前后在安顺设立分号后，经营业务从盐业转向大烟，重心从贵阳转到安顺。公合长总号设在安顺，起源于盐业，股东有 10 余人，股本约 10 万元，总经理是彭用武，彭在商号内部有绝对的权威。恒丰裕成立于 1921 年，股东最初不到 10 人，由帅灿章任总经理。帅灿章在创建恒丰裕之前曾去重庆贩过大烟，结识了一批四川朋友。1926 年，该商号改组，总资金为 6 万元，增加了川籍的股东，而且在总号和外庄经理中大部分都成了四川人。四大号成立后采用各种招数，吸取佣金，垄断市场，抬价杀价，每运销一担大烟的利润在百元上下。在短短十几年中资本急剧扩张。恒兴益在 8 年中资金从 40 万元积累到 100 万元以上；恒丰裕也从 1927 年的 6 万元资金猛增到 1940 年的 500 万元。其余两家在数年中亦获利不少，后因经营不善，分别在 1935 年、1948 年倒闭。①

1922 年，毒贩叶清和进入厦门裕记烟膏行任职，时常赴上海押运毒品到厦门，因每次都出色完成任务，于是被提升为裕记行驻沪办庄经理。1924 年，裕记行上海办庄因偷漏鸦片税被公共租界工部局查获，毒品被没收，叶清和与另一职员叶亚成被捕。在审讯中叶避重就轻，把主要责任推在同事叶亚成身上，叶亚成后被判了徒刑 10 年。叶清和本人仅在狱中关了一年左右即因告密有功提前出狱。这时他在上海娶的小妾李慧珍帮他走通了闻人杜月笙、华清泉等人的路子，本想回老家的叶清和被杜月笙安排在“禁烟局”的缉私运输科任职。在缉私科工作期间，叶常在运输公货时夹带私货，这种万无一失不要分文运费的走私贩毒生意着实让叶清和狠狠赚了数万元。1925 年，仍然觉得不过瘾的叶清和决定辞职，自己在法租界吉祥街德福里 95 号开办和源行，以代理德国某洋行的五金颜料为掩护，暗中批发波斯鸦片。和源行又在厦门设立和益行为分行，由叶之弟弟叶谦逊负责。和源行到波斯去运鸦片是由叶清和、华清泉、黄彰发、汪少丞（杜月笙之门徒）和怡成行老板、汕头鸦片商郑耀光 5 人共同出资的，经常包租葡萄牙、西班牙、丹麦、挪威等国 1 000 多吨的货轮运输鸦片。同年下半年叶清和还在法租界大马路（今金陵东路）自来火街口自办的国民药房二楼另设一家和源行，专门经营海洛因的贩卖。其海洛因均购自法国马赛，每月平均来货一次，每次约 100 铁罐，每罐重 1 公斤。原装每罐 1 100 银元，到上海翻装后，价格成倍上涨。和源行的客户主要是徐州、天津的毒贩，只有少数是上海当地的毒贩。无论是鸦

① 《近代中国烟毒写真》下卷，第 305—311 页。

片还是海洛因运到上海时都是秘密卸货的。由于叶清和在毒品生意上赚了不少钱，于是他在上海广置房地产业，盖房出租，投资中汇银行、永大钱庄等金融机构，并与人合办隆顺洋行、华侨贸易公司等，其总资本约有六七十万元。[①]

（四）特业公会的出现

北洋军阀时期，凡在贩烟生意兴隆的烟土集散之地，大多有特业公会或特商公会，长江沿岸的武汉、九江、安庆、芜湖直到上海，都有此类组织。特商公会并非正式的合法的民众团体，按理说是没有任何地位和权力可言的。但在当时只要有钱就会有势，钱不管是何种途径得来的，都可以左右一切、改变一切。

1922年，湖北军警督察处处长李耀廷报请吴佩孚批准，准许正式成立特业公会。不久经烟土商们协商，李耀庭的谋士、顺风公司的后台老板、大毒贩赵典之出任会长，运商代表、福记公司老板鲁履安，销商代表李耀珊分任副会长。特业公会下有32家会员，会址是一座西式洋房，礼堂、会客室、办公室、会议室、餐厅、俱乐部一应俱全，设备考究，远在其他同业公会之上。[②] 会长赵典之规定，运商来货须向公会登记，提货和分拨亦须由公会盖章、提单、押款，成交期票折现由公会盖章保证；运商之间进行交易，大宗均在公会开盘，少量的可以随时直接成交；零售价由公会挂牌，批价可以由各家按行情决定，一般批零差价约为九五折。公会这些决定实施后，保证了运商销商都稳赚不亏，从而垄断了整个汉口的烟土市场。1923年，经过赵典之的百般经营，特业公会作为集体会员加入了汉口总商会。1927年初，赵典之风闻国民革命军要彻底禁绝烟毒，慌忙把特业公会的事务交给李耀珊掌管，自己跑到上海避风头。

安庆特商公会是由五大家特商合组的，下设财务、交际、文牍、庶务等股，均由特商中的一些头面人物所把持。公会费在特商们的每担烟土中收取附加费5元。仅安庆一地每年所收的会费就有七八万元，其用途除支付公会职员、勤杂人员的薪水、办公费和交际费之外，大部分被私人挪借以及用于行贿舞弊等。从1921年起，特商公会开设的烟土零售店为省禁烟督察处代销该处查获的烟土，所得款项由特商公会全部交给禁烟督察处。特商公会得到的回报是，从汉口买入的烟土运到安庆时只需缴纳每两四五分钱的查验费即可销售。另外所有在安庆销售的烟土，特商公会都要收费，以每两收2分计算，公会每月就有五六千元的进银。[③]

---

① 《近代中国烟毒写真》上卷，第128—131页。
② 同①，第298页。
③ 同①，第298—299页。

镇江在北洋军阀时期烟土商已多达几十家，为了共同应付军政警方和流氓地痞的敲诈勒索，逐渐形成了一个没有名称、没有形式的对外包揽组织，实际上的地下特商公会。主要负责人是张广富、王根祥、孙永贞和方瑞棠等人。张广富是青帮大字辈朱炳元的徒弟，曾任英租界工部局头领克利的大厨，后来家成业就，自开西餐馆，广置房地产。王根祥是青帮大字辈樊敬臣的徒弟，第一次世界大战中出国当过华工，回国后就在工部局担任翻译。在“组织”成立之前，张、王两人就是以英租界为基地的烟贩们的保护伞，此时则负责应对英租界当局。孙永贞曾在民国初年担任过镇江花捐局局长，精通三教九流、社会交际广泛，是被烟土商视为靠山的地方把头。现由他负责应付华界方方面面，应付办法不外是视具体情况分送钞票而已。方瑞棠，青帮通字辈，在码头工人中广收门徒，因而夺得把头地位，包揽接运至镇江的烟土达几十年，并包送上门。此次也是专业对口，专门在江面、码头负责接运烟土之开销。① “组织”成立之后，土贩们应付的各种开销大为减少。虽然偶尔还会遇上一些意外风波，但只要再略加破费即可化险为夷，损失不会过大。这种局面一直延续到 1924 年直奉战争，张宗昌率军南下，控制江苏时为止。

在这之后丹徒县城厢市议会副议长颜德身取代了孙、张、王、方等人的地位，成立了一个包括他们四人在内的、规模更大的、但仍无正式名义的包庇毒贩的组织。该组织勾结驻镇江的张宗昌部朱玉贤旅，对烟土商贩按件征收费用，然后将其中大部分用于报效军队、大小机关以至地痞流氓。不过烟贩们向“组织”交了费后即可堂而皇之地公开销售，私土几乎成了“公卖”的官土。1927 年春，北伐军进抵镇江那个夜间，颜德身遭到了一个自称是革命军的人的敲诈勒索，连夜潜逃上海租界，以他为首的那个“组织”也就随之寿终正寝了。②

第二节　专业公司的出现

一、长江中游的专业鸦片公司

由于毒品贩卖在北洋政府时期已重新泛滥，一些毒品惯贩为了规避市场风险，纷纷组织专业的公司，以便更有效地贩毒。而这些公司之所以做大，无一例

① 《近代中国烟毒写真》上卷，第 317—319 页。
② 同①，第 323—325 页。

外是由于军阀、外国侵略势力的暗中支持,因此军阀和列强实为民国时期大贩毒者的黑后台和保护伞。

1922 年 2 月 16 日,《民国日报》发表汉口通信称,先前私设烟土交易所包销烟土的汉口烟土大王文某"因年关伊迩,烟土踊跃,将内部重新组织,大张旗鼓"。该私人烟土交易所的生意很大,"烟土来源,以陕西、宜昌、常德三处为最著。其由陕西来者,以京汉铁路为转运地点;其由宜昌来者,以招商、太古、怡和三公司码头为转运地点。抵埠以后,即由该交易所起运到栈,沿途俱有照料,毫无阻碍。来此购土之客,凡烟土上手,由该交易所保出鄂境,不受损失"。看来以文某为总经理的这家交易所已具备了进货销货、代客保险等多种功能。

1923 年夏,时任省议会议员、在九江开大德恒钱店而秘密经营鸦片的刘荫人,九江崇余钱米店老板张小宋和前九江商会会长、时任九江大庆旅社老板的辜竹平三人合股成立公司,承包九江及赣北 20 个县的鸦片专卖。经过与官方几度磋商,最终决定每年上交 336 000 元,其中,九江地区款费每月 25 000 元,赣北 20 个县售烟商户灯捐每月 3 000 元。①

同年 11 月,济宜转运公司在宜昌开张,发起人是一些具有特殊势力的北洋军官与资本雄厚的土贩,目的是进一步扩大烟土的贩运规模。济宜转运公司成立后公布了有关运输地点水脚运费一览表,并"以筹饷为名,实行加贴印花……印花上刻有开诚布公四字……表示绝不相欺之意思",以招揽客户。②

1923 年底至 1924 年初,军阀肖耀南及湖北财政厅长郭干卿、参谋长张国榕等直接出面在汉口组织了一个托名军事采办处的鸦片转运公司。该公司"专以包运长江襄河各处之鸦片为目的,大宗鸦片均以按两交运费二角而交该处代运……所过之处,无人过问"。此外肖耀南于 1924 年春在汉口公开设立鸦片专销公司 30 处。"各公司每月之捐额为 200 元……卖出之鸦片均有一定之封皮,上书某某公司,电话几千几百号字样……警察巡捕对此特许之鸦片,决不搜检。"③

二、上海的信远公司和公平公司

1920 年前后,上海潮州帮烟土商人与挪威商船的买办、潮州人郑宜宾合作,筹集资金 100 万元,组建信远公司,郑宜宾任经理。郑上任后向挪威买了一艘

① 《赣省实行鸦片专卖之黑幕》,广州《民国日报》1923 年 8 月 4 日。
② 《大规模之军阀运土办法》,广州《民国日报》1923 年 11 月 14 日。
③ 《鄂军阀公然种运鸦片》,《民国日报》1924 年 4 月 26 日。

2 000 吨的旧轮，取名“亚琛”号，亲自乘坐这艘船到伊朗购回了 500 箱红土。船离上海不远时，先前已打通关节的上海公共租界当局突然发出通知，不准把红土运进公共租界。信远公司的股东们在郑宜宾船上进退失据之时通过山东政客刘大同的门路买通了渤海舰队司令温树德。然而当“亚琛”号驶抵青岛后渤海舰队内部因分赃不均发生了内讧。温树德为了避免事态的扩大又要该船立即驶离青岛。这时信远公司又用重金买通驻扎淞沪的浙军第四师陈乐山部，开到吴淞口的“亚琛”号将所载鸦片全部卸放在该师在龙华的炮兵团团部内。江浙战争爆发后，龙华自然不是一块安全之地，于是信远公司不得不再出一大笔钱，通过杜月笙的关系，将红土运进上海法租界。尽管屡遭挫折，花费不少，但公司方面还是获利甚丰。而当信远公司第二次从伊朗购回红土准备再次运进法租界时，法租界当局突然变卦，于是郑宜宾又设法买通了驻上海的张宗昌部的第一旅旅长程国瑞，把全部红土统统存放在吴淞炮台。交换条件是程国瑞从北方带来的烟土由郑负责在上海推销。

信远公司后来被规模更大的公平公司所取代。公平公司集资达 1 000 万元，仍以郑宜宾任经理。该公司开张后开盘挂牌，公布鸦片市价，由各土行、土店承销发卖。不料公司从伊朗运回的首批红土因无法熬成熟烟膏，陷于无法销售的僵局。经理郑宜宾几次派人赴伊朗交涉，都无济于事，最后只能以很低的价格卖给了日本人，供他们炼制红丸之用。公平公司出师不利，遭受重创，一蹶不振，很快倒闭了。它的倒闭象征着上海潮州帮烟商这一群体势力已经由极盛走向迅速衰落。①

三、上海聚丰贸易公司

聚丰贸易公司是皖系军阀在上海开设的贩运鸦片的专门机构。由 1917 年 9 月被皖系头目段祺瑞委任为淞沪护军使的卢永祥伙同其部下何丰林勾结上海的潮州帮鸦片商人合办，(1919 年 8 月，卢永祥升任浙江督军后推荐何丰林补任淞沪护军使)注册资金 1 000 万元，是潮州帮鸦片商人合股的。公司名义上是经营房地产业务，实际上主要保护进行印度鸦片贸易的土商，并相应提取护运费。一般的流程是，鸦片从国外运至上海吴淞口后由何丰林派兵押运到上海租界附近，再由帮会流氓负责运进租界。有人估计，卢永祥、何丰林每年包运鸦片就有 100 万元的收入。② 此外，还销售土烟。外地产的土烟先囤积在上海兵工厂附近

① 《近代中国烟毒写真》上卷，第 34 页。
② 钟士澄：《齐卢战争的幕后活动》，《上海文史资料选辑》第 18 辑。

的大型鸦片仓库中，然后用军车运往皖系军阀控制的地区销售，或就近运至十六铺法租界边，交付帮会流氓销售，皖系军阀每月所得的土药收益据说不下500万元。①

1920年秋的一天，浙江督军卢永祥的儿子卢筱嘉前往共舞台看戏，因对女演员露兰春大喝倒彩，激怒了在台下捧场的法租界巡捕房头目、淞沪护军使署上校督察黄金荣，黄顺手打了卢两个耳光。冲突发生后经过青帮流氓张啸林的多方调解，卢嘉筱与黄金荣达成和解。黄金荣还与何丰林结为义兄弟，露兰春则拜何母为干妈。② 在这一团和气的背面是皖系军阀与上海帮会流氓进一步勾结起来，推进鸦片黑生意。前者可随意把鸦片烟运进上海法租界，后者可通过皖系军阀的关系将洋烟运往外地，各得其所。1923年8月，《字林西报》报道说："据确实消息，上海于近五六年中，确有一大私土贩运收费之机关，活动不已。其范围甚广大，闻有许多著名华吏，与租界内一西人团体，会同经营此事……上述之机关，据云专门收费，其中人物，闻有中国武人，警官、文官、查烟员及租界巡捕与流氓等。"③

1924年9月，直皖两系军阀为争夺上海爆发了江浙战争。10月，皖系浙军战败；12日，卢永祥被迫通电下野。同年12月，第二次江浙战争爆发，战争的结局是奉军张宗昌部取代了撤出上海的直系军阀。此后皖系军阀开办的聚丰贸易公司也就不了了之了。对潮州帮鸦片商人而言，生意仍在继续，只不过战争过后，他们换了一个新的合作者——张宗昌而已。

四、上海三鑫公司

三鑫公司是北洋军阀统治时期上海地区开办的又一个大型的专业贩毒公司。它与聚丰贸易公司最大的区别在于后台老板不同，前者以法租界当局为后台，后者以皖系军阀集团为后台。

在该公司开张之前，法租界的烟土生意是范回春唱主角。范回春原先在上海南市城隍庙开象牙铺，1914年至1918年间，在法租界巡捕房翻译王佐才和曹振声的蓄意包庇下大力开展营运鸦片烟的业务，积了一笔巨资。范后来经营远东跑马厅、大千世界等规模不小的娱乐场所靠的就是这笔赃款。第一次世界大战结束后法租界巡捕房首脑换人，范回春也随之被黄金荣、张啸林、杜月笙三大

---

① 《拒毒月刊》第22期。

② 参见苏智良、陈丽菲：《海上枭雄》，江苏人民出版社2000年版，第107—108页。

③ 转引自《时报》1923年8月11日。

亨所替代。[①]

黄金荣任法租界巡捕房包探后，收烟贩谭步青、陈绍康等人为徒，收取贩烟黑钱。但三大亨加上谭、陈等人贩毒每至苏州地区，辄被苏州镇守使朱熙所部查获，有时连同烟贩一并扣留处罚，勒索巨款。于是黄金荣请南通镇守使、青帮大字辈张仁奎出面通融。在张示意下，黄金荣将住在江苏淮阴小桥镇的青帮大字辈高士奎接到上海家中供养，然后由他出面与朱熙接洽，让朱熙加入干股一份。后来黄金荣等人的毒品经过朱的防地时由朱派兵护送，从此便相安无事。[②]

三鑫公司成立于1918年冬，得名取自黄金荣、杜月笙(杜镛)、金廷荪三人名字中均有一个金字。总部设在法大马路(今金陵东路)惟祥里，平时除有本公司保镖守卫外还有法租界派出的安南巡捕保卫。[③] 发起人黄金荣因有法租界巡捕房的公职在身，不便公开出面而退居幕后操纵。杜月笙任公司总经理，金廷荪和张啸林为副经理。

黄金荣发起三鑫公司的目的是在法租界当局的认可下在法租界实行烟土公卖。公司的主要业务是保护中外鸦片商人，并收取保护费(一般为鸦片总价值的10%)。土商们交过保护费后其鸦片如果发生种种意外，概由三鑫公司负责照价赔偿。土商们通过海运、河运输入上海的洋烟与土烟一律由公司职员前往有关码头提取，然后由公司汽车队运送至法租界杜美路(今东湖路)大型鸦片仓库内，沿线有安南巡捕武装押运，万无一失。在这些鸦片烟土上不仅有三鑫公司盖的条戳，还有法捕房加盖的戳记。这样鸦片买卖逐渐在法租界公开化了。

法租界当局自然是不会无偿为三鑫公司提供警力支援的，它是在收受了公司的大量贿赂之后才这样干的。根据1925年5月下旬公司与法租界当局签订的合同，公司愿意向捕房代表一次总付14万元，然后在整个买卖期间每月预付烟税8万元，此外还要向所谓的"欧洲委员会"缴纳进库鸦片每箱250元，法租界内每家鸦片零售店每月缴500元。[④] 相应地，公司即可在法租界内开设20家鸦片零售店和一家土栈，可以垄断法租界内的鸦片交易。凡法租界内销售的烟土必须贴上公司出售的特制印花，违者不准出售；公司雇佣的检查员可以到法租界内各烟馆检查有否烟枪执照，点验烟枪数目是否属实，并代租界当局收取烟枪执照费，若发现问题轻则罚款，重则吊销执照。对于不属于三鑫公司的土商，法租

① 《上海文史资料存稿汇编》第十一册，上海古籍出版社2001年版，第358—359页。

② 《上海文史资料存稿汇编》第十二册，第395页。

③ 参见苏智良、陈丽菲：《海上枭雄》，第121页。

④ 参见[澳] 马丁：《1926年前上海鸦片贸易和三鑫公司的设立》，《档案与历史》1990年第3期，第74—75页。

界巡捕房予以逮捕和起诉。

三鑫公司向各土行、烟馆收取鸦片保险费的标准为每月每家 5 万元，此外公司还直接经营鸦片买卖，年盈利约 5 600 万元。公司的巨额收入是按大三股、中六股、小八股分的。黄金荣、杜月笙、张啸林当然是大三股，他们每年所得都有上百万元。金廷荪、沈杏山、顾嘉棠、叶焯山、芮庆荣、徐采丞等为中六股，黄金荣、杜月笙的几个大徒弟算是小八股。[①] 三鑫公司的贩毒活动后来引起了舆论的注意。1923 年 4 月 14 日，《时报》发表报道称，上海包运鸦片者有“某长官及租界内之张(啸林)、戴(老二)、谢(葆生)、杜(月笙)、沈(杏山)、季(云卿)、郭、郑并诨名‘松江老大’等多人”，烟土进口，常用“兵轮装运”。据苏智良、陈丽菲的研究，其中郭、郑当指已转移到法租界贩土的潮州帮土商。[②]

三鑫公司为了收买人心，也为了便于指使帮会流氓减少内讧，对上海青帮大字辈人物张仁奎、高士奎、曹幼珊、刘登阶、梁绍棠、步章五、程孝周、樊瑾丞、阮慕白、李琴堂、荣华亭、袁克文、张蔚斋、李春利、周莶臣、吴省三等人，每人每月奉送大洋 300 元，美其名曰孝敬。[③]

由于三鑫公司在很大程度上控制了上海的鸦片生意，特别在法租界菜市街西旁的弄堂内烟馆林立，通宵营业，成了不夜之城，因此争相抢夺上海地方鸦片利益的各派军阀都在谋求与三鑫公司的合作。反过来公司要把毒品扩散到法租界之外的地区，也必须和实际控制那些地区的军阀势力联手。1924 年之前的某一天，法租界捕房“二道头”戴萨克，翻译曹炳泉带了一批高级包探到嘉兴时，受到了三鑫公司事先精心安排好的热烈欢迎，驻防嘉兴的司令陈团长率部下百余人在码头迎候，并请戴萨克检阅仪仗队。三鑫公司此举的目的不外是为了今后鸦片烟土贩运的方便。[④] 1924 年下半年，戴萨克因过于铺张招摇，被法国总领事韦礼德解职赶回法国。三鑫公司失去了这一保护伞后利用原云南省交涉使张翼枢去打通总领事韦礼德的关节，未果。韦礼德的后任那齐也不好说话，于是三鑫公司派张翼枢前往法国巴黎，花钱运动法国外交部，调来了新领事甘格霖。甘格霖到上海不久，三鑫公司的鸦片生意又重新红火起来了。[⑤]

1925 年 1 月，奉军张宗昌部在第二次江浙战争中进驻上海，张宗昌抵沪后经其青帮师父李徵五介绍结识了黄金荣、杜月笙等三鑫公司的要人。黄金荣、杜

---

① 参见《旧上海的帮会》，上海人民出版社 1986 年版，第 152 页。
② 苏智良、陈丽菲：《海上枭雄》，第 121 页。
③ 《旧上海的烟赌娼》，百家出版社 1988 年版，第 63 页。
④ 《上海文史资料存稿汇编》第十一册，第 362—363 页。
⑤ 同④，第 362—364 页。

月笙向张宗昌提议，以贩毒来筹划经济来源弥补军饷，很快得到张的同意。具体方案是张宗昌派军队保护毒品进口，而烟商则预付酬金 300 万元。张宗昌部撤出上海后，特命李奎元为奉军第一军驻沪办公处处长，专门负责与毒贩洽商护运筹款事宜，并留下旅长王栋负责毒品进口后的卸运安全。① 1925 年 10 月，孙传芳击败奉军残部控制上海后，亦委任三鑫公司的要人杜月笙和张啸林为高参，并很快与该公司达成协议；孙传芳派军队负责保护公司的鸦片安全通过华界，帮助公司取缔严重危及公司利益的对手，公司则每年报答孙传芳 1 500 万元。②

1926 年，法租界当局在中华国民拒毒会的强大压力下，在法租界内进行了一次象征性的搜查，不料却给三鑫公司带来了出乎意料的巨大商机。当时一些鸦片零售商惶恐不安，公司马上抓住这种心态，决定将经营的重点从保运转移到保销上来。据报载："本埠烟土贩卖，自法租界当局接受拒毒会之报告举行一次搜查后，目下暗中有军舰为之保护，不受海关检查。各土行近日门市亦甚佳，大者每日千余元；小者亦至少六七十元……各土贩设有两种公司，一为保运公司，以运动当局，保护烟土往来，不遇任何危险为专责；一为保销公司，以运动允准暗中贩卖烟土为专责，以杜某为之长，收入甚丰……若保险之土行，事先未获得报告而突遭搜查者，则所受之损失，由杜某立即赔偿之。各土贩等暗中有此保护，遂有恃无恐。"③

第三节　日本在华的贩毒

一、日本人在东北的贩毒

1915 年，日本关东都督府在国际舆论的谴责之下被迫取消了鸦片专卖制度。在这之后，日方特许一些中国人在大连设立慈善团体宏济善堂。

宏济善堂设有事业部、慈善部和禁烟部，其中禁烟部是日本关东都督府特别指定的鸦片专卖机构，由大连民政署长直接监督、指挥，与宏济善堂没有任何实际联系，只是利用宏济善堂的名义而已。禁烟部内设鸦片总局，负责输入鸦片并将其贩卖到关东州及其他地区。所得的贩毒利润作为特别费上交关东都督府。

① 《文史资料选辑》第 3 辑，第 32 页。
② 参见《档案与历史》1990 年第 3 期，第 73—75 页。
③ 上海《时报》1926 年 4 月 8 日。

鸦片总局设在大连爱岩町，其理事和职员由大连民政署长推荐，报请关东都督府批准。鸦片总局所贩鸦片一部分从三井物产购入，一部分靠收购当地土产鸦片来解决，然后由宏济善堂禁烟部出面按时价把鸦片批发给特卖商和小卖商。特卖商事先交出一部分款项给关东都督府，他们可以不受数量限制，随时提取鸦片。小卖商则凭民政署发的执照提取一定数量的鸦片。从 1916 年到 1920 年，在关东州共卖出鸦片不下 127 800 余斤。① 关东都督府从鸦片这项“地方杂费”中每年可得 400 万至 500 万日元。1919 年，关东都督府改称关东厅后，从宏济善堂禁烟部等机构处得到的鸦片税收约占其整个财政收入的 1/3。②

此外，日本商人川崎清吉于 1915 年 6 月进入辽宁东丰县城，以开贷金业铺子为掩护，一面暗中贩卖鸦片，一面搜集情报。至 1931 年“九一八”事变为止先后有 17 户 35 名日本商人进入东丰县境。不论他们公开的职业是开当铺、药铺或车厂，暗中都是在日本领事馆和日本警察官吏的保护下贩卖烟毒。③

日本商人河野、小栗在吉林宁安县城内开设药房，“藉卖药为名，暗中贩卖吗啡”。中方“查获刺打及贩卖吗啡之犯，均供购自日商，延吉道公署认为若任其长此贩卖，为害地方实非浅鲜”，④但为了避免横生枝节只得提请吉林巡按使与日本领事直接交涉。中国外交部早在 1912 年致日本驻华公使伊集院的节略中就已严正指出，“吉省禁烟查察最难，日本烟土外运之途一日不绝，即一日多一密卖之窟，禁令格不能行”。⑤

北洋军阀时期日本人仍在吉林利用各种名义、各种形式贩毒。其中较多见的是借给华人房屋合伙贩毒或租借华人住房独自贩毒。前者利用领事裁判权肆意包庇，从中取利，后者行动诡秘，便于躲避中国官方的查缉，可持续发财。

1918 年夏秋之交，吉林德惠县属第四区警察分所长陈凤笙鉴于本镇烟犯愈拿愈多“均由日人租给华人房屋开设烟馆、吗啡铺，竭力保护”，于是花了很大的精力调查了辖区内日人租给华人房屋开烟馆、吗啡铺的情况，具体如下：

宽仁堂烟馆	日本人大金牙、中国人李三
福寿堂烟馆	日本人首藤、中国人美升
五福堂烟馆	日本人立川、中国人于云波
顺天堂烟馆	日本人井口、中国人董兰亭

---

① 参见王宏斌：《禁烟史话》，第 177—178 页。
② 参见苏智良：《中国毒品史》，第 426 页。
③ 《近代中国烟毒写真》上卷，第 267 页。
④ 《中国禁毒史资料》，第 597 页。
⑤ 同④，第 663 页。

大丰当烟馆　　日本人首藤、中国人李子林
松本洋行烟馆　　日本人松本、中国人赵子培
大世药房烟馆　　日本人大野、中国人褚兴九
开进楼烟馆　　日本人松尾、中国人刘姓
大兴号烟馆　　日本人粕格清吉、中国人孟广福
柴田洋行吗啡铺　　日本人柴田
长生堂吗啡铺　　日本人柏谷①

从这份调查表上人们可以看到，借房给中国人与中国人合伙贩毒是当地的主流。其中，日本人首藤最为野心勃勃，一个人分别与两个中国人合作，连开了两家烟馆。如果没有相当的利益诱惑是不会这样干的。

1920 年初，吉林县警察所所长傅铭根据上级指示，派便衣乔装购毒者，调查了所辖五镇地方日本人私售吗啡的情况，“综计五镇共日商 12 家，购得吗啡 15 包，华人私打吗啡者 100 余人”。具体情况如下：

区　界	日　商　字　号	私售吗啡数	打吗啡者
乌拉街	太平当、福永当、日萃当、西成洋行、福永支当	5 包	约 50 人
其塔木	一心当	1 包	约 20 人
桦皮厂	华丰当、昌平当	坚称不卖	约四五人
下九台	春荣洋行、牛岛洋行	3 包	约 50 人
岔路河	福生当	6 包	约十七八人②

在上表中共有日商 12 家，有 10 家均私自经销吗啡，占总字号数的 83.33%，平均每家一次性出售吗啡 1.5 包。

1923 年 7 月，吉林榆树县警方接到调查员报告称，“五棵树有日妇老包租住曾书元房间，与日人宇喜原康保租住王青山房间，均贩吗啡为业，访闻每日均有一万余吊收入，地方人民受害甚烈”。待警方采取行动时日妇已于春间他去，日本人宇喜原康保、国武猛两人被捕。王青山的另一日本房客、毒贩羽地朝德竟用手抢拒捕，被警方制服后，在他的住处搜获吗啡、烟土、烟具及制造吗啡的器具。另外，宇喜原康保、国武猛住处的吗啡及天秤、小罗等计量工具也被一并搜获。

① 吉林省档案馆馆藏：《吉林省长公署关于调查日人庇纵烟馆训令》(1918 年 4 月)。
② 马模贞：《中国禁毒史资料》，第 706—707 页。

在审讯中国武猛、羽地朝德两人供称“伊等均系日人，在五棵树侨居历有年数，向以贩卖吗啡为业”，但对外仍“以买卖粮货为名”。[①] 榆树警方后将国武猛等3名日本人连同搜获的毒品一并解送哈尔滨交涉员，转交日本驻哈领事处治。日本东亚同文书院学生旅行日志承认，1923年“吉林日本人接近500个，其中，有很多秘密出售鸦片者”。[②]

1926年，吉林滨江厅又抓获日本毒贩中村喜藏一人，年39岁，长崎郡真津山村久山人。1926年2月21日来华，在哈尔滨南十一道街2003号大院与小野仪八办理吗啡转手事宜。中村从小野处共买进吗啡数十包，准备零售。次日，即被中国警方查获，吗啡53包、麻药34包一并搜出。[③]

日本人在我国东北境内贩毒得到了日本政府的支持和日警出张所的暗中庇护。在吉林德惠县下九台区竟有日本人暗设的吗啡铺十余处，因有张家湾日警出张所的荫庇有恃无恐。1927年3月10日，县府向督办吉林军务善后事宜公署呈文，强烈要求取消张家湾的日警出张所。[④]

日商对华走私吗啡还得到了日本政府的直接支持。吗啡入日本境时，每磅纳关税10元2角，由银行收存。但如果再转出口至中国大连、青岛时则给出口护照，该商即可持照向银行领回前纳税银。“日本邮电局特许吗啡装入包裹，代为营运，不准中国税关查验。即到中国，仍由各地日本邮局代为经理”。因此，日本在我国东三省增设邮局特多。“关东之日官，对于此等贸易或正式或非正式，靡不注意保护”。又据《字林西报》称，欧战以来日本运入中国之吗啡，每年约18吨，年年皆有增加。英国向日本出口吗啡价格是每盎司10先令5便士，日商转售于中国小贩，至少卖到4英镑6先令8便士，获利是8倍有余。当时就有人揭露说，日本在中国东北等地贩毒，“其设计蓄谋，非徒剥夺资财，实欲殄灭华种，犹得谓之人道正义乎”？[⑤]

据中国海关1917年的统计，这年日本输入旅大租借地的声称是作为医药用的吗啡有2.5吨，可供1.3亿次之注射。[⑥] 由于中国境内的烟土、吗啡多系从大连、青岛两埠运送入口，1920年秋万国拒土总会特致函驻北京的日本公使请予严禁。10月，日本公使复函称，现已奉本国政府指令，“大连、青岛两处鸦片专卖

① 《中国禁毒史资料》，第747页。
② [日]薄井由：《东亚同文书院大旅行研究》，第209页。
③ 同②，第821页。
④ 同②，第839页。
⑤ 《一九一九年南北议和资料》，第93—95页。
⑥ 参见《吗啡之毒》，《朱执信集》上集，第421页。

制度,业经决定尽年内准予完全废除”。[①] 不过从日后的史实来看,日方的表态只是为了应付国内外舆论的一种言不由衷的举动罢了。

二、日本人在上海等地的贩毒

上海也是北洋军阀时期日本人向中国输入毒品的重点口岸。由于当时上海还不是日本的势力范围,因此日本人贩毒多采取走私的方式。

1919 年夏,不到 20 天内连续有 3 起日本人在上海贩毒案被曝光。第一起是西田、高江吗啡案。日本人西田等 7 人先在大阪买进吗啡 68 磅、海洛因 3 500 盎司来华贩卖。西田等人以货箱两箱满藏毒品,另以两货箱盛洋磁货,各用一相近的英文字母作号,编列号码,由日本邮船运到上海,贮入汇山仓库之中。高江则另托上海工部局之日本翻译中井,串通汇山码头买办王某,将毒品箱上的记号铲去一部分,令与洋磁货箱号码相同,然后将此毒品货箱冒充已办理过普通报关手续的洋磁起出,分次发卖。截至案发时为止,高江已得赃款 25 万元。第二起为泷喜代治吗啡、海洛因案。泷喜代治于 1919 年初在上海与日本茂木洋行之山口合谋,在大阪茂木洋行主任白地之帮助下分四次买进价值 10 万元的吗啡和价值 5 万元的海洛因,他们将毒品藏在鲜鱼腹中,直接由日本运到上海,骗过海关入口,全部卖给洋泾浜之兴隆号。所有毒资,均由兴隆预付,经三井汇交大阪茂木洋行。可见,泷喜代治做的是空麻袋背米的无本生意。第三起是森鼻五朗案。森鼻毕业于专门学校,有药剂师职称,却私藏鸦片烟丸四磅于衣箱箱底前来上海,当场被上海海关查出,送交日本领事署惩办。[②]

另据报载,日本人铃木范三勾结由上海回神户疗病的村上学之助、山本正三等人组织密贩烟土团伙,从 1919 年 1 月起,收买开往上海航线的各船船员专门秘运烟土到上海。1921 年 1 月 31 日,与之合作的八幡丸邮船进入门司港遭人举报,海关接报后立即登船检查,结果在铃木范三的乘客行李中查出了贩卖烟土的账簿和上海神户间的多件密码电报。经查,铃木至上海贩毒已有 26 次,每次可获 1.5 万—2 万元,各贩毒团伙家中“箱笼之中,俱满盛纸币银元等无数”。[③]

先前在神户至上海航线海王丸工作过后住在神户户幡町的高桥一郎也是个毒贩。1920 年 11 月,高桥与老相识、上海英租界的萧干臣在神户密谋贩土 100 件,价值 150 万元。具体由高桥的友人野村出面经办,分别将烟土秘密发往上

---

① 《日本允禁毒物来华》,长沙《大公报》1920 年 10 月 28 日。

② 参见《吗啡之毒》,《朱执信集》上集,第 422—423 页。

③ 《日人密卖烟土案》,长沙《大公报》1912 年 2 月 20 日。

海、青岛售卖。至1921年2月，被门司海关查获时，“已运去上海者35件，运往青岛者45件”。[①]

另据1917年青岛海关报告，“是年输入青岛之熟土共45担”，有人估计“至其确数，则当50倍之”。[②]

三、日本人支持下的殖民地商人在中国内地的贩毒

1894年，日本发动侵华的甲午战争；次年，挟战胜之威胁迫清政府签订丧权辱国的《马关条约》。根据这一条约，日本侵占了我国的台湾。1907年，日本又宣布日韩合并，正式并吞朝鲜，把朝鲜作为它的殖民地。

日本当局对鸦片的毒害十分清楚，早在1867年日本政府就发布了禁烟布告。1870年9月，又接连颁布《贩卖鸦片律》和《生鸦片管理规则》等法律文件，把禁烟进一步法律化制度化。然而当它侵略中国、朝鲜时就毫不犹豫地利用鸦片来毒害中朝人民的身心健康，削弱中朝人民的财力、物力，泯灭中朝人民的反抗精神。

1895年，日本侵占台湾后，出于自身利益的考虑提出了不同于本土的严禁鸦片的鸦片渐禁政策。在台湾总督府民政长官后藤新平的主持下，从1897年4月1日开始实行由台湾殖民政府独占的鸦片专卖，具体的进口事务由三井公司负责。[③] 1898年，日本从台湾鸦片专卖中获利350万日元，是同年台湾全部财政收入的46.3%。[④] 日本在台湾实行鸦片专卖时发给吸烟者牌照，一开始申领牌照的确为吸烟之人。进入20世纪后，一些心术不正的台湾商人鉴于“中国鸦片愈贵，私运之利愈大”，纷纷申领吸烟牌照，以便堂而皇之地购进鸦片到中国内地贩卖。以鸦片专卖为收入大宗的日占时期的台湾当局顺水推舟，默许台湾商人向中国内地输出鸦片。[⑤]

据旅华30年的美国人马克林博士1919年在华盛顿的报告，在中国“南方诸省，吗啡当街贩卖，皆有日人之护照，充台湾之顺民”。[⑥] 中国内地的某些不法分子也有意雇佣台湾商人，托庇日本的侵略势力贩烟。浙江温州林建泰、香圃、建美、庄信顺、建安等五家商号在福建福州、泉州等地自行设厂制造鸦片、自己装船运到温州批发。在轮船抵埠时雇有台湾和本地打手，携带武器起运烟土。1921

---

① 《日人密卖烟土案》，长沙《大公报》1912年2月20日。
② 《东方杂志》第十六卷，第1号，第203页。
③ 参见苏智良：《中国毒品史》，第221页。
④ 同③，第386页。
⑤ 参见《吗啡之毒》，《朱执信集》上集，第421页。
⑥ 《美人揭穿日人运土黑幕》，长沙《大公报》1919年10月3日。

年，温州警察局前往林建泰搜查鸦片，不但横遭拒绝，而且带队巡官及警察都被打了一顿。最后，林建泰商号也只是赔付医药费了事，气焰十分嚣张。[①]

北洋政府时期朝鲜人在华贩毒是一种令人关注的社会现象，这一问题较早见诸于档案的是1924年6月13日吉林省长张作相给滨江道尹兼哈尔滨交涉员的训令。训令指出："近来日鲜人民贩售吗啡，延蔓益甚，民间中其痼毒每及全家，败产戕身各处皆有，而勾匪劫绑结伙盗窃之案，尤大半原因于此……兹准吉林省议会咨请取缔日鲜人密售吗啡鸦片附送议案前来……令仰该员查照，即行备文照会日领，将日鲜人吗啡铺户贻害地方之处，剀切说明，要求严切查禁，并请其为负责之答复，俾去痼毒。"[②]

1927年8月，朝鲜人张经俊、朴顺焕向吉林双城县县城西街孔瑞贤租房，明为做生意，暗中卖鸦片。同年12月25日，双城警方在张、朴住处搜查，查出烟土1两2钱，烟泡6个。送警察所后"朴顺焕供认贩卖鸦片等情不讳"，但张经俊死不认账。最后，警方将朴顺焕一人解送滨江道尹兼交涉员处，"转送法办"[③]。

朝鲜烟贩的露头是日本侵略者故意纵容的结果，如果没有日本侵略者明里暗里的支持，朝鲜人想做烟贩也是极难如愿的。也许只有在华贩毒方面，日本侵略者才真正实现了它长期以来一直鼓吹、标榜的"日鲜一体"。

第四节　南方政府与鸦片毒品

一、孙中山主政时期的毒品政策

1917—1923年，孙中山曾先后3次在广州建立革命政权，与北洋政府抗衡。1917年9月，孙中山在广州成立中华民国军政府，就任陆海军大元帅。1921年，孙中山又在广州就任非常大总统。在此期间南方政府虽然十分重视禁毒问题，但因种种原因不能在其所辖的军队和地区内完全禁绝鸦片。

1918年，靖国军进驻鄂西后为了解决粮饷来源，将他们从四川买进的鸦片种子以每杯(约一二两)银元两元的价格出售，鼓励农民种烟。靖国军则靠征收鸦片烟税来过日子。由于鸦片价格昂贵，种鸦片烟的进账比种其他粮食作物要

---

① 《近代中国烟毒写真》上卷，第424页。
② 《中国禁毒史资料》，第782页。
③ 同②，第847页。

多得多，因此，鄂西就成了著名的产烟区。[①] 烟土充斥市场，公开买卖。

1919年，四川靖国军副总司令卢师谛、司令兼川东道道尹黄复生先后擅自在涪陵、酉阳、丰都、万县等地私开烟禁，征收禁烟罚金。卢师谛光在涪陵一县就收了烟捐40多万元银币。至春夏之交百姓因无力缴纳捐款，有的卖牛卖房，甚至自杀了断，有的逃到宜昌避祸。驻宜昌的北洋政府长江上游总司令吴光新借机发出通电，将此情况公告全国，打击南方军政府的政治威信。5月底南方军政府电令四川督军熊克武严查究办。熊克武转命四川第一师师长但懋辛具体负责。6月但抵长寿，抓了3个劣绅烟犯送交省督军署讯办。这时曾分润烟款收入与川东烟案有关的滇军梯团长田钟谷对熊克武下令查案心感不快，9月底田取得川滇黔鄂豫联军总司令唐继尧电令，令田钟谷会同但懋辛一道查办。深知唐继尧以田代但本意的但懋辛知难而退，请求熊克武让田钟谷专办此事。在此之后田钟谷在唐继尧的支持下搁置此案，并与卢师谛、黄复生等人联手反熊，酿成了1920年的川滇黔战争。从此栽种烟苗、运售烟土和吸食鸦片的情况便在四川更加不可收拾。南方军政府对此鞭长莫及，无能为力。[②]

1921年3月25日，广州《广东群报》全文刊登了广东省长兼粤军总司令陈炯明《严办偷运鸦片布告》称："照得鸦片之害，至为剧烈，尽人所知，迭经三令五申，通饬严禁在案……近查鸦片之运入，多由查缉机关奉行不力，于是奸商图利，有隙可乘，苟长此不绝来源，为害将伊于胡底……嗣后无论军民，如敢私运烟土，一经查获讯实，即以军法从事，以绝奸蠹，而警效尤。"[③]9月20日孙中山本人颁布《严禁鸦片令》，指出："鸦片一物，贻害人群，甚于洪水猛兽。查禁种、禁吸、禁运，载在条约，列之刑章，久已雷厉风行……本大总统为杜渐防微起见，兹特重申诰诫，着地方文武高级长官，督饬所属严密查禁，务使尽绝根株，毋得始勤终懈。人民亦当禀遵禁令，毋贪小利，自陷法网。"[④]南方政府所辖境内的禁烟工作由此全面展开。然而，孙中山在12月初任命的黔军总司令谷正伦却置禁令于不顾，派军需官陈子良赴他老家贵州安顺护送押运烟帮至北伐军大本营所在地广西桂林，从中收取护运费及烟税，具体事务由其胞弟谷兴乔出面经办。[⑤]

1922年6月，孙中山在陈炯明叛变后被迫前往上海；次年2月，孙中山在讨贼军驱走陈炯明后再返广州，重建大元帅府。当时，在广东有滇、桂、粤、湘、豫等

---

① 《近代中国烟毒写真》上卷，第497页。
② 《四川文史资料选辑》第7辑，第174—181页。
③ 段云章、倪俊明编：《陈炯明集》下卷，中山大学出版社1998年版，第588页。
④ 《广东群报》1921年9月21日。
⑤ 《近代中国烟毒写真》下卷，第284—285页。

军队，人数众多，军费奇缺，因此“各军占驻一两县，卖烟开赌，搜刮钱财，以饱私囊”。对此孙中山在1923年12月2日的一次演说中只能表示，“我以为这样不过是眼前的行动，马上当要改良的”。[①] 12月7日，孙中山在军政经费两缺的情况下特派杨西岩为禁烟督办署禁烟督办。1924年1月16日，杨西岩呈报的《禁烟条例》获孙中山批准施行。该条例“以厉行禁烟，剪除烟毒为宗旨”，规定“制造及贩卖鸦片烟者，处无期徒刑，或科5 000元以下之罚金”；“贩卖或自外国贩运鸦片烟者，处三等以下有期徒刑，并科3 000元以下之罚金。对于吗啡、高根有同等行为者亦同。意图贩卖而收藏鸦片烟者，照前项减一等治罪”。“开设馆舍供人吸食鸦片烟者，处二等以下有期徒刑，并科3 000元以下之罚金”。[②] 按照这一条例，禁烟督办署及其在各县的禁烟总局在打击广东私贩和吸食鸦片方面做了不少有益的工作。另一方面，禁烟督办署对途经两广的西南地区的鸦片征收税收，“寓禁于征，以图整理”。[③] 仅1924年6月至8月，该署就收了434 602元的鸦片税。孙中山对这笔用于北伐经费的特税十分重视，曾专门下令各军一律不得截留此笔款项。

然而孙中山毕竟是一位关心国计民生的伟大政治家，从内心深处对南方政府在特定条件下实行的毒品政策是不满意的。1924年12月，他在天津答拒毒会教士问时明确表示，“鸦片营业，绝对不能与人民所赋予权力之国民政府两立”，“自下由私运私卖鸦片消耗之巨量款项，若用于正当贸易，不但可使本国商业复兴，并可使中外间合法通商大形起色。迩来有以谓今日我国鸦片复兴，遍地皆毒，不如法律正式允许烟土之营业，海关放任外洋鸦片入口，以充饷源。此等主张，绝对不当。中国之民意，尤其守法安分纯洁之民众，其意见未有不反对鸦片。苟有主张法律准许鸦片，或对营业鸦片之恶势力表示降服者，即使为一时权宜之计，均为民意之公敌。今日国内情形，至为恶劣。拒毒运动之进行，备受难阻，以致成绩甚少。然对鸦片之宣战，绝对不可妥协，更不可放弃。苟负责之政府机关，为自身之私便，及眼前之利益，倘对鸦片下旗息战，不问久暂，均属卖国之行为”。孙中山最后再次强调，拒毒运动“虽或一时未能成效，但千万不可放弃坚忍与不妥协之奋斗决心，当永远抱定彻底不降服之政策”。[④]

孙中山这篇谈话痛快淋漓，矛头直指北洋军阀政府以及鸦片贩卖团伙，代表着中华民族全民族的利益。1925年3月，孙中山不幸逝世后，一些孙中山的追

---

① 《孙中山全集》第八卷，中华书局1986年版，第473页。
② 《孙中山全集》第九卷，中华书局1986年版，第77—79页。
③ 同②，第608页。
④ 《孙中山全集》第十一卷，中华书局1986年版，第491—493页。

随者不止一次地引用上述谈话，把它作为重要的遗教，反复敦促国民政府真正实行禁毒。而某些自我标榜是孙中山忠实追随者的国民党当政者则时常出于一己之私利，编造种种理由和借口，反对彻底全面地禁烟禁毒。若孙中山九泉之下有知，真不知该作何感想。

二、国民政府的毒品政策

1925 年 7 月，国民政府公布了《禁烟条例》，指出“二次革命”以后“国权傍落，各省官僚军阀，遍植罂粟，以为筹饷之资。而北方政府陷于军阀手中，亦复熟视无睹。英人遂乘机借口，大弛烟禁。而广东一省，自滇、桂军入粤，烟害更烈，藏垢纳污之谈话所，无论穷乡僻壤，军队所到，无不应有尽有。政府虽有禁烟总局之设，然格于形势，不能循名核实。今者政府荡平逆军，与民更始，鸦片毒物自在必禁之列”。①《条例》宣布“国民政府决定，自本条例公布施行之日起，限四年内将鸦片烟完全禁绝”。“国民政府所属人民，自本条例公布施行之日起，不得栽种、贩运、制造、贩卖或收藏鸦片烟”。②

7 月下旬，国民政府发布关于禁烟训令，明确指出：“在四年之内，用专卖之法，收禁绝之效……无论何人，均不得私运私售及有包庇情事。倘敢违犯……决不宽贷。”③7 月 22 日，财政部长廖仲恺呈请国民政府任命范其务为禁烟督办，并指出：“禁烟事项关系重大，种族之存亡，国家之盛衰，胥视夫烟禁之能否实行以为断。”8 月 20 日，范其务以禁烟督办的名义向中央执行委员会等单位发出代电，报告说他在“东日就职后，即布告严禁私种、私购、私运、私制、私卖、私藏、私吸鸦片烟；限期将收藏烟土、烟膏、烟灰缴署，发还价值”，现望各有关方面“饬属随时协助，藉匡不逮”。④ 从当天起范其务亲率侦缉人员，严密侦察烟毒犯，“对于收买烟土、烟灰，煮制烟膏，批判烟犯，及监视加盖烟上印花等事”，皆亲自经管，忙得不亦乐乎。因此在 9 月 20 日上呈恳请辞去国民政府当天对他的新任命——军需局长的职务。⑤

禁烟督办署的主要业务是专卖烟膏，其原料烟土以每两二元一毫九的价格从培元公司购入，“烟灰则在署门零收，每两价格约二元左右”，均须随时支付现款，不能延欠。⑥ 但范其务如此搞了两个月后，无以为继。他在 1925 年 10 月的

---

① 《中华民国史档案资料汇编》第四辑（下），江苏古籍出版社 1986 年版，第 1147 页。
② 同①。
③ 《中华民国史档案资料汇编》第四辑（上），第 127 页。
④ 同③，第 40 页。
⑤ 同④。
⑥ 同①，第 1438 页。

辞职呈文中说,“受任以来,虽事事躬亲,未收寸效,午夜筹维,终无良策,若再尸位,贻误更深”,因此决意辞职,请国民政府另选贤能。① 范其务要求辞职的最主要原因自然是工作进展不力,而造成这种情况的一个重要原因是军队的干扰:海军要求缉私分成,陆军又随便申领免税印花,甚至以筹军饷为名私开烟禁。与此同时,地方上也不安分,1925 年 8 月海军局长斯美诺夫呈文,称“窃为偷运鸦片私盐等物,悬为例禁,唯政府之禁令愈严,而民间私运之风愈炽。况广州濒临洋海,港汊分歧,水上偷漏,犹觉防不胜防,自非严厉查缉,明定赏罚,无以清积弊而重功令”。但海军局呈文附件《水上缉私赏罚条例五则》中规定:“缉获水上私烟,按照所得之款,除以七成半解归政府外,所余二成半提归海军之赏,藉资奖励。”②同年 11 月,东征军总指挥部政治部主任周恩来、代主任熊雄呈文披露:“惠城久经逆敌盘踞……烟赌流毒为祸尤烈。惟自我军克复以还……烟赌复渐开放,以致奸徒混迹,谣言四起……殊失民望。”并报告说,现已征得总指挥部参谋长胡谦等人同意,即日下令严行禁绝,并要求国民政府转咨禁烟局、筹饷局,“自后惠城不得弛禁烟赌,藉维民信,以利戎机”。③

对于军队上、地方上存在的上述问题,国民政府有关部门有针对性地采取了一些对策。9 月 11 日,国民政府军委会参谋团制订了《防止军人将来烟土案发生办法》,规定“如探得各军防地内藏有私烟,禁烟督办署或各属禁烟局派员督率侦缉员兵到目的地查缉搜捕时,各军应予协助”,并“责成各军及军事机关最高长官严饬所属,对于禁烟条例出具确实遵守切结,汇报军事委员会备查”。④ 11 月 23 日,国民政府发文给财政部,同意周恩来等人提出的惠城今后不得再弛禁烟赌的请求。⑤ 12 月 16 日,财政部长宋子文向国民政府呈文称,现在禁烟事宜归财政部禁烟总处办理,“唯查各军时有到处请领免税印花情事,实于收入及烟禁前途两有妨碍”。因此,要求国民政府“通令各军,嗣后不得请领免税印花,以维烟禁”。三天之后国民政府批文照准。⑥

国民政府上述对策集中到一点,就是不准各军各地擅自卖烟,而由财政部进行集中统一的经营。

但对在政治、军事方面与国民政府有联系、经济方面得不到国民政府粮饷的西北国民军而言仍是鞭长莫及,无能为力。以冯玉祥为首的西北国民军虽然在

---

① 《中华民国史档案资料汇编》第四辑(上),第 40—41 页。
② 《中华民国史档案资料汇编》第四辑(下),第 1162 页。
③ 同①,第 139—140 页。
④ 同①,第 133—134 页。
⑤ 同①,第 140 页。
⑥ 同②,第 1442 页。

政治上有一定的革命性，但在经济上却把烟毒作为生财之道。1925 年，冯玉祥统治甘肃时期表面上宣称要分期禁绝烟毒，但事实上鸦片的种、运、售、吸一如往昔。刘郁芬部国民军进入甘肃后，由督署统一征收烟亩罚款以弥补军政开支的不足，因而在事实上大开烟禁。[①] 刘郁芬设立了全省禁烟善后总局，又在各县设立分局，局下设卡，征收买卖大烟的税款。其中行销税向烟土行商征收，坐销税向当地烟贩或开烟馆的零销贩抽税，这样商人贩运烟毒得以合法化，烟摊摆满集镇，烟馆充斥街衢。[②] “1925 年，旅行到甘肃的学生看见路旁开满了罂粟花，从金家圭到兰州都是一片片栽培罂粟的田地。……在金家圭，一两（鸦片）价格为 4 角……交纳给督军的税是每亩 15 元”。[③]

由国民政府财政部统一经营的烟土生意也不顺利。北伐军兴起后，财政部把广东全省烟土的专卖权交给了兴源公司，经过“数月推销，殊无成绩”。1926 年 9 月 29 日，财政部长宋子文向国民政府报告，拟撤销兴源公司，仍由财政部设戒烟药膏专卖总局实行专卖。[④]

真正在禁烟方面取得成效的是在农民运动蓬勃开展的湖南。1926 年，湖南农民运动兴起之后，农会下令严厉禁烟，除了收缴烟枪之外，还要禁运。“由贵州经宝庆、湘乡、攸县，醴陵到江西去的鸦片，被拦截焚烧了不少”，与国民政府的财政发生了冲突。原来，财政困难的国民政府是通过变卖鸦片来解决部分北伐军饷的。湖南省农会最后为了顾全北伐军的军饷，只得下令下级农会“暂缓禁运”。[⑤]

---

① 《近代中国烟毒写真》下卷，第 581 页。
② 同①，第 601 页。
③ ［日］薄井由：《东亚同文书院大旅行研究》，第 219 页。
④ 《中华民国史档案资料汇编》第四辑（下），第 1119 页。
⑤ 《毛泽东选集》第一卷，人民出版社 1991 年版，第 36 页。

第四章 南京国民政府前期的禁毒与贩毒

第一节 南京国民政府前期的禁毒

一、南京国民政府的禁毒

1927年4月,南京国民政府成立。在执政的国民党内,一些要员为了树立形象,争取民众的好感,提议禁烟。7月26日,朱家骅在国民党中央政治会议广州分会第四十三次会议上提议禁绝鸦片,指出:“鸦片为害之烈,尽人皆悉,年来政府亦思锐意禁绝……然而禁例愈多,人民之吸食者愈众,奸商土豪之私运私种者愈盛。此实为吾党最大之污点,将来流毒日深,党国前途必直接受其影响。”为此,朱拟订了一个《禁烟条例草案》。在此之前,戴季陶也提出了即日宣布征服鸦片的建议。[①] 9月,国民政府财政部就颁布了《禁烟暂行章程》,宣布“自民国十八年起,限3年内鸦片烟完全禁绝”,规定“各种红白丸及鸦片烟同类之吗啡、高根、海洛因等,除医用外,一律禁止输入”。“自本章程公布之日起至民国十七年底止,所有戒烟药品一律值百抽七十,十八年值百抽百,十九年值百抽二百,贴用印花税票”;“禁烟期内商民有贩卖戒烟药品者,应将商号及贩卖地点先行呈报财政部请领许可证。如有未经特许之商号贩卖戒烟药品者,一经查出,科以3 000元以下之罚金,并限收其商店”。[②] 明眼人一看便可知道所谓的“戒烟药品”就是鸦片,而这个章程总的精神还是“寓禁于征”,通过征收特税来实行鸦片专卖,并筹措政府经费。

财政部《禁烟暂行章程》公布后,上海市民拒毒大会、全国商会、全国工友、全国农友以至国际联盟纷纷通电反对,一致要求南京国民政府改变鸦片专卖计划,真正在三年之内彻底禁绝鸦片。在全国人民的压力下,国民政府经常务会议讨

---

① 《南京国民政府纪实》,安徽人民出版社1993年版,第20页。
② 转引自于恩德:《中国禁烟法令变迁史》,中华书局1934年版,第284页。

论通过，于1927年11月公布了《修正禁烟条例》。不过因其核心仍为鸦片专卖，仍遭到全国各地的强烈反对。1928年4月，国民政府经过小修小补，公布了《修正禁烟条例二》，其主旨还是聚财，当时财政部次长郑洪年承认："目下禁烟计划，仅为筹款之计，如谋禁烟，不但不能禁烟，实足纵毒。此种稗政实非人民所喜，更非国府下应有的现象。本部屡思修改，唯因军费紧急，未遑计及。"[①]《修正禁烟条例二》重申："自民国十七年起，限三年将鸦片烟（鸦片烟包括生熟鸦片、罂粟、烟土、烟膏而言）完全禁绝"；明确规定："凡在国民政府区域内人民，一律不准私卖鸦片烟类，但在禁烟期限内，得由禁烟机关特许，依本条例规定并限制其数量分配发售，其办法另定之。"[②]同年8月，以蒋介石为首的禁烟委员会正式成立，11月间，又召开全国禁烟会议，通过了《关于军人包庇种运吸贩鸦片烟惩治办法》，同时筹划起草《禁烟法》。

1929年7月25日，蒋介石等人公布了南京国民政府新制定的《禁烟法》，规定"行政院禁烟委员会督理全国禁烟事宜"。对于贩卖毒品，《禁烟法》明确规定："制造鸦片或其代品，或贩卖或意图贩卖而持有或运输者，处一年以上五年以下有期徒刑，得并科5 000元以下罚金"，"意图供制造鸦片或其代用品之用，而贩卖或运输罂粟或鸦片代用品之种子者，处三年以下有期徒刑，得并科1 000元以下罚金"。[③] 同年10月，禁烟委员会制定了《禁烟法施行规则》，共有6章，其中，"禁售"列为第四章。

1934年4月，军事委员会委员长南昌行营公布了《严禁烈性毒品暂行条例》，规定"吗啡、高根、海洛因及其化合物或配合而成之红白等着色毒丸，均为烈性毒品"，"贩卖或意图贩卖而持有烈性毒品者，处以死刑或无期徒刑"，[④]处罚明显较《禁烟法》要重。

1935年4月，蒋介石以国民政府军事委员会委员长的身份向全国发出禁烟通令，宣布开始实施"两年禁毒，六年禁烟"的计划。与此同时军委会还公布了《禁烟实施办法》和《禁毒实施办法》作为推行计划的准则。6月5日，国民政府决定"特派军事委员会委员长蒋中正兼禁烟总监，办理全国禁烟事宜"，同时撤销禁烟委员会。[⑤] 同年10月，又公布了《禁烟治罪暂行条例》，规定"贩卖鸦片者，处无期徒刑，或三年以上有期徒刑，得并科三千元以下罚金。其数量在五百两以

① 《拒毒月刊》第16期。
② 转引自于恩德：《中国禁烟法令变迁史》，第286页。
③ 《中国禁毒史资料》，第921页。
④ 同③，第1051页。
⑤ 同③，第1094页。

上者,处死刑”。[①] 这样,禁烟运动总算在名义上在全国范围内全面推行开来了,分工是中央负责取缔运售,地方各省主管禁种禁吸。1937 年 3 月 4 日,蒋介石以禁烟总监的名义通电各地方政府,提出现距禁绝之期甚促,“特再电仰严督所属,切实推进,务期如限肃清,倘再玩忽,立予撤惩”。3 月 21 日,蒋介石又向河南、安徽、湖北、湖南、江西、福建、浙江、上海、陕西、四川、云南、贵州、广西派出了禁烟特派员,常驻该省市,负责督促考核禁烟的实绩。[②]

从 1928 年 7 月—1929 年 6 月,各地共缉获吗啡 516.71 两,129 块 401 包;海洛因 39.38 两,339 包;白丸 5 869 两,48 030 粒,59 包;金丹 20 632 两,1 870 925 粒,296 包。[③] 1930 年,国民政府收回威海卫后,直属行政院的威海卫行政区公署于当年和 1936 年搞过两次大规模的禁毒活动。第一次没收烟土 880 两,第二次没收烟土、烟膏等 632 375 两,海洛因、吗啡等 5 649 两。[④]

二、各地方政府的禁毒

1927—1937 年,国民政府的禁烟机构在运作,禁烟的条例、法令也在实施当中。从 1928 年 7 月—1929 年底,首都公安局在南京共缉获鸦片案 657 件,毒犯 1 074 人,烟土 4 981 两,烟膏 111 两。[⑤] 1931 年 6 月,江苏在省法院门口焚毁烟毒 30 箱。[⑥] 从 1934 年 3 月—1935 年 2 月总计枪决贩卖毒品的男女犯人 23 人。1931 年 6 月,铁路上海站工作人员在一到站山东旅客的行李中搜出烟土三大箱,共 180 斤。经查系此人购自洛阳运来上海企图高价出售的。从 1934 年 6 月至 12 月底,上海共处理制造、运输、贩卖、吸食毒品案件 906 起,处死人犯 8 名。1928 年 10 月 24 日,福建省政府下令严厉禁绝鸦片,当天厦门海关在进港的太洋公司“安东”号轮上查出鸦片 3 000 两。厦门警方当天还取缔了日籍台湾浪人苏扁开设的烟馆。从 1930 年 7 月—1931 年 6 月,厦门警方共破获烟案 161 起,人犯 522 名,烟土 612.5 两、烟膏 4 325.9 两。1931 年 7 月—1932 年 6 月,又破获烟毒案 126 起,人犯 247 名,烟土 5 980.02 两、烟膏 1 274.32 两。[⑦] 1932 年 5 月,吴望伋就任浙江省禁烟特派员,工作认真负责,不到两年就基本肃清了烟毒。吴望伋在布告中指出:“照得鸦片流毒,为害不可胜言,尚有红丸吗啡,近年更加

---

① 《近代中国烟毒写真》下卷,第 221 页。
② 《南京国民政府纪实》,第 542—543 页。
③ 《禁烟公报》第 11 期,专载。
④ 《近代中国烟毒写真》上卷,第 284 页。
⑤ 《禁烟公报》第 13、14 期合刊,公牍。
⑥ 《禁烟委员会公报》1931 年第 6 期。
⑦ 同④,第 453—454 页。

蔓延……一般嗜吃民众，实属无知可怜，更有种植贩卖，尤为恶重罪深。本省为民除害，特定峻法严刑。所有种吃贩卖，务速改过自新。”吴还将《打倒列强歌》改写为《肃清鸦片歌》，歌中唱道：“打倒鸦片，打倒鸦片，除烟祸，除烟祸，肃清毒品成功，肃清毒品成功，齐欢唱，齐欢唱！”[①]仅在东阳一县吴望伋就查处了252件烟案，拿获烟犯280余人。1932年11月，衢县县府会同衢处警备司令部查获巨量红丸，在县城焚毁，受到浙江省主席鲁涤平的通令嘉奖。[②]

山东省自韩复榘任主席后，迭次发布告严禁烟毒，并将捕获之白丸犯枪决示众。1930年10月，山东省又公布了《肃清毒品暂行办法六条》作为“最后贯彻铲除毒品办法”，其规定，“所谓毒品者系指鸦片毒品、吗啡、高根、安洛因及其毒性物或化合物而言”。[③] 这一文件的缺点在于将惩治的重点放在吸食户方面，对于毒贩没有提及。实际上韩复榘本人经常亲自审问毒贩，按每人身上携带的毒品数量处以打军棍乃至枪毙的刑罚。1934年秋，他大太太的干儿子张守仁贩毒案被告发后，即被枪决。次年秋，韩还下令查抄了二哥韩金勉在济南院前大街开的烟馆。天津在1931年2月查获一伪装成农民的烟贩，从两只特制筐的夹层中查出海洛因、白面和细料，共值5 000多元。[④] 绥远在1931年7月查获毒犯张子英。此人曾在天津日本松本洋行高松鹤处学习制毒，后从北平购置机器，购入烟土1 000余两作为原料，加工制成毒品后在天津销售。[⑤] 1931年1月，在北平使馆界内福东栈查获一家大规模的制毒公司，该公司共有厂房20余间、资本40万元，当场查获吗啡、金丹、鸦片、海洛因等毒品30余箱，机器多部。[⑥] 1933年9月，北平警方采取果断措施，一举破获又一制毒机关。天津警方接着在万国桥下搜获烟土200余包，重几千两。以前从未遭过风险的著名某某楼土庄也连续遭到搜查，“有两家大些的土庄掌柜，更被当局提去，庄里的存货自然也被抄去不少”。一时间天津“各烟馆一齐动员，纷纷锁门，伙友们各自避出去，随意消遣，造成从来没有黑籍恐慌”。[⑦] 在阎锡山统治下的山西，1929年一年就破获贩毒案17 422件，缴获烟土186 322余两、金丹49 279余两、料面623 532余两。[⑧] 1931年冬，阎锡山在山西除了禁烟督办公署之外另立查禁毒品委员会，颁布《制造贩

---

① 《近代中国烟毒写真》上卷，第408页。
② 同①，第416页。
③ 《韩复榘规定肃清毒品暂行办法》，《民国日报》1930年10月31日。
④ 《大公报》1931年2月10日。
⑤ 《申报》1931年7月18日。
⑥ 《禁烟委员会公报》1931年第1期，第35页。
⑦ 《拒毒呼声高涨天津市烟馆惊人数字》，天津《大公报》1933年10月7日。
⑧ 《中国烟祸年鉴》第4辑，第100页。

卖毒品暂行条例》,规定若有制造或吸食金丹料面两次以上者,或贩运1钱以上者一律枪毙,并派出密查员30人,只要是他们认定为贩毒、吸毒者,即可枪决,当年就枪毙了毒犯120人。①

1930年底,杨虎城被任命为陕西省主席。次年初,杨虎城就下达了禁种、禁吸鸦片的命令,并相应制定了一些禁政条例,确定1938年1月1日为禁绝界限。如有违禁者,依法枪毙。同时对邮局包裹、铁路运输均有详细的防范规定。1932年春夏之交,杨虎城鉴于全省各地库存的烟土仍有不少,又在城乡广贴告示,如有私贩者枪毙。后来真的枪决了不少胆大妄为以身试法的烟贩。② 1933年,胡宗南部进驻甘肃天水后,严令禁烟,在城隍庙设立禁烟缉私所,并将查抄没收的烟土烟具集中到南河滩全部当众烧毁。胡宗南还枪决了贩毒吸毒贪污受贿的田粮科长王惠。1935年4月,胡宗南调离天水后,贩烟吸烟之风死灰复燃,但1936年,新任专员兼县长安立绥到职后又严令禁烟,贩烟吸烟之风有所收敛。③ 1936年,马步芳赶走了叔父马麟夺取青海省的大权后,将省禁烟总局改组为省禁烟委员会,自兼委员长。马步芳还派出11名视导委员,分赴各县督导禁烟。这年6至8月全省共查获烟土1 700余两,在西宁小教场、大什字路口等处当众焚毁,被缉获的马有才等烟犯被就地枪决。④

1934年11月,云南省政府经过反复考虑,最终决定从1935年秋季起,分期分区"认真施禁",从1935年秋到1937年秋,共搞了三期禁种。⑤ 1935年3月,四川省政府下令在全省开展禁烟运动,要求两年之内禁绝。8月,四川第十八行政督察区专员公署在宁属各县成立禁烟委员会,停征鸦片烟捐,限期内如有种、运、售、吸鸦片者,轻则判刑,重者处死,财产没收,田地充公。西昌城厢和礼州、黄联各乡镇红灯烟馆、生熟烟店被封,一些烟犯被拘禁。一时间往日贩运鸦片的知名人物或罹法网,或转入地下,或逃往云南避风。1940年6月3日,西昌行辕召开近万人军民大会,当场焚烧了几百斤鸦片,以示禁烟决心。⑥

三、国民政府禁毒时存在的问题

1927—1937年,国民政府的禁毒虽然不无成绩,但同时也存在着一些问题。主要是:(1) 禁毒机构不纯,禁毒不力;(2) 吏治腐败,猫鼠共眠;(3) 各地步调

---

① 苏智良:《中国毒品史》,第317页。
② 《近代中国烟毒写真》下卷,第496页。
③ 同②,第570—571页。
④ 同②,第614—615页。
⑤ 同②,第352页。
⑥ 同②,第103—105页。

不一，有的地方甚至私自开禁；(4) 最高领导人心无定见，出尔反尔。

众所周知，以蒋介石为首的国民党右派发动“四一二”反共事变时得到过三鑫公司黄金荣、杜月笙、张啸林等帮会流氓的大力支持。蒋介石上台后，为了酬劳这些人有意在各级禁烟机构中进行安插。张啸林最早被财政部委任为江浙两省禁烟药品专卖处处长，杜月笙后来成了全国禁烟委员、上海市禁烟委员会常务委员。从 1927 年 8 月—1936 年 6 月，杜月笙一再在电台上作禁烟播音，同时又在《禁烟专刊》等媒体上接连发表“扑灭烟毒”的“名人论著”，装模作样地摆出响应政府号召，努力完成禁烟使命的架势。设在上海的江苏禁烟局局长曾镛指使其子曾宪琼拜杜月笙为干爹，局内金廷荪、顾嘉棠、汪少丞、马祥生分任财务、运输、印花、查缉处处长，芮庆棠任护缉队队长。该局“完全为流氓地痞所把持，舞弊营私，不但无补国库丝毫，并且使烟痞放肆”。[①] 江苏各县的禁烟分局几乎掌握在杜月笙的青帮徒众手中，如高鑫宝承包了金山县禁烟分局的业务，谢葆生则是上海县禁烟分局的副局长。[②] 若想指望这批贩毒老手来实施禁烟，简直就是与虎谋皮。

在此期间，杜月笙除了与国民政府勾结继续三鑫公司的贩毒生意外(详后)，又在上海、四川、广东等地设厂自行提炼制造吗啡、海洛因、可卡因等毒品，还有红、白、蓝各丸及金丹等，牌号有“老人头”“双龙”“单龙加记”“双凤”“单凤”“A 牌”等，“而且时移其牌号”。这些毒品的大致行销范围是：“北自铁岭及直鲁豫各省行销种类毒丸，陕甘行销金丹，浙皖赣行销粉红丸，江浙闽行销桃红丸，粤则行销苹果色丸。”报效政府的途径有二，“一种按工厂每月所制毒品之多寡而定，直接由工厂缴纳……一种由公司内土贩首领杜月笙每月分配报效费，送缴包庇者”。[③] 一面禁毒一面又在贩毒，一身而二任。靠这样的“两面人”来禁毒的效果是可想而知的，于是就有了禁烟局买烟的咄咄怪事。1928 年 5 月，上(海)宝(山)禁烟经理局成记公司向土耳其购买烟土 50 箱，由政府发给护照直运上海。[④]

1935 年，军事委员会禁烟督察处成立后，上海鸦片巨商郑氏的后代郑寿芝经军事委员会委员长武昌行营秘书长杨永泰的安排，就任上海禁烟督察处处长。他一到任就把一帮潮州烟商拉进该处。该处下设的 12 家采办商大多由原来法租界 12 家潮州土行老板负责。因此当时就有人指责上海禁烟督察处“是一个刻

---

① 王培棠：《江苏省乡土志》上册，商务印书馆 1938 年版，第 243 页。

② 参见《大流氓杜月笙》，群众出版社 1965 年版，第 37 页。

③ 中国第二历史档案馆馆藏：国民政府档案，江浙皖禁烟控诉事宜。

④ 《近代中国烟毒写真》上卷，第 93 页。

毒老辣的鸦片烟商大集团”。[①]

在日常的禁毒工作中总是有些在政治上有相当势力的特殊人物逍遥法外，一般官员还真拿他们没有办法。如江苏无锡的余兴公司，其后台老板据说是杜月笙。该公司就在无锡毒品查缉所隔壁公开出售烟土达半年之久。当地法院请来宪兵会同法警一道前往缉拿，在16只木箱中查出烟土720斤，价值2万余元，并把10名职员带到法院查办。不料两天后从镇江开来炮艇一艘，满载百余名水警，泊于无锡西门桥下，炮口对准法院，胁迫法院将全部人证解到镇江由省水上公安队讯办。这一要求遭到法院方面拒绝后，双方相持不下，严阵以待，最后经县长和地方人士极力调解，法院方面只能交人，首席检察官周尔恺因此去职。[②]

另一方面，吏治的腐败也使禁烟难以全面彻底的实施。1928年江苏省政府委员兼建设厅厅长、长江要塞司令王柏龄以司令部名义发布告示，令镇江和江阴的烟土贩子据实登记存土，然后按图索骥，将烟土查抄没收。土贩钱淦卿通过青帮大字辈、扬州商会会长王敬亭和青帮大字辈朱炳元向王柏龄求情，结果王笑纳了钱报效的8 000元后单独秘密发还了钱被没收的8 000两烟土，价值1.6万余元。[③] 1929年7月，英商怡和公司“公和”轮私运大批烟土，经九江关时，行贿工作人员得以放行。1930年，南京下关各轮船局码头军警、稽查及下关沿江一带水上公安队擅自对私运的烟土收取保险费，然后纵容放行。[④] 对此禁烟委员会承认，“长江航行各轮，几无不私带烟土，并随时随地得以设法装卸……故由水陆公安人员不甚可靠，而检查队更属因循。其尤者军警公然发生抢土风潮”。[⑤]

在地方上实际控制着某块地盘的军阀政要出于一己的自利，对执行中央的禁毒法令很不情愿，很不得力。有的能拖则拖，尽量拖延；有的与中央讨价还价，要求特殊政策；有的甚至擅自开禁，公然破坏禁毒工作。人们可以看到，各地执行禁毒令的起始时间是不一样的，而且有人在政存、人走政亡的趋势。1935年蒋介石借追剿红军为名派中央军大举入黔，委任吴忠信为省主席。但吴提出，要把归中央的禁烟收入划归贵州，否则辞职不干。吴曾在赴南京开会时当面向蒋介石痛哭陈词，没有禁烟收入决不回黔。蒋介石在吴的要挟下只能同意让黔省财政厅暂时接办。[⑥]

1931年，“九一八”事变后，由中国现役军人领袖组成的华北筹饷委员会擅

---

① 同④，第57页。
② 《近代中国烟毒写真》上卷，第343—335页。
③ 同①，第238页。
④ 《禁烟公报》第十九年汇编，第261页。
⑤ 同③，第202页。
⑥ 《近代中国烟毒写真》下卷，第255页。

自决定实行北方鸦片官卖制，为冀察晋绥四省驻军筹集军饷。设在天津的北方公司实为河北省官卖总机关，每月烟款收入约 100 万元。北方公司“最初本拟公开贩卖，因恐清议不容，刻下仅半开门的官卖，发售销毁证……人民贩运鸦片，须赴该公司购贴销毁证，便可通行无阻。警察宪兵见之，不但不阻拦，且加保护……此项官卖实行后，热河土遂畅销于平津一带”。[①]

蒋介石作为全国禁烟运动的最高领导人对禁烟问题心无定见，往往在一些特定的时段留出一些“特区”来。例如南京国民政府建立初期，为笼络上海帮会流氓，决定闽、粤、皖照旧商办，“独苏、浙两省，以销数最大，特划出归商承办”。结果张啸林发起的信远公司以每月上交 58 万元的代价夺得了商办承办权。同年 10 月初，张因财政部核准“将浙江省的专卖权划归中兴公司分办”后，愤然与信远公司脱离关系。11 月，改组后的财政部见中兴、信远实际上都不可能垄断毒品的专卖，这才勒令它们双双停业。[②] 再如 1935 年，蒋介石到贵州时以委员长的身份面谕省主席王家烈：禁烟“应遵照行营新颁布之条例认真办理”。他又在各界欢迎会上致词强调：“第一，务须除戒鸦片烟，如此点不解决，则各事均谈不到……第二，须明瞭贵州并不穷，如能不种鸦片，改种各种农作物，使生产发达，人民自可丰衣足食。”[③]态度不可谓不明朗，决心不可谓不大。但曾几何时，蒋介石又于 1936 年 3 月 4 日，以国民政府军事委员长兼禁烟总监的名义以贵州“情形复杂”为由，批准了禁烟督察处提出的同意黔省疏通烟土的计划。计划将年产 6 万担以上的黔土“销两广约 2 万担，销两湖约 2 万担，内销约 2 万担”；“除两广内销税经由商贩卖外，两湖重税区域黔商无力，多半走私入湖，不如官收官运，以疏导之”；“黔省收货习惯付价可有一月至两月期限，先付半价即可运货出境……姑以两个月售出计算，资金 50 万元即不准周转，黔省农行可以垫借”。[④]在如此周到细致的安排下，黔土出售自然不成问题。问题是，蒋介石先前在贵阳大声疾吁的禁烟号召也就此烟消云散，不再提及了。

蒋介石还把鸦片买卖作为制服政敌的杀手锏。1936 年，广西发生反蒋的“六一”事变后，蒋介石下令贵州省主席吴忠信、云南省主席龙云禁止将两省的鸦片烟土运进广西，致使广西这年的鸦片烟款收入从 1 000 多万元锐减到 400 多万元。李宗仁、白崇禧最后只得与蒋介石妥协，其中鸦片的因素是不小的。[⑤]

---

① 《冀省鸦片实行官卖》，《申报》1932 年 5 月 6 日。
② 参见刘才赋：《通天教主》，江苏人民出版社 1998 年版，第 94—96 页。
③ 《各省市禁烟概况》，《禁烟纪念特刊》1935 年 6 月 3 日。
④ 《中国禁毒史资料》，第 118—119 页。
⑤ 《近代中国烟毒写真》上卷，第 588 页。

第二节　南京国民政府前期的贩毒

一、中央或与中央有关的贩毒

（一）三鑫公司

该公司在1927年底与国民政府达成秘密合作走私鸦片共同分享巨额利润的协议：前者从鸦片收益中拿出相当的部分报效政府，而政府则默许前者鸦片走私，并在必要时提供帮助。

为了载运毒品，三鑫公司自备3 000吨以上的轮船两艘，业务繁忙时还包洋轮参与运输。这些运毒船只在进口、转驳时都得到过海军和警察方面的保护和协助。1929年5月，三鑫公司派船驶往波斯装载毒品，海军次长陈绍宽为此事"派李世甲与土贩杜月笙、张啸林、林兰圃、张瑞堂、苏嘉善等接洽"。9月，该船装运的1 249箱毒品安全抵达上海，然后公司方面按每箱1 600元的惯例，向海军方面支付了1 998 400元的报效费。

1930年5月，三鑫公司一艘外洋运毒船被国际有关组织发现，中华国民拒毒会获悉后要求驻沪署缉队司令部及海军编遣处严加防查。不料陈绍宽于6月21日上午10时"发万万急电与署缉队司令，禁其干涉"。三天后，陈次长还亲临署缉队司令部，"压迫其部下不许过问"。6月25日运毒船驶抵闵行镇柘林村一带海面，次日大批驳船将运毒船上的洋土转驳至日晖港上岸，由杜月笙亲自押运到法租界。三鑫公司"派多数分子携带行凶器具"对至日晖港抗议鸦片起运的拒毒会成员进行威胁恫吓，"声言系中央授意作此生意，现已到了多少毒品，要不要来看看，威逼立刻离开沪埠，否则置尔等于死地"。上海警方对此次起运也大开绿灯，为了掩人耳目，"交通因之断绝者半夜"。同年，三鑫公司又有700箱波斯鸦片在军方的保护下安全运抵上海，仍按惯例支付报效费100多万元。[①]

三鑫公司在长江上走私鸦片一直得到杜月笙老友、镇江要塞司令王柏龄的暗中关照。王柏龄离任后，接任的林显扬不知三鑫公司与政府方面达成的妥协，于1930年在镇江江面查扣了公司由四川驶往上海的3只运毒木船，并上报了军政部。军政部次长陈仪命陆军署副署长项雄霄下文嘉奖要塞部队，并将人赃解部法办。但此文件上报军委会后石沉大海，久无回音。再一查镇江要塞已将3

---

① 参见刘才赋：《通天教主》，第97—98页。

只木船连人带货统统放走了。陈仪事后了解到，三鑫公司杜月笙等人贩运烟土“与蒋介石是有默契的”，而且远远“不止这一次”。[①]

1932年，法国政府撤销了甘格霖驻沪总领事的职务，法租界巡捕房总巡费沃礼也一并撤职。新任驻沪总领事梅礼霭自天津调来后虽有意整顿法租界的行政与警务，无奈三鑫公司包揽法租界贩毒的格局早已形成，且已经盘根错节，根深蒂固了[②]。因此梅礼霭的整顿很难有所起色。

（二）上海贩土案

1928年11月，招商局江安轮从四川满载烟土驶抵上海。22日凌晨一时许，上海警方发现有大批烟土正在十六铺外滩码头卸轮，当即由第一区巡官李存正率两名巡长、多名巡警前去查办。李存正等人赶到码头时发现现场有卸去牌照的大运货汽车一辆、载客汽车两辆，穿制服的武装士兵20余人，持枪便衣10余人，装运的烟土有大小数百包。李巡官上前查问时，对方有一人持王斌名片称，烟土是我们警备司令部的，你们警察不能干涉。李巡官说，奉有密令缉查，无论何处之烟土，不准通过。话音未落，对方即有一人发令将李巡官和长警8人捕拿上车，关在白云观淞沪警备司令部侦查队内。随同装车的烟土除卸下20包外，其余由原车运往租界。随后侦查队的人解除了李巡官的武装，将其绑捆鞭殴，其他长警则被痛骂逐出。不久，侦查队侦探陶永昌穿便衣从白云观向方斜路行走时遭到警察的盘查，陶衣服内一大包重90余两的烟土被查出。据陶供称，烟土是奉侦探长之命送往法租界望志路一等侦探王斌家收存的。警方后又查获侦查队队员易良武挟带烟土解送到局。据易交代，被查获的一包烟土是他向稽查索要的。事发之后，上海市公安局向上海市市长强烈要求，“迅与淞沪警备司令部严重交涉，以求彻底解决，拯下僚于水火之中”。11月29日，上海特别市市长张定璠上呈国民政府行政院称：“此案竟发生于国际注目之上海，且涉及武装庇运，掳劫官警，情节重大，自应静候彻究。唯报载淞沪警备司令熊式辉迭呈钧院之电，竟诿为在江安轮上缉获烟土……而该部查缉烟土不拘人犯，不究船员，反将奉行职务之官警掳去。经职属公安局长戴石浮于11月5日在属市党政军各机关第十一次联席会议席上提出报告，其时熊司令在座，迄无明白答复，开从来缉捕案件未有之先例。”为此张定璠恳请行政院迅速“派大员彻底查办，并乞严令该部责成将纵走人犯之官兵，先行拘候严讯”。[③]

---

① 项雄霄：《蒋介石与帮会的关系》(2)。
② 《上海文史资料存档汇编》第十一册，第365页。
③ 《中国禁毒史资料》，第875—876页。

11月30日，禁烟委员会主席张之江、司法行政部部长魏道明、司法行政部刑事司长王淮琛率查办人员抵沪，分别向公安局、警备司令部侦查队有关人员查询，但拒不对外公布查询结果。根据司法法院院长王宠惠的建议，由上海地方法院审理此案，涉案现役军人由军法处审处，结果均草草收场。

蒋介石对此案表现出异乎寻常的关心，事先下达手谕："此案事关机密，在未有国府指令之前，毋得外泄。"蒋介石后来又下令上海特别市公安局长戴石浮"即令停职来京听候审讯"。本想认真彻查此案的张之江这时只能以"劳累过度，故拟稍事休息"为名，"辞职养疴"去了。① 事实是蒋系的上海警备司令部熊式辉与招商局江安轮上的烟土贩子早有勾结，这次又私运烟土两万两；而属于桂系的市长张定璠、公安局长戴石浮半个月前接到原西北军高级将领、禁烟委员会主席张之江严饬查拿大批烟土的密函后企图借破获此案打击蒋系的政治声誉。不料蒋介石利用职权死保上海警备司令部，对本无过错的桂系人员横加打击，对此张之江只能以辞职来表示他对蒋介石蓄意包庇鸦片贩子的不满与抗议。戴石浮作为替罪羊被撤职查办，不久获释，熊式辉则始终安然无恙。

(三) 其他有关案件

1929年6月，中国驻美国旧金山副领事高瑛指使其妻廖氏在赴美探亲时携带鸦片，图谋暴利。7月5日，廖氏乘坐日本轮船"高丽丸"抵旧金山时，美国方面当场查出了她携带的鸦片11箱共2 299罐。高瑛夫妇事发后被美方驱逐出境。高瑛一案经江苏高等法院审理后，判处高瑛有期徒刑6年，罚款6 000元；廖氏有期徒刑4年，罚款4 000元。美方曾将这一事件拍成新闻电影，又出报纸号外又出《高瑛事件》畅销书，大肆渲染，使中国的名声受到极大的损害。②

1929年，国民政府财政部在汉口设立清理两湖特税处。该处给各土行发放护照，并派兵护送烟土，变私贩为公运，致使两湖烟禁大开。禁烟委员会从1930年1月9日起就一直要求撤销该处，坚决制止上述做法。同年11月，国民党湖北省党部也提出："两湖特税处不过为清理积存鸦片而设，货罄即应取消，而现在流弊所及，不特为政府公卖机关，且其中藏垢纳污，秽声四播，实授予贪污者以良好的机会。故为杜绝烟害，澄清吏治起见，宜即取消。"③但不知何故，一直拖到1933年，该处才改为隶属于鄂豫皖三省"剿匪"总司令部的汉口督察处。④

1932年9月28日，中华国民拒毒会向国民政府呈文，要求严厉查办政府官

① 转引自郭绪印：《旧上海黑社会》，第27页。
② 参见《禁烟公报》第10期要讯，第70页，《申报》1931年5月7日。
③ 转引自傅建成：《百年瘟疫》，陕西人民教育出版社2000年版，第178—179页。
④ 参见《民国档案》1996年第2期，第91页。

员的贩毒问题。呈文指出:"最近京汉沪各地迭次破获大宗私运烟土,牵涉官吏朋比之嫌,仰祈钧府责成负责机关彻底依法严惩。"呈文认为:"我国烟禁废弛已极,皆缘不肖官吏贪赃藐法所致。"呈文随手列举了两例官员贩毒案:一是9月下旬国民政府参军处萧科长运土五大箱在南京下关车站被宪兵抄获案;二是前国民政府交通部部长王伯群的秘书双清夫人乘永年轮夹带价值200万元的烟土在汉口被查获案。[①] 两案均经报纸曝光,政府当局不得不将案犯拘押待讯,但就是迟迟不见下文。从此人们可以知道国民政府对于"自己人"贩毒的暧昧态度了。

30年代初,国民党特务机关蓝衣社在上海北郊浏河镇附近开设了一制造吗啡的机关。而孔祥熙、吴铁城、杜月笙则在南市保安队队部里也开设了一家制造吗啡的机关。前者将制毒贩毒所得的一部分利润上交蒋介石,作为蓝衣社的特务经费。1932年,不知底细的淞沪警备司令部人员前往浏河,抄没了这一制毒机关。上海市长兼淞沪警备司令吴铁城闻讯后马上采取补救措施,派人发还抄没的东西。不料自恃后台很硬的蓝衣社不肯罢休,随即采取报复行动,派人冲入南市保安队内将对方的制毒机器和毒品也一道搬走。当时蓝衣社的人并不知道保安队内用以制毒的原料——50余万两烟土是蒋介石在汉口禁烟抄获后发交孔祥熙再转交吴铁城、杜月笙具体负责的。案发后吴铁城只好上报蒋介石。蒋介石随即下令逮捕了肇事者双方温应星和蒋群,温应星被押到南昌行营枪毙,蒋群则被监禁3年。[②]

(四) 农民银行

中国农民银行的前身是1933年4月1日在汉口成立的豫鄂皖赣四省农民银行,这是一家以特税即鸦片税为基金而建立起来的银行。1935年,总行迁至南京后改称中国农民银行,以孔祥熙为董事长。农民银行向贵州等地的鸦片商人提供特别押款,"遇到军情紧急,农行的特税不能满足催款数时,或由禁烟督导处召集土行烟馆摊派借垫,然后再在特税项目下扣还;或直接由农行动用各土行烟馆的保证金"。[③] 全国所有的特税收入均由农民银行负责收纳,每担烟土抽特税200元,外加附加费10%,每年总计有二三千万元。[④] 因此,农民银行当时就被人称为"鸦片银行"。

---

① 另一说是王伯群旅行时,行李中竟查出大量烟土,因此丢官,贻笑中外。(《上海文史资料存稿汇编》第十二册,第273页)

② 《上海文史资料存稿汇编》第十二册,第252—253页。

③ 苏智良:《中国毒品史》,第306页。

④ 《近代中国烟毒写真》上卷,第55页。

二、地方军政官员的贩毒

1927—1937 年，某些地方的军政当局不仅私开烟禁，放纵烟犯贩毒，而且为利所驱，自己下海经营毒品生意。不管这些当权人物当时有何苦衷，有何困难，贩卖毒品所造成的恶果是人所共知的。

1928 年底，安徽省主席兼三十七军军长陈调元私自运土案在上海曝光，在次年举行的全国禁烟会议上有人要求严厉查办此案。1931 年，安徽省政府私自在芜湖、大通各大埠设立军警稽查处，抽收烟税，致使省城安庆烟馆林立、乌烟瘴气。得到特税处许可证的烟馆老板“公然售卖，省会公安局亦无可如何”。①1929 年，江苏省政府派专船去汉口运烟土，每次运三五万两，分发全省各县销售。② 1931 年 7 月，杭州破获了一个名叫“华昌油漆厂”的贩毒机关，其运毒木箱上有“国民政府注册”字样，并有江苏省建设厅封条备贴。③ 1934 年 3 月，江苏省政府通过了《江苏省限期禁烟取缔土膏行店章程》，明确规定，“在本省禁烟限期四年之内，为供给登记烟户土膏起见，依照各省吸户之多寡，得酌量特许设立土膏行店”，“凡欲承办土膏行店之商人，须在登记烟民期内分别向省县禁烟委员会注册，并请求发给牌照及凭证”。④ 换言之，只要经过注册登记，领有牌照就可公开合法地贩毒了。

西北军首领冯玉祥在联合山西的阎锡山发动反蒋的中原大战前，下令甘肃省主席刘郁芬在全省贩卖鸦片，以筹集军费供西北军东出潼关之用。刘郁芬每月的贩烟所得约有 40 万—50 万元。⑤ 另外，西北军将领孙殿英、鲍刚、刘汝明等部还自制吗啡、金丹，连同鸦片烟膏一道大量售卖。出货不畅时还胁迫驻地的县长代为强行派销。中原大战结束后，西北军的军人贩毒并未完全结束。1932 年 3 月 21 日夜，十七路军总部运输处长蒋仲珊带领副官士兵从南京装运 9 000 余两烟土抵达杭州时，被浙江保安处查获。蒋仲珊本人脱逃，日后，又进入漳州禁烟分所工作。⑥

阎锡山在山西从 1931—1937 年制造和推销所谓“戒烟药饼”(其实也是用烟土做成的)，责令由各县禁烟委员会负责，并于 1932 年专门设立“禁烟考核处”进行考核，还要求县长们全力帮助促销。阎锡山这样做据说有两大理由：一是抵

---

① 《皖省烟禁内幕如此》，天津《大公报》1932 年 1 月 13 日。
② 《禁毒全书》上册，第 417 页。
③ 《申报》1931 年 7 月 18 日。
④ 同③。
⑤ 《甘肃文史资料选辑》第 13 辑，第 73 页。
⑥ 《中国禁毒史资料》，第 1067 页。

制外省鸦片的输入;二是为修筑同蒲铁路筹集经费。实际上他是想通过禁烟考核处垄断全省的鸦片生意。同年阎锡山在绥远归绥特设敬业祥烟土店,用压价手段广收察绥陕北的烟土,然后运回山西,制成“戒烟药饼”出售。[①] 此外,阎锡山还派人去西北各省,用武器换取军阀们控制的鸦片。“戒烟药饼”共分三等,贴有印花供烟瘾者凭执照购买。甲等每两2元,乙等每两1.5元,丙等0.8元。不仅山西本省卖,而且也殃及河北、河南等地。据统计,仅1931年度“戒烟药饼”每月销售额就达20多万两,以后又增加至30余万两。太原《民报》曾载文反对推销“戒烟药饼”,结果被阎锡山查封。1937年四五月间,阎锡山又在山西收存烟土,抬高烟价。从1932年发售“戒烟药饼”到1937年抗战爆发,阎锡山在这6年中共获利2 000万元。[②]

1933年初,绥远五原县府因禁戒鸦片收效甚微,索性“寓禁于征”,加征烟灯捐,城厢700余盏烟灯分成四等,每灯捐现洋3角至2元不等。[③]

热河省主席汤玉麟,奉系军阀出身,1926年任热河都统,1929年任热河省主席。汤在热河期间除了逼迫农民广种罂粟之外,亲自在热河及奉天设厂制毒。其中以在沈阳南市厂开设的荣庆隆木厂为规模最大,该厂以热河运来的鸦片为原料,提炼制成吗啡、海洛因,并就地销售。汤因此被人称为“阿片王”。1931年4月,沈阳公安局长黄显声经张学良同意,一举扣押了汤玉麟所有的鸦片车皮,给了“阿片王”以沉重打击。[④] 但是直到1933年3月初热河失守后,汤玉麟才被明令撤职查办。茅盾著文指出:“假如汤玉麟之被撤职查办是在热河‘失守’以前,而所以撤职查办是为了他在热河举办苛捐杂税,是为了他在热河勒种鸦片,是为了他在热河制贩红丸、吗啡、海洛因……我们倒免不了会要拍掌称快。”[⑤]

鸦片贸易在广西经济中占有特殊的地位,从1932—1935年,该省烟税每年都在1 000万元以上,以致“鸦片贸易而盛,桂省市场即因之繁荣,金融随之活泼,否则商场萧条,金融呆滞。”[⑥]在梧州、柳州等地的鸦片贩卖特别猖獗。1930年3月,盖有“梧州禁烟局检验”标记的大宗烟土箱在香港被查获。英国政府据以报告国际联盟。[⑦] 1931年,新桂系首领李宗仁鉴于桂系各军明目张胆包运包贩鸦片,使各地禁烟局的鸦片特税得不到保障,就派中将衔的陈雄为柳州禁烟局

---

① 《近代中国烟毒写真》上卷,第214页。
② 同①,第175页。
③ 《绥远五原大开烟禁》,《绥远日报》1933年2月28日。
④ 《“九一八”事变后的日本与中国东北——满铁秘档选编》,辽宁人民出版社1991年版,第98页。
⑤ 茅盾:《哀汤玉麟》,《申报》1933年3月11日。
⑥ 《民国档案》1996年第2期,第92页。
⑦ 千家驹等:《广西省经济概况》,商务印书馆1936年版,第19页。

局长，重点惩治驻当地的第七军军长廖磊及其部下的私贩鸦片行为。陈雄到任后对私贩鸦片的该军中下级军官进行了严肃处理。但当陈准备查抄廖磊公馆中窝藏的大批烟土时却被省主席莫名其妙地调到庆远去当禁烟局长了。① 1934年末，广西禁烟总局长陈雄奉命与广东“烟赌大王”霍芝庭、广东禁烟局长陈文甫在梧州达成“联运杜私”的约章，规定广西运入广东的烟土必须到粤局纳税，每月总运额为110万两，超出部分交的溢额税，45%返还广西。约章实施后因广西烟土畅销，广西每月均得到广东方面一笔溢额的税款。② 1935年，广西省政府与中央禁烟督察处商谈禁烟期间，于某日出动20辆军车满载烟土驶往桂林，被督察处官员萧觉天扣留。事发后，李宗仁声称被查扣的是军车，但又不肯向成都行营交涉，故指使他的监察使苗培成对萧提出擅扣军车的弹劾，要求高等文官惩戒委员会给萧记过处分。南京方面后来同意了李宗仁的请求，但作为交换条件，广西烟政从此纳入中央的轨道。③

1930年3月，广州禁烟处将5万余两鸦片装上行通舰运往汕头，半途因浓雾触礁，被英国官员查出。1932年，陈济棠全面控制广东，当上了“南天王”之后，以整理烟税为名，垄断鸦片买卖。陈济棠的部下霍芝庭等人在军队的卫护下，承包经营全省的烟土，在梧州开办南生公司，购进鸦片，用军队武装押运走私入广东，在省内各县推销。每次有10万两之多，就逃税而论每次获利就达2万元。④ 他们有时还贩运到赣南闽西牟取暴利，所有暴利一部分交陈济棠的司令部，一部分交省财政厅，剩下的为霍芝庭本人中饱私囊。粤桂合作后，陈济棠还组织“两粤公司”，负责鸦片贩运事务。⑤ 另外，广东军政要人在赣南办了不少大商号，其中有某军长出资开办委托代理人经营的，有广东省参议、广东旅赣州同乡会会长直接经营的，都与毒品有关。赣南所有的烟土店均与广东系军人、六十五军军长李振球有密切联系。⑥

1931年，统治湖南的何键派黄金荣的徒弟、吗啡贩子刘益章去凤凰县找割据湘西的陈渠珍商谈合作生产吗啡事宜。经商定，双方在凤凰县设厂生产吗啡，共负盈亏。为了以防万一，便于推卸责任，具体事务由何键的代理人李厚坤、陈渠珍的代理人戴季韬负责运作。1932年，吗啡厂在凤凰县北门昭忠祠投产，后因运输不便改迁到沅陵府城巷一号，又在沅陵柳林汉独立旅第三团团部设立分

① 《广西文史资料选辑》第2辑，第69页。
② 《近代中国烟毒写真》上卷，第616页。
③ 《近代中国烟毒写真》下卷，第256页。
④ 同②，第597页。
⑤ 陈大猷：《一九二六至一九三四年间的广东禁烟》，《广州文史资料选辑》第9辑，第130页。
⑥ 同②，第441页。

厂。两厂使用的化工原料来自日本，被贴上“四路军军用品”的封条，通过各种关卡运来。所产的吗啡最初利用邮包，后改为水路运输，由戴季韬派人护送到常德，交付李厚坤由李负责武装押运出湖南省境，销往武汉和上海。湖南航空处的两架运输机也是何键运输吗啡到上海、两湖和贵州的重要交通工具。1934 年春，何键鉴于国内禁毒风声日紧，于这年夏天下令停办吗啡厂。7 月间，湖南航空处处长黄飞驾机自贵阳回长沙途中，在汉口逗留了一天，住两仪街总商会招待所。汉口禁烟督察处根据驻长沙特务的密报，搜查了黄飞的寓所，在黄的皮箱中查获总重 1 500 两的 150 包吗啡。尽管黄飞再三声称这批货是何主席运往上海制药用的，但仍被带往禁烟督察处。该处早已对何键有组织地携带帐篷武器，大批挑贩，出入贵州苗峒走私极为不满，此次抓住何键的干将自然不会轻易放过。何键闻讯后立即派人去武汉四处活动，企图“以湖南产的鸦片给予督察处公卖，作为了结此案的交换条件。禁烟督察处处长李基鸿颇为所动”，无奈该处缉私主任邱开基坚决反对妥协，结果还是将黄飞解送南昌行营讯办，①1934 年 12 月，被枪决。不过蒋介石事后为敷衍何键起见，找了个借口将邱开基撤职查办，湘产鸦片也自此归入统捐统征的范围。

贵州自周西成 1926 年被蒋介石任命为国民革命军第二十五军军长兼贵州省长后，历任主黔者毛兴翔、王家烈都种毒贩毒，且有后来居上之势。1929 年，毛兴翔掌权后，贵州的烟土发展到了极盛时期。每年运往湖北的黔土约 3 万担，运往两广的有 8 000 担。毛从中收取通关费与护商费约 600 万元。王家烈原先被赶出贵州，驻湖南洪江一带，他在 1932 年重返贵州担任省主席后仍保留部队占驻洪江。因为洪江是当时贵州鸦片出省的唯一门户，占此风水宝地，既可向过境商人收捐，又可自己贩烟出省。② 王家烈在贵州当政后，烟税大减，严重影响财政收入，于是王提出了“三省财经合作计划”。要点为：一是在黔桂两省设立联合缉私处，规定烟土外销须持有完税单和缉私处运销通知单，以保证两省获得烟土税收通关税；二是广东制造“官膏”所需烟土可以直接派人到贵州内地购买，税就可酌情减免。这一计划为黔土的外销打开了渠道，从而使王家烈获得了大量的饷捐。③ 1934 年，王家烈的副手、二十五军副军长侯之担从赤水向四川贩运大批烟土，被蒋介石驻四川的参谋团查获。参谋团负责人贺国光下令宪兵团团长袁家佩扣押侯之担，并予以撤职处分。④ 至 1937 年春夏之间，贵州公然开办

① 戴季韬：《记何键在湘西设厂制造吗啡》，《湖南文史资料》第 17 辑，第 139—142 页。
② 《近代中国烟毒写真》下卷，第 318 页。
③ 《禁毒全书》上册，第 430 页。
④ 同②，第 13 页。

特货税(即鸦片税),按鸦片营业总额的10%征收,至此所谓禁政也就名存实亡了。

1931年,四川禁烟总局为征收印花税、红灯捐、牌照费及各项附加,规定烟馆只能"从新开设,不准自动歇业",因此仅成都一地,全城五六千家烟馆至1932年"不特未曾减少,而且日渐增多"。国民革命军二十四军之修械厂经费、在外代表活动费以及宣传机关之津贴,莫不仰给于禁烟总局每月30余万元的收入。① 在1934年之前,四川处在军阀分防地割据时期,运贩鸦片极为流行。军阀们开设的银行如潘文华的重庆银行、唐式遵的建设银行、邓锡侯的通惠银行、刘文辉的济康银行、杨森、王缵绪的大川银行均投资大的烟商商号,参与鸦片生意。潘文华的弟弟潘昌猷是著名烟贩,此人资本雄厚,凭借其兄的军政势力,与上海青帮头目杜月笙合作,专门贩烟去广东、福建一带销售。1929年7月,时任重庆市长的潘文华伙同二十一军参谋长郭文钦、师长王缵绪合办了一批烟土,装上蜀亨轮,准备走私出川换购军火,开船之前派人向川江航务管理处打过招呼。但蜀亨轮开航后又在唐家沱停靠,上了大批烟土,结果被海关察觉,罚款了事。② 1929年至1930年,二十一军第四师师长范绍增派出徐次衡和王君白为驻上海秘密代表。有一次王君白被法租界巡捕房逮捕,徐次衡通过大烟贩叶清和的门路,找杜月笙说项,把王从巡捕房里放了出来。叶本人为此出了5万元,但从此与范绍增搭上了关系,合伙在重庆设厂制毒,总投资为100万元。分工是:范方负责建厂、运输及厂中人员的安全,叶方提供制毒技师、化学药品、机器和毒品推销。制毒厂出品的海洛因靠着范绍增的势力装入英国亚细亚石油公司及美国美孚石油公司的煤油桶内作为包裹由邮政局寄运,出川时免检。每月由渝寄运二三次,每次有100多桶,货到上海时又贿赂海关驻邮局人员朱立德,盖戳放行。在不到两年中朱共收受贿赂三四万元,重庆制毒厂后因范绍增兵败失势而停办。③

在这以后,成都军阀谢某经徐次衡搭线与叶清和合作。两人将重庆的机器设备和化学药品搬往成都苦竹林江办起新厂。谢在内江的公馆用作囤放毒品原料和产品的仓库。成都制毒厂的账面资金有80万元,谢、叶各占一半。不料工厂开工生产了两批海洛因后谢某就去世了,谢的次子、旅长谢互三马上翻脸不认账,独吞了囤放在谢公馆内的所有东西,新厂又告停顿。④

当时国民政府在出川的水道上设了宜昌特税处,专门征收四川出口的烟税。

① 《黑化的锦城》,《大公报》1932年5月26日。
② 《近代中国烟毒写真》下卷,第27页。
③ 《近代中国烟毒写真》上卷,第131—133页。
④ 同③,第133页。

川军各部的军长、师长在宜昌、沙市、汉口设立了不少办事处，接洽运烟事宜，就地行贿及时疏通关节。川军各部为烟贩们护送、包运烟土，只收相当于特税一半的酬金，但到宜昌后还需花钱打通宜昌特税处的关节。因为四川军长、师长的护照到了宜昌就不起作用了。而宜昌特税处的人在分到了一点好处之后也就不再进行检查了。1934 年，蒋介石派贺国光率参谋团入川，指挥四川包括禁烟在内的军政大事后，四川省主席兼绥靖主任刘湘在其他军阀已不敢公开经营鸦片时，仍以二十一军的名义，派出同心、同德两艘军舰，装上 7 000 担（每担 1 000 两）烟到宜昌出售。事先刘湘口头向贺国光打招呼说："这是二十一军过去剩货，久搁无用，把它卖掉。"①刘湘部的师长蓝文彬及身边有个青帮流氓刘颐章专门为他在长江沿岸码头私贩烟毒和军火。1931 年，有关部门在黄师长家中搜出制造吗啡的原料坯子 2 万多两。② 这年，二十一军的土税收入为 1 000 万元；1933 年，又增加到 1 320 余万元，占其总收入的 1/3。③

二十四军刘文辉部第五旅从 1926 年进驻富顺到 1932 年刘文辉败走西康的六年中，曾在富顺大肆贩运烟土，实行官卖，垄断市场，获取厚利。于是官膏店、烟馆充斥大小集镇，烟民人数几占成年人口的 10%，大大超过清末的数量。④ 二十四军的警卫营是刘文辉的专业鸦片运输营，营长周桂三带领全营弟兄干了 13 年，只失过一次风。刘文辉每年从各县收来的烟捐有五六百担，全部集中在雅安外运出售。⑤ 二十军杨森 1930 年的烟税为 13 652 686 元，占其总收入的 43.59%；1931 年为 10 551 853 元，占总收入的 32.57%。⑥ 1931—1935 年，杨森驻军广安期间设立禁烟总局，拼命勒收禁烟罚款，种烟的收亩捐，不种的收懒捐，并把没收来的鸦片烟土以高价等派给烟商。因此，这四年中广安烟土充斥。⑦

云南省从 1935 年起借口禁烟，实行鸦片统购、统运和统销，成立特货统运处。该处董事长陆子安股本最多，省主席龙云亦有股份在内，另有一些军政要员和大烟商皆有股份。⑧ 省政府为了掩盖垄断鸦片买卖的真相，解决暂时的人力财力的不足，拉拢庆正裕、永昌祥、茂恒等几家大商号投资入股，共同经办。半年之后各统运分处所购烟土纷纷运入省城昆明，由特货统运处分别制成两广、四

---

① 《近代中国烟毒写真》下卷，第 1—13 页。
② 《近代中国烟毒写真》上卷，第 6 页。
③ 傅建成：《百年瘟疫》，第 181 页。
④ 同①，214 页。
⑤ 同①，第 209 页。
⑥ 同③。
⑦ 马宣伟、肖波：《四川军阀杨森》，第 118 页。
⑧ 同①，第 372 页。

川、汉口等各庄需要的鸦片四五千箱，分别派人担任南宁、重庆、汉口分处主任，负责对外统运统销的任务。从1935年5—12月，共外销四川、广西、武汉等地烟土59万两。特货统运处在摸清各地产烟的具体情况、安排好了各地的分支机构和人事后，将庆正裕、永昌祥、茂恒等商号退出，鸦片改由永茂公包销。然而永茂公就是由永昌祥、茂恒和庆正裕三家商号合组而成的。因此在具体卖烟业务方面，在重庆由永昌祥经理杨润馨兼代经销、叙府由庆正裕经理向仰高兼代销。永茂公在贩运鸦片的业务方面得到了省特货统运处的种种方便，获利很大。而同一时期与统运处没有关系的一般商人的贩烟生意则大受影响，因为禁止商贩私运，违者一律没收，加上资金周转不灵，相继倒号。永茂公又乘人之危在宜昌以廉价接受了他们300担鸦片，用此作抵债务，至1938年永茂公竟获利156万元之多。① 另外，省主席龙云还任命蒙化县晏旗厂大马锅头马某为特货统运处副处长，并与之结为干亲家，命其专门贩运鸦片。至1938年，中央政府察觉此事统运结束时，凡参与鸦片贩卖的大小官吏和地方实力派人物无不因此发了大财，原先待运的云土3 000余箱交省财政厅保管。②

三、普通民众的贩毒

上海在1932年"一·二八"战役后，法租界突然宣布禁烟禁赌。法租界之外的闸北本来也有不少私贩鸦片的场所，但大多毁于战火，于是南市九亩地烟土市场应运而生，前后有80余家售卖烟土的土行在此营业，一般都在各自的招牌下加上"金号""米号""汇票庄""纱布庄"等字样，略加掩饰。土膏行的开设成本最少要三四千元，资本最大的达五六万元。大的土行人员可达三四十人，经理、司账、伙计、学徒一应俱全。在这一行当中以潮州帮和大埔帮最有势力，其次才是温州帮、台州帮和苏州帮。上海烟土的直接来路大都操纵在少数极有权势的大土商手中，能直接到云南贵州产地直接收购烟土的大土膏行还是很少见的。③

原在上海从事制贩毒勾当的陈昆元(又名陈鹤龄)于1932年北上天津，在日租界寿街(今兴安路)开设康昌洋行，与杨风鸣、吉某、甄某并称制毒"四大金刚"。其中，又以陈的势力最大，人称"白面大王"。④

叶清和在与四川军阀合作的制毒工厂相继关闭后，于1931年底在上海法租界十三层楼附近开办海洛因加工厂，该厂以与上海黑社会有广泛关系的黄新发

① 《近代中国烟毒写真》下卷，第364页。
② 《禁毒全书》上册，第445页。
③ 《近代中国烟毒写真》上卷，第93—95页。
④ 同②，第467页。

为负责人。次年夏天该厂迁至公共租界的虹口，所有产品先由上海运往天津，再由天津春日街一个日本浪人经手，转销华北、东北、西北各省。后来叶清和得罪了另一大制毒贩雷福江以及与雷关系密切的公共租界工部局华人侦探队长陆连奎，工厂被查封没收，本人被抓，后由申大彬行保外就医。叶获释后与陆打起了官司，最终打到高等法院还是败诉，前后连保金、律师费、赔偿铺保损失费等共花了 20 多万元。工部局为了袒护陆连奎，欲重新逮捕叶清和，叶只得逃离上海去厦门避祸。

1933 年，叶清和逃到厦门时正值十九路军省政府查禁烟毒，当地鸦片每两批发价涨到了 4 元 5 角。叶见鸦片买卖有厚利可图，于是与日台浪人施范其、曾厚坤、陈长福（此三人都担任过厦门“台湾公会”的会长）以及另一日台浪人，共同开设五丰公司。总公司设在厦门曾厚坤的坤记洋行中，另在福州开设分公司。五丰公司专门从香港走私波斯烟土进口，它的生意受到了十九路军高级将领谭某的庇护。1934 年 1 月，南京国民政府派大军围攻十九路军组织的福建人民政府，五丰公司决定将福州分公司所存的鸦片撤回厦门，以免损失。但数万斤鸦片运至半途，厦门已被国民政府的海军占领，于是只能暂时寄存在惠安县涂岭乡章受卿家，条件是将来提取时章可留下 30%。时任进剿十九路军的东路军总司令蒋鼎文进驻闽南后军饷短绌，叶清和闻讯后为了搭上与蒋鼎文的关系，自动报效了数万元。不久国民政府决定在全国实行鸦片“寓禁于征”的政策，鸦片（又称特货）公卖归商人承包。在蒋鼎文的推荐下，叶清和于 1934 年 9 月组织的鹭通公司包揽了闽南经销“特货”的特权。鹭通公司设在厦门升平路惠通巷 7 号，叶清和任董事长，曾厚坤、陈长福、林滚等人为股东。[①] 在公司职员中有蒋鼎文介绍进来的十多个浙江人。厦门有名的日籍台湾浪人头子李良溪、陈粪扫被聘为公司的正副缉私队长。叶清和的弟弟叶谦逊和陈尚彩被公司派往福州，负责闽北的业务以及与有关方面的联系。公司包销闽南特货的条件是每月向禁烟督察处福建办事处厦门事务所纳税 7 万元。鹭通公司在闽南各县遍设代理处，其中有金门的浯通公司、龙溪的龙通公司、海澄的德通公司、永春的百龄公司、泉州的泉通公司、德化的百合公司、仙游的仙通公司、南安的南通公司、惠安的惠通公司、同安的同通公司、安溪的溪通公司、南靖的靖通公司。上述分公司即代理处负责当地的鸦片包销。鹭通公司专卖的特货主要从汉口用专轮运来。每次有 1 000 箱左右，每箱重量 1 000 市斤，每块烟土上都贴有“特货”的印花。

叶清和还独资在老叶街（今开元路）开设源兴行，经营鸦片的批发。1935

① 《近代中国烟毒写真》上卷，第 454 页。

年，该行迁址番仔街(今升平路)。1936年，福建省保安处以开会讨论中央禁毒法案为名，于6月上旬通知叶清和赴福州开会，并在6月9日即会议结束当晚11时许秘密将准备次日凌晨返回厦门的叶清和绑架，后来移送南京，以公膏渗浆、破坏特货信誉、非法牟取暴利的罪名判了他5年徒刑。1937年，“八一三”事变不久，囚犯叶清和在由南京转移芜湖的途中潜逃，经汉口转赴香港。① 1944年，叶清和在广东从事走私活动时被中共领导的东江纵队捕获处决。②

福建省晋江县张林乡在南京国民政府时期是小有名气的毒窟。一乡当中有大小制毒公司40家，从事制、贩、运毒品的户数占全乡总户数的80%。他们从广东汕头等地买进鸦片加工提炼成吗啡，再销售到莆田、仙游、惠安等县。晋江县安海镇还设有贩毒专行，大毒贩蔡尤见先后贩运鸦片2万余两。在省城福州有长乐帮、福州帮、马尾帮和温州帮四大贩毒集团，其中，以林亦贵为首的长乐帮在1936年勾结官府贩运烟土10万两。③

南京国民政府时期广西仅梧州一地经营烟土的批发零售商号就有三四十家之多，因而组织了名为联安堂的同业公会，邓善卿任主席，吕桂聪任干事。公会下属的批发商有仁生、裕生、恒安和等20家；零售商号有20余家，有名的有谦和、安利、安和、昭信等10余家。另有属于公会行业范围的二三十家烟馆不参加同业公会，还有梁仲唐、黄泰初、吕揖堂等十余名走帮经营烟土的，属行商性质，也未加入同业公会。1926年至1935年是梧州烟土行业最兴旺的时期，1935年全市公开的销土量达六七千万两，以当时每两烟土价值白银2元计算，营业额达白银1亿元以上。经营鸦片的批发商号都与官府、帮会势力和外国侵华势力有勾结，如公发庄经理陈楚帆，勾结广东军阀陈济棠，用军队武装护运整船的鸦片走私去广东；桂成行经理郑健民，以新桂系财政厅长黄钟岳为后台老板；恒安和经理杨贵和、广新经理罗臻林均与上海青帮头目杜月笙有来往；裕生行经理许港仁本身就是英商亚细亚火油公司梧州的代理人。在零售商中，安和经理李国平的生意最为红火，每天零售烟土1 000两以上，其他小字号每天只销售三四百两。走私、低价大批进货、赊销是安和做生意的常用方法，直到1937年该号在禁烟结束时，拥有的资金已达桂钞100多万元。谦和与宏信则将加工好的熟膏分成1两、5两两种规格装入小铜盒，携带方便，在梧州、广东、香港等地均极为畅销，每月可获利四五千元。④ 在西隆县，自称苗王的杨福应被当局击毙后，其甥

① 《近代中国烟毒写真》上卷，第134—145页。
② 同①，第454页。
③ 《禁毒全书》上册，第402页。
④ 同①，第600—607页。

杨登鹏遭到了逮捕。1935年冬，杨登鹏带了少数人马去投奔匪霸陆尔福，在黔桂边界打家劫舍，抢劫烟贩，有一次还洗劫了贵州安龙县城。1937年初，杨、陆矛盾爆发，杨带了几个随从躲到云南广宁县。①

1929年至1932年，毛光翔治黔时期是贵州烟土生产和外销的鼎盛时期。当时一帮一帮烟商采购了黔土之后，在麻江集中沿清水江经剑河、锦屏、翁铜，直抵湖南洪江，每帮运烟数量在2 000—6 000担。每年运往湘南的黔土约在3万担以上，运往两广的黔土，每年在七八千担以上。②

30年代前期，云南滇西六七百家商号中有两三百家是专营或兼营鸦片的。1931年，才立号的庆正裕商号经营大烟生意，将云土运销至四川、广西、湖南，复春和与和兴昌两家商号也把大批烟土运销到广西和湖南。③

在四川，原重庆盐帮会长曾俊臣开始经营鸦片烟贩销业务，在短短的四五年中成了川帮特商中最有名的巨户。当时的重庆是川土最大的集散市场和向省外运销出口的码头，又是云南、贵州两省烟土运出西南的转口要道，鸦片每年进出的数额很大。曾俊臣在先前经营富丰盐号时已附带贩运过几次，数量虽然不多但已尝到了甜头。1935年，国民政府四川当局进一步放宽了对鸦片的政策，由政府出面招商承办土行，给予专办进出口运销、代客买卖、报关上税等垄断特权。而曾俊臣认为自己在担任盐帮会长的十多年中为军阀刘湘筹垫了不少军饷，与军政界上层人士有着很好的人事关系，于是决定在1935年下半年组织鑫记土行正式经营鸦片烟土生意。鑫记土行是川省一二十家承办土行中最早的一家，由时任川盐银行常务董事兼经理石竹轩、货物税局局长李春江和曾俊臣三人合伙创办。石任董事长，曾任总经理，李作后台老板，总股本10多万元。该土行的主要业务是在川黔各主要产地设庄收购，运至重庆加工后再运往湖北销售。在最初的一年中，鑫记从几百千把担做到几千担，十分顺手，于是放胆大干，后来最多的一年做到一二万担，各地存货总额最多时有一万担以上。1936年秋各地烟价因政府方面增税暴涨了半个月，这使鑫记土行的存货每天增值约近10万元，曾俊臣着实发了一笔意外横财。如此一直搞到1937年官方出台垄断鸦片统购统销的新政策为止。曾俊臣审时度势，决定暂停业务，准备收场。④

理县在南京国民政府时期成了川省主要的鸦片产地之一。1928年时，该县五屯地区鸦片年产量就有数千两之多。当时从灌县、成都赶到理县贩运鸦片的

---

① 《民国人物传》第七卷，第269—270页。
② 《近代中国烟毒写真》上卷，第12页。
③ 《近代中国烟毒写真》下卷，第447—448页。
④ 同③，第41—46页。

外地烟帮也日益增多。这些烟帮都是哥老会系统的，每个烟帮有数十人，带有少量的自卫武器，到了理县杂谷脑码头就拿出本码头的香堂名片与本地的哥老会大爷洽谈生意。杂谷脑本地的哥老会大爷当然不会放过这笔送上门来的大买卖，他们派出兄弟伙到产地收买鸦片，然后集中到杂谷脑统一卖给外地烟帮。①

1929 年，有济康隆、孟康和、裕丰祥等烟土公司 25 家，均悬挂牌号，装用电话，建设堆栈，雇佣经理，公开营业。

在湖北汉口，据有关材料统计，1932 年全市烟毒行业的行商户数和从业人数及资本都超过了当时的粮食业。② 武汉的"烟土大王"赵典之在 1927 年夏去上海避风期间收到了李耀珊等人的邀请信，敦促他返鄂重新主持特业公会。赵应邀返鄂重操旧业之后，特税收入因此有所增加。当时赵与鲁履安合资经营的福记、顺丰土栈是他的摇钱树。"湖北省政府主席何成濬、武汉警备司令叶蓬等均为赵贩卖烟土的得利者"。③ 当时赵典之拥资百万，由他独资经营的庄号有汉口的鼎泰祥，另在湖北的宜昌、沙市、襄樊、老河口及荆、府河沿江、铁路一带，河南的信阳、明港、确山、驻马店、漯河、许昌、郑州、西平、遂平、周家口，湖南的长沙、湘潭、益阳、常德、津市、洪江，四川的重庆、万县、丰都以及南昌、芜湖、上海等地都有正规的庄号，以经营杂粮、棉花为主。1930 年，赵典之关闭了分布在各地的庄号，只留下几个点和少数亲信人员办理善后。1933 年，禁烟督察处处长李基鸿辞职后，赵典之更是认为今后度日维艰，于是把特业公司交给潘新臣代理，自己洗手不干了。不过他利用特业公会的十几万元余款建造了汉口商业银行的房子。他筹建银行所需的 100 万股金绝大部分与鸦片沾边：其中，有特业公会余款 20 万元，潘新臣等征集云贵川运商集资 30 万元，赵本人及亲属认股 40 万元，余款由总商会会长周星棠负责劝认。商业银行开张后赵典之出任董事长，至少在表面上告别了极不光彩的贩土生涯，挤进了实业界的圈子。④ 无独有偶，杜月笙在四年之前就在上海开办了中汇银行，尽管这家银行收存了不少烟赌游资，但总算是杜月笙生平第一次搞的正当职业，由此他加入了上海总商会，成了总商会的正式成员。在近代中国的贩毒史上像这样以贩毒起家，并开办私人银行，力图改善形象，跻身主流社会的毒枭是极为罕见的。

在陕西、山西黄河两岸则活跃着一支支武装护卫烟土走私的"土客"武装，其成员多为生活无着、铤而走险的无业游民，在护卫烟土走私之余打家劫舍，抢劫

---

① 《近代中国烟毒写真》下卷，第 169—170 页。
② 《禁毒全书》，第 408 页。
③ 同②。
④ 《近代中国烟毒写真》上卷，第 535—538 页。

成风。吕梁山区的师治贵部是当地土客中势力最强、影响最大的一股，活动在孝义县西宋庄以及灵石、寺义、隰县二县交界的温泉一带。师治贵本人长期混迹江湖，生活腐化，挥金如土。1931 年初，他与中共山西党组织有过一段短期合作，但因其本质未变，强令派去该部当班长的阎红彦、白锡林等人缴枪离队。不久，师又自行解散他的部队，潜逃平遥。[①] 同年 9 月，长期在黄河两岸活动的武装土客杨琪、杨森、杨鼎和师储杰等部见红军晋西游击队在寨儿山、营盘山等地连打胜仗，先后主动要求与游击队联合行动。游击队领导人经研究同意了他们的要求，但同时要对方服从领导，遵守纪律。10 月初，师储杰、杨琪等武装土客连同游击队步骑共 300 余人突袭瓦窑堡，一度攻入城内，在陕北引起了较大的震动。[②]

第三节　外国侵略势力在华的贩毒

一、日本人在中国的贩毒

自 20 世纪 30 年代开始，日本在中国的贩毒活动日益猖獗，取代了英国、法国等老牌的帝国主义国家。在日本帝国主义的蓄意包庇下，东北的日本租界或居留地成了这一地区的毒品销售中心。如沈阳日本租借地内有鸦片烟馆 200 余家，吗啡馆 10 余家；长春日本居留地有烟馆 500—1 000 家[③]；"'九一八'事变前，安东中国人居住区的街道上烟窟不过 20 家，而且租界则有 500 余家"。[④] 另外在大连海关，以洋药名义进入的波斯、朝鲜鸦片根本不受查禁。1929 年，有 9 名日本商人以行医为名到处推销吗啡、高根、海洛因等毒品，在昌黎被中国官员查缉捕获后，被驻扎在山海关的日军强索释放。这批人被处以轻微的罚金后一如既往，继续贩毒。6 月 3 日，中国外交部致函日本领事馆，要求日本领事勒令这 9 名贩毒者离开根本不是通商口岸的昌黎，但日方置之不理。又据 1930 年 3 月 21 日天津《大公报》报道，河北"昌黎密迩热河，运输烟土，十分便捷"。日本人借通商为名，在当地租房居住，专售吗啡、白面、海洛因，"勾结当地浪人，窜乡转卖"。[⑤] 1935 年，一日本人雇用的华人因私贩鸦片被昌黎县长梁熸依法惩处后，

---

① 参见《中共党史人物传》第 28 卷，陕西人民出版社 1986 年版，第 76 页。

② 同①，第 80—81 页。

③ ［日］江口圭一：《抗日战争时期的鸦片侵略》，《国外中国近代史研究》第 19 辑，中国社会科学出版社 1992 年版，第 92 页。

④ 王宏斌：《禁烟史话》，第 180 页。

⑤ 《民间可骇之新流毒》，天津《大公报》1930 年 3 月 21 日。

山海关日本警长佐藤即于7月31日到县要求给付6 700元，作为赔偿充公鸦片及罚款之费。在遭到中方严拒后，佐藤于次日出动士兵30余人包围县署进行要挟，县长被逼无奈，出资2 500元，其围始解。又据1935年的报告，1935年11月“冀东防共自治政府”出台后，日本便在冀东“非武装区”内大肆制毒贩毒。“冀东政权的首都是通州，毒品就是在日军特务机关默许下在其首都郊外公开制造的。以海洛因为主的各种毒品，从冀东滚滚向华北五省区输送。全满洲、关东州都因冀东地区的景气而活跃起来。日本青年中未足征兵年龄者，鲜有不染指海洛因制造和贩运的”。为了纵容毒品走私、日本宪兵甚至给日本的海洛因业者以“安导券”，“这张‘安导券’不只是一个要什么有什么的聚宝盆，而且因为中国与满洲的官府畏‘安导券’如虎，有了它的保护，那就绝对安全了”。[①] “自热河设立鸦片专卖以来，中国私贩之至该省运烟者，辄为日军拘获，目为反满抗日罪而枪毙之；故刻下作此项营业者，仅日人及高丽人，多少经日军之默许也。日本及高丽私贩，受日军之保护，由热河将鸦片运至长城与天津间之战区，再运至唐山一埠，该处现成为分配烟药之中心。不独此也，在战区内，凡日人或高丽人所开之商店，几莫不售卖烟药。倘经中国官厅查禁，日军立即出面干涉”。[②] 至1936年，日韩人在河北全省所设烟馆已达700余家。[③]

1934年12月，日本在热河设官价收买烟土局，至1935年2月底，已收购热河烟土1 426 000两，然而官土局再将此烟土“以70万两运至沈阳，设厂提炼吗啡、海洛因等毒品外，其余736 000两均经次第密运进关，于平津及上海等处设立分销处”。[④]

与此同时，某些日韩浪人在日方的支持保护下勾结中国地方痞棍将热河以及东三省所产烟土大批输入长城以南，运销各县。中方军警查缉稍严，动辄发生交涉。

“九一八”事变后，天津日租界居留民团主事田中助太郎命其妻弟在桥立街（今北安道）公开设厂制毒，日本特务在明石街也设有毒厂。[⑤] 日韩浪人也以天津日本租界为据点，暗设机关，制贩毒品。在天津，从热河运入的鸦片被称为北口鸦片，有人认为天津是日本人在华北私运毒品的中枢，各类毒品“在天津日本租界内，均有出售，且取价低廉，供给极为便利”。[⑥] 中国毒贩所居的旅馆也均在

---

① ［日］江口圭一：《抗日战争时期的鸦片侵略》，《国外中国近代史研究》第19辑，中国社会科学出版社1992年版，第94—95页。

② 《禁烟纪念特刊》1935年6月3日，第84—85页。

③ 《中国禁毒史资料》，第1577页。

④ 第二历史档案馆馆藏：参谋本部抄送热河烟土官收私运情形密函（1935年3月19日）。

⑤ 《禁毒全书》上册，第467页。

⑥ 《日本在我国贩毒情形》，《申报》1937年3月21日。

日本租界之内。在1937年5—6月间召开的国际联盟鸦片咨询委员会第22次会议上，埃及代表拉萨尔·巴迦说："天津的日租界是当今世界上制造海洛因和吸食鸦片的神经中枢。确切地说，挂着洋行和外商招牌而经营鸦片或海洛因的魔窟已逾千家。不仅如此，还有公开贩卖白色毒品的旅店等各种铺号数百家。200余海洛因制造点散落在面积不过四万平方英里的日租界，1 500名日本技师和1万名中国工人为制造海洛因而忙个不停。因这一行当盈利甚丰，原料供应充足，故每天都有新厂开张。这种工厂居然成了许多人的谋生地。这一来，在任何店铺中几乎都可以买到海洛因。天津出产的海洛因质量上乘而且价格便宜，每克零售价仅为中国银元一元，批发价每公斤为500元。"①

在北平，中国毒品贩子的烈性毒品来源"十九购自朝鲜人与日本人"。不仅如此，而且居住在北平市区的朝鲜人"倚依领事裁判为护符，敢于公然贩卖"，致使北平毒品来源无法遏止。②

在山东，1928年，日本侵略者为了阻挠国民革命军继续北伐发动"五三"事变，济南的商业受"五三"惨案的影响很不景气，受损巨大，"唯日本当铺及白丸生意，则乘机大发其财"。市内营业不佳的各日商"均兼理白丸、吗啡副业，几乎触目皆是，不下数百家。警察在门外值岗，门内即公然开灯吸吃白丸，警察熟视，不敢过问"。③ 1929年8月21日，济南警方会同日本领事馆职员前往华北洋行、回春药房、长隆洋行、泰隆洋行、天地洋行、义清洋行、济南公司和山浦洋行等8家日侨商行搜查，当场查获大批毒品和制毒工具。8月26日，山东交涉员致函日本领事，要求严惩罪犯。在山东的一些根本不是通商口岸的县城亦有日本烟贩违反条约，擅自居住，贩卖毒品的踪迹。1930年，光是日本人设在高密县城内外的洋行就有共荣、天龙、寒川、九山、美达、隆昌、三达、金冈、金城等九家，"明为洋行，暗售毒品，流毒无穷，欺凌不已"。④

青岛在被日本霸占时期，各种毒品均可公开贩卖吸食，故早有毒窟之称。1923年，中国政府接收青岛之后，虽经厉行禁烟，但收效甚微，原因是该市"贩卖毒品店均系朝鲜人（间有日人），恃领（事裁）判权为护符，为此非法营业"。中国警方明知其违法，却不能直接查抄拘捕，只能通知日本领事馆，由日领馆派出日本警察会同办理，而日领馆本身对此类案件持纵容态度，予以罚款5元的处分，

① 转引自《国外中国近代史研究》第19辑，第96页。
② 《各省市禁烟概况》，《禁烟纪念特刊》1935年6月3日。
③ 《日人在济无恶不作》，上海《民国日报》1929年1月15日。
④ 《高密日商贩卖毒品》，上海《民国日报》1930年6月27日。

因此，至 1935 年 6 月青岛的毒品店已不下 400 余家。①

福建自 1928 年 10 月实行禁烟后，在福州、厦门两地的日籍台民假日本领事为护符，公然开设烟馆土栈，破坏烟禁。据 1930 年春统计，在福、厦二埠台民共开设了 400 家左右的大小烟馆土栈，每天的营业总额在 10 万元以上。其中，在福州开设的有：合源洋行、永华洋行、财记洋行、东光洋行、春大洋行、宝泰洋行、仁源洋行、山海洋行、意发洋行、甡兴洋行、三信洋行、合春洋行、日兴泰洋行、松山洋行、公平洋行、高德记洋行、源泰洋行等 139 家。在厦门开的有王南波、李审康、黄氏粉、蔡大卢、卢氏元奶、欧添、欧添旺、吴光彩、谢文秀、许兆来、华顺英、陈添福、李增佐、叶永昌、陈阿头、李金、陈澜嘴等 203 家。这些烟馆土栈的业主"大都为无业流氓，或经犯案而逃来者……有日间破案，夜间复业，亦有经破获三四次而今仍在开设者"。中国警方若要搜查他们，非会同日本领事所派的人员不可。而"日领署人员，每与籍民私通声气，未经搜查，早已闻风收拾净尽。有时为敷衍计，亦不过弋获三（两）无赖籍民，尚须移归领署讯办，中国官厅无法过问"。② 1929 年春，驻厦门日本领事在中国官方再三交涉下承诺，"令台湾公会自动亦组织一禁烟委员会，自施其禁烟政策。日籍民之售烟，售自售，吸自吸，中国禁烟专员不能过问"。当时，因有日人作梗，故"大资本之土栈均日籍，其贸转盛"③。1930 年 8 月 15 日，中国官方依法取缔设在福州高节里 5 号的烟馆。日本领事硬说那是一家由台湾人侯意开的海产店，派人强行撕掉中国官方贴的封条。次年又一家福州烟馆被取缔后，日本领事又故技重演，不过加上了日本领事馆的封条，意在包庇日本毒犯不受中国法律的制裁。中国外交部就此提出抗议，日本方面根本不予理睬。

上海作为我国最重要的一个通商口岸，日本人自然不会把它放过。在 20 世纪 20 年代末 30 年代初，日本人私运大批烟土，每每谎称是运往大连制造麻醉品的，其实是暗中运入上海的。1929 年 10 月 20 日，日轮长丰丸运土四五百两抵沪；次日，日轮洛阳丸、岳阳丸分别运烟土 798 磅、600 斤到上海，均被破获。④ 1930 年 11 月 20 日清晨，江海关在停靠在浦东码头的德国货轮克洛校号上查获了日本人购买的烟土 100 箱，重 19 400 磅、价值 100 万元。案发后，"私贩日人利用多金向各方面极力活动，希望将原物发还。日本当局亦力为设法"。⑤ 中华

① 《各省市禁烟情况》，《禁烟纪念特刊》1935 年 6 月 3 日。
② 《日人在闽庇烟纵毒》，《民国日报》1930 年 4 月 13 日。
③ 《厦门禁烟与日本籍民》，《申报》1929 年 3 月 6 日。
④ 《近代中国烟毒写真》上卷，第 91 页。
⑤ 《中华国民拒毒会要求焚毁查获的日人烟土》，《民国日报》1930 年 12 月 3 日。

国民拒毒会获悉后强烈要求政府方面尽早将扣押在江海关的这批毒品全部焚毁，并彻查走私者。

在1937年上海“八一三”战事爆发之前，除了大小汉奸之外，平时追随日本军人或宪兵的不是朝鲜籍或来自台湾的翻译便是中国内地的跑腿。这些跑腿们“靠着主子的声势，狐假虎威，无恶不作……自己都经营着一种副业，就是贩毒”。当时上海闸北警局和租界警局看见这种人都熟视无睹，听之任之。即使偶尔加以逮捕，马上就会有日本军政当局出来保释，因此这帮跑腿的作恶贩毒，更是有恃无恐。①

汉口的日租界是日本毒化华中地区的大本营，日租界内的制毒场所和贩毒机关星罗棋布，不胜枚举。较重要者有出售吗啡店户20处(其中3处由日本人主持)、贩卖红丸场所6处和经售鸦片营业所2处，“皆由日领署予以保护，用种种秘密方法运出界外，复有大批毒品以卡车装载，在日军监护之下，运往法租界及特三区之两日商药房”，专为供给汉口及分销外埠之用。据1936年1月汉口市政府的报告，在汉口日租界中有吗啡制造厂4处，各厂之吗啡原料来源除由租界内就地制造外，“其余既自上海日商永福洋行运至汉口，再由汉口日商永进洋行转卖各分销厂”。各厂制造吗啡时，为严格保密，常在子夜后一二时开始工作，其销售方法更为诡秘，“由引线将银货用纸包妥，各掷一处，暗中传递”。吗啡零售价每两60元左右，红丸每包24两，均售洋52元至54元。

1937年8月，日侨退出汉口租界，中国官方在接收后由汉口市公安局采取行动，查抄了新小路4号、11号、13号，中街94号、96号、100号、138号、140号，同安里14号、16号，重阳里60号，福川里4号、6号、12号，康玩里3号、5号，农和街89号等各著名毒品制造场所，抄获制毒机及吗啡、海洛因等毒品甚多。上述各制毒机关均有日本人的股份在内，按月领取陋规的日警则从中包庇，内部“除设有地窖外，或于天花板上设置密室，或于壁室内私置暗房，一切布置，均极严密”。② 至此日本人前此盘踞汉口租界制毒贩毒之重重黑幕被彻底揭露。

二、英国人在中国的贩毒

与中国订有条约承诺限期禁止鸦片输入中国的英国总体上是履行了条约，但对中国的毒品走私并没有完全停止。

1929年4月4日，英商大通轮运土案在上海被破获，共搜出烟土5万两，英

① 陈存仁：《抗战时代生活史》，第166页。

② 《日本在华中一带制毒和贩毒情况》，《禁烟年报》1937年度。

国领事竟然要求发还。①

1929 年 9 月 5 日，英国军舰培忒号装运私土多件由重庆驶往汉口，停泊在特三区四码头江面。事先获得情报的武汉总检查所立即通过交涉署照会英国领事会同海关登舰检查，当场在舰内查获私土 91.5 斤，重 1 464 两。中方一面将走私烟土查扣，一面向英国领事提出强烈抗议，称“兵轮往来长江，原为保护外侨商务，今竟装运私土，实属违背条约，妨碍烟禁”，并提出今后要派员检查往来川汉间的英国兵轮，“以维国权而重烟禁”。②

1930 年 1 月 13 日，英商太古公司大通轮上冒充中国药材的 55 担烟土在上海被查获，价值在 10 万元以上。

上海为水陆运输要冲，加上租界的存在，向为毒品之渊薮。1931 年 6 月初，公共租界五马路中外药房秘密贩卖毒品案被曝光。经查，该药房五股东之一徐凤甲是个贩卖吗啡之惯犯，早在 1922 年就因贩毒在哈尔滨被捕，判刑一年。此次他又将吗啡、高根、烟灰等毒药暗藏药房之中秘密出售，害人匪浅。③ 1934 年 6 月，上海实行《严禁烈性毒品暂行条例》之后，制运售吸毒品之徒均利用租界作为避重就轻之所。凡淞沪警备司令部与公安局要求租界方面相助拘逮或移案审理的毒犯，“该租界当局往往拒绝引渡”。另有外国浪人勾结本地土棍，利用警权不统一，专门选定租界与中国地界接壤之区，密设制造或储藏毒品场所，便于此拿彼窜。中方即使查实后，通知外国领事办理手续也是费时甚多，案犯不是逃走便是毁灭证据，“即使查获，亦多由领事提回，轻轻罚款”。④ 这种情况不仅在上海公共租界存在，上海法租界也不例外，严重阻碍了上海地区的禁毒工作。

三、广州湾三有公司

1899 年，法国帝国主义强租广州湾之后，一面公开贩卖推销鸦片，一面怂恿中国人设立烟馆，用鸦片残害中国人民。至 1911 年，在广州湾的烟馆已多达 20 多间。进入 20 世纪 20 年代，随着国际上禁烟呼声的日盛，广州湾的毒品货源大为减少，法国当局的烟税收入也逞锐减之势。

在此大背景下，广州湾法国当局策划将过去在云南、广西做烟土走私生意的嘉惠庄改名为三有公司。三有公司是由三方面的人物集股开办的：一是地方实力派人物；二是越南与云、贵、桂官方有联系的人物；三是香港地区的所谓高等华

① 《近代中国烟毒写真》上卷，第 91 页。
② 《汉口破获英舰私运烟土》，广州《民国日报》1929 年 9 月 7 日。
③ 《贻害社会之贩毒机关》，《小日报》1931 年 6 月 2 日。
④ 《各省禁烟概况》，《禁烟纪念特刊》1935 年 6 月 3 日。

人。三者分工明确：第一种人操纵公司实权，第二种人负责为公司采办、走私烟土，第三种人负责在港澳地区和南洋群岛一带推销和走私公司的熟烟膏。1928年春，三有公司在广州湾赤坎民权路挂牌开业，另在广州湾西营设有分公司。三有公司在行政上隶属法国管理，在经济上以香港东方汇丰银行为后盾。

三有公司成立后，为了保证资源充足，便通过广东禁烟局允准，派人专程赴云南等产地采购鸦片，经海上运回广州湾。公司以鸦片为原料加工煮成烟膏后，先送股东们或送吸烟的巨头品尝试味，获得他们的认可后才起锅分发包装。凡三有公司出售的烟土都有注册商标，要分销此种烟土的烟馆必须到公司申领营业牌照，同时必须按时向法国当局缴纳烟税，否则公司有权取缔或吊销其已经领到手的营业牌照。公司的决策者们还时常假借救灾赈济，筹款办学，堵修海堤等名目提高公烟的价格，做到名利双收。

由于鸦片这类原料属于违禁品，只能通过走私的渠道才能解决货源问题。为了应付英国设在海上的关卡，三有公司动足了脑筋。其高招之一就是在轮船底仓放鸦片原料，然后将广西、海防等地买来的大米覆盖在其上面，每每得以蒙混过关。高招之二就是使用捕鱼的大机帆船在午夜驶往公海某指定海域，快速从公司另一艘表面上从事生产、海鲜贸易的"天成号"轮上卸下其暗藏的熟烟膏，然后各自分道扬镳。

1938年，广州沦陷时，三有公司的股东们预见到广州湾可能要受到中日战争的影响，便将公司盈利款3 000万元大洋存入东方汇丰银行。1943年，日军占领广州湾后封锁了港口，致使三有公司的毒品运销受到了禁阻。公司的毒品生意逐渐由盛转衰，不久便告改行。①

第四节　革命根据地的禁毒

一、南方根据地的禁毒

大革命失败后，中国共产党决定独立地领导武装斗争，推翻国民党的反动统治。1927年，八一南昌起义打响了反对国民党反动派的第一枪，毛泽东领导的秋收起义成功地开创了井冈山革命根据地，摸索出一条农村包围城市，武装夺取政权的正确道路。各革命根据地在创建过程中代表着工农群众的利益，同形形

① 《广州湾专营鸦片的三有公司》，《近代中国烟毒写真》上卷，第623—628页。

色色的社会丑恶现象尤其是贩卖毒品进行了坚决的斗争。

1928年7月，彭德怀等人领导平江起义，建立了平江县工农兵苏维埃政府。这一革命政府在其政后纲领中明确宣布，绝对禁止吸食鸦片，如发现栽种、贩卖或吸食鸦片者，“经二次警告而不改者”“处决”。[①]

1929年12月，邓小平、韦拔群等人发动百色起义后，陆续创建了左右江革命根据地。东兰县革命委员会成立后发布的《最低政纲》明文规定，“严禁烟馆”。[②]

1931年，赣东北特区苏维埃在制订《暂行刑律》时将“鸦片烟罪”单独列为一章。《暂行刑律》明确规定：“制造鸦片烟，或贩卖，或意图贩卖而私藏，或自苏区外贩运者，处死刑至三等有期徒刑”；“开设馆舍，供人吸鸦片者，处死刑至三等有期徒刑”；“犯本章之罪、褫夺公权”。[③]

据1932年11月江西省苏维埃的一份报告，在兴国县“鸦片栽种的未曾发现，但卖和吃的虽在严禁中，随时都有发现”。[④] 可见，禁绝烟毒在当时是有一定难度的。

1932年，红四方面军西进，创建了以通江、南江、巴中为中心的川陕革命根据地。红四方面军占领通江后，首先严禁鸦片，普遍召开妇女戒烟大会。妇女们表现出了出人意表的禁烟热情，她们纷纷上台诉苦，“有的说她仅有一个可爱的儿子，因为丈夫无钱购烟，竟将儿子出卖了。有的说她的儿女病了，因为他们夫妻都吸鸦片，以致没有钱医治，结果死了。有的说她仅有一条长裤，竟被她的丈夫拿去换烟吸，使她很久的时间无法出门”。[⑤] 省、县苏维埃政府在动员群众的基础上建立了戒烟局，组织群众戒毒。[⑥]

二、西北根据地的禁毒

1935年10月，中央红军经过长征，胜利到达陕北，实际控制的只是中国西北一小块贫瘠的土地。据1935年冬的调查，瓦窑堡所在的安定县吸毒的人口比例约为60%，“其中，不但有年富力强的少壮青年，也有年迈的白叟老妪，甚至还有未成年的小童女孩，也有吸食鸦片者”。[⑦] 为此，苏维埃政府西北办事处成立后，即于1936年发出布告，严禁鸦片。1937年5月27日，该办事处鉴于各地仍

---

① 《平江革命历史文献资料集》1983年印行，第424页。
② 《左右江革命根据地资料选辑》，人民出版社1984年版，第176页。
③ 转引自《中国新民主主义革命时期根据地法制文献选编》第三卷，中国社会出版社1981年版。
④ 《中央革命根据地史料选编》下册，江西人民出版社1982年版，第236页。
⑤ 张国焘：《我的回忆》第三册，东方出版社1998年版，第164—165页。
⑥ 同⑤，第166页。
⑦ 湘潮：《边区禁烟运动的成绩》，《新华日报》1938年6月3日。

有种植、贩运、吸食鸦片的现象存在，以苏维埃政府主席林伯渠、内务部长蔡树藩的名义再发布告，重申："烟馆立予封闭"；"贩卖鸦片的，不管他在苏区发卖或只在苏区通过，一经查出，全部没收，并得加以处罚"；"现藏有鸦片的商人或居民，限十天内把鸦片送到当地政府（延安市送到禁烟委员会）登记，听候处理。如逾期不登记，查出除没收外，并严加处罚"；"自布告后，有人报告因而查获私贩私卖鸦片的，报告的人，给予所获鸦片价值十分之二的奖金。如直接查获烟土送政府的，赏金加重"。[1] 上述布告的发布，对于进一步促进陕北地区的禁烟工作，严厉打击烟贩起到了较大的促进作用。

① 《历史档案》1993年第1期，第72页。

第五章　抗日战争时期贩毒的泛滥

第一节　"九一八"事变后日本在东北的肆意贩毒

一、伪满洲国的鸦片统制

1931 年，日本帝国主义发动"九一八"事变后，很快侵占了我国东北全境。1932 年 3 月，在日本的扶持下，东北建立起伪满洲国傀儡政权，改长春为所谓"新京"。日本侵略者为了摧毁东北人民的抗日斗志，摧残他们的身心健康，确保在东北的殖民统治，开始全面毒化东北。

1932 年 2 月，关东军已着手研究制定鸦片政策。关东军参谋长小矶国昭、副参谋长冈村宁次、第三课长原田熊吉等人经过一番策划后，确定了伪满洲国鸦片专卖的政策，并从国内招来神户税务署长难波经一前来长春主管此事。由于时间仓促，一时间拟专卖的鸦片严重缺乏，因此关东军一面派难波经一秘密去天津收买天津等地的鸦片共 70 万两，一面通过三井物产从国外进口波斯鸦片约 200 万两。[①] 这批鸦片是伪满洲国实行鸦片专卖的启动货源。在这之后，鸦片专卖的货源一是由朝鲜直接输入的鸦片，1933 年为 1 899 公斤，1934 年为 6 808 公斤，1935 年为 3 752 公斤，1936 年为 11 238 公斤；一是低价收购在东北强令种植的鸦片。[②]

1932 年秋，伪满总务厅长官、日本人驹井德三在报纸上公开发表谈话，硬说鸦片是伪满洲国人民所喜欢的东西，"政府为适应人民的需要，将来由政府专卖，准许人民领鸦片栽培证，许可栽种，领鸦片吸食证，公开吸烟"。[③] 9 月 16 日，伪

---

① 《东北经济掠夺》，中华书局 1991 年版，第 811 页。

② 《中国禁毒史资料》，第 1577 页。

③ 同①，第 815 页。

满洲国公布了《暂行鸦片收买法》，组建了鸦片专卖筹备委员会。次日，伪满财政部发出了《明定暂行鸦片收买法施行规则令》，规定“县长、旗长或市长关于鸦片之搜集，提出保管及运搬与以便宜及保护”。而由县长、旗长或市长特许的“鸦片收买人应将每旬收买鸦片之数量、价格及其他收买状况，于翌旬五日以内呈报县长、旗长或市长。县长、旗长或市长接到前项报告时，应迅即汇编转呈财政部总长”。[①] 11月30日，又公布了《鸦片法》，该法放纵鸦片的制造和吸食，但不准随便贩卖鸦片。《鸦片法》第4条规定：“鸦片除政府外不得制造之，但经罂粟栽种之许可者制造生鸦片时，不在此限。”第6条又规定非经民生部许可，“鸦片或鸦片吸食器具，除政府外不得买卖，受授，所有或持有之”。同时宣布该法自1933年4月1日施行，届时“受指定之批发鸦片人现有之鸦片，得于自本法实行之日起十五日以内请求政府买回”。[②]《鸦片法》实施后每个人不论有瘾无瘾均可花手续费五角去领取一张有效期为半年的吸食证，凭证买烟吸烟。而一些根本没有烟土的人家却无故遭受扰害，被事实上主持专卖的日本人诬为私藏鸦片，派缉私队强行上门搜查，任意殴打凌辱。

1933年4月，公布了专卖官制，规定专卖公署设有署长、副署长各一人，实权掌握在副署长难波经一手中，下面分贩卖科、缉私科、制选科等，另在奉天、吉林、哈尔滨、齐齐哈尔、承德等地方设立专卖支所。各省鸦片批发人由伪满财政部指定，各省鸦片零卖人由省长指定，零卖人的营业地点称之为鸦片零卖所。第一批各省鸦片零卖人共1 400余名，他们的零售所开张之后，吸食鸦片就公开化了。

紧接着伪满洲国又设立了大满号和大东号两个大烟土庄。具体分工是大满号搜集东北西部地区生产的鸦片，大东号则搜集东部地区生产的鸦片。其中大满号在承德、围场、滦平、隆化、平泉、凌原、凌南、青龙、朝阳、建平、赤峰、林西、克什腾旗设分号13处，另设办事处36处，并组织巡回收买班，收买鸦片。大满号在热河收烟时，抑制等级，少给价钱，不按时间收货，致使种烟民众受到严重损害，其霸道行为连伪热河省长都看不下去，在伪满洲国的省长会议上作了报告。[③] 大东号总公司设在长春，总经理是五十岚少将。

专卖制度实施后，伪满从1933—1936年收购和销售鸦片的数量都在迅速增加。1933年收购340万两，平均每两2.24满元，至1936年收购1 030万两，平

---

① 《东北经济掠夺》，中华书局1991年版，第827—831页。
② 同①，第824页。
③ 同①。

均每两1.92满元；1933年销售120万两，平均每两4.58满元，至1936年销售1 010万两，平均每两3.82满元。① 统计下来，这一时期内伪满的鸦片收购量增加了3倍多，而销售量则猛增了8倍多。这里要指出的是，种烟的农民事先要预交鸦片栽培特税，到割烟的时候又只能听经济部发表的临时指定的价格（即最低价）说了算，有时甚至连最低价的全部都拿不到。如在兴安西省收购价为每两1.7满元时，农民到手的只有0.9满元，②仅得了收购价的53%。还要说明的是，鸦片收购上来后送交沈阳的毒品加工厂生产鸦片烟膏和吗啡、海洛因。该厂共有4个车间，500多个工人，女工占70%，日产烟膏大约1万两。最后该厂"按各地专卖署的需要量，把大烟委托国际运输公司送到各个专卖署，再转给鸦片零卖所"，毒害人民。另据悉，沈阳制毒厂的麻药车间"每日制造吗啡及海洛因共约75公斤至100公斤"。③ 1935年，任美国驻沈阳副领事的戴维斯日后回忆说，在沈阳与他的住宅"紧邻的是一家小小的海洛因制造厂……沈阳的贫民窟，我看到过死尸……是人所周知的瘾君子聚居区。……关东军看到满洲的中国人走向堕落，是心满意足的。因为吸毒成瘾的人是不会去推翻政府的"。④

在日本侵略者看来，凡吸食鸦片的人是缺乏民族反抗精神的人，对于这种人根本用不着费心。因此他们竭力鼓励吸食鸦片，还特意编了《劝烟歌》："人生在世几何年，及时行乐莫惜钱。行乐之事样样有，万般不如鸦片烟。抽足大烟精神爽，浑身上下都舒坦。有病不用进药铺，大烟治病赛仙丹。"⑤在东北沦陷区内一个人领了吸烟证如同得到一个护身符，有了苟安一时的条件。在日伪的毒害下，至1937年全部登记的烟民高达1 300余万人，占东北全人口1/3以上，而年龄在20—35岁的又占了全体烟民的70%强。⑥ 在这种情况下，东北几乎弄得遍地罂花，处处烟馆。据一位美国官员的报告："日军占领哈尔滨以后，相继有逾500家的大烟馆在中国街和大正街一带开张……吉林市有大烟馆900家，黑龙江省省会齐齐哈尔有500家以上。安东与营口各约有400至500家。这些大烟馆全都向'满洲国'鸦片专卖署登记备案。每家烟馆的营业许可手续费为500日元。尽管鸦片本身就很贵，这些烟馆还必须以每份60钱（1日元等于100钱）的高价从鸦片专卖署购买鸦片。这些大烟馆中的女招待也都成了娼妓。这种制度常使

① 参见《1931年以后的中国东北》，第131页。
② 参见苏智良：《中国毒品史》，第390页。
③ 《中国禁毒史资料》，第1577页。
④ ［美］约翰·佩顿·戴维斯：《抓住龙尾——戴维斯在华回忆录》，商务印书馆1996年版，第106页。
⑤ 《近代中国烟毒写真》上卷，第242页。
⑥ 《中宣政治两部就厉行烟禁以摧毁敌人的毒化政策告国人书》，《新华日报》1938年6月3日。

二十至三十岁的青年流连于大烟馆。”[①]在安东，“日本人和朝鲜人中的无赖之徒……利用设在鸭绿江对岸新义州的制造厂，公然把鸦片转入中国，并在安东的七道沟设立了总经销点，由日本人与朝鲜人经营的妓院代为销售。当铺也同样被利用了起来。为了解一毒瘾，那些可怜的大烟鬼们往往当衣典物换取鸦片”。[②] 至 1936 年，“满洲热河全境，其中 181 城市，查悉领有执照的烟馆达 3 840 家，毒馆达 8 400 家”。[③]

在实行鸦片专卖的第一年，伪满政府的鸦片纯收益约为 700 万元，第二年纯收益达 1 200 万元，以后每年增加，有增无减。

1934 年春，日本政府在东京召开鸦片会议，决定以热河省为日本种植鸦片重点区，以热河产的烟土，负责对亚洲的供应。[④]

1939 年 6 月 3 日，将介石在纪念林则徐虎门销烟纪念会上猛烈抨击了日本帝国主义者的毒化政策。他指出：“敌寇知道（军事镇压）这种摧残，断断不能消灭诸位同胞的抵抗精神，反而同仇敌忾的情绪必然更加激昂，所以他就双管齐下，施用毒化政策，尽量制造烈性毒品来倾销，企图使诸位同胞，人人都投到自杀路上，只要几年工夫，所有中毒的人都成了冢中枯骨，自然不会抵抗，那时他便可高枕无忧，安闲宰割。同时，敌寇更因作战以来，他们的国内经济已败，竭泽而渔，快要山穷水尽，眼看就不能支持，所以要想从我们沦陷区同胞身上搜刮，但又明知我们同胞不会甘心贡献，因此就利用它在东北四省和察绥等省强抢来的烟，以及加工制造成的吗啡、金丹、白丸等烈性毒品，来吸收我们民间的法币，以便套取外汇，购买军火，将我们同胞的财富来补充它要崩溃的经济。”[⑤]笔者认为，日本帝国主义自 1933 年以后在我国东北实行鸦片专卖的动因和目的基本上可用蒋介石的这段话来加以说明。

二、伪满洲国的“禁烟”闹剧

伪满洲国的烟毒泛滥引起了国际公正舆论的指责和抨击，同时日本帝国主义自发动全面侵华战争后更加需要稳定东北的社会秩序，掠夺更多的战略物资和劳动力。因此日伪当局经过十几次会议的反复讨论，将原先放纵烟毒的政策调整为分阶段禁烟。

---

① 转引自《国外中国近代史研究》第 19 辑，第 92 页。
② 同①。
③ 伪满洲国国务院总务厅：《政务概况报告书》上卷，第 139 页（1937 年 3 月）。
④ 《近代中国烟毒写真》上卷，第 168 页。
⑤ 转引自王宏斌：《禁烟史话》，第 183—184 页。

1937年10月12日，伪满“国务院”发布了《断禁鸦片方策要纲》(简称《要纲》)，总方针是“现行断禁鸦片政策更加彻底强化，绝对防遏新瘾者之发生”，并从1938年开始，“10年以内根绝鸦片之吸食者”。关于断禁的年限，据说“日方始允定期30年断禁，伪满则拟5年，再四力争，日方始允为10年”。[①]《要纲》规定，“厉行对现行鸦片零卖所(包含烟馆)之取缔”，于1940年末以前“全部归为公营，名称改为管烟所(暂定)”。“对鸦片之私种、私运及私行买卖，私行吸食等，彻底弹压之”。[②] 这年伪满鸦片专卖局的收入预算是4 785万元伪币，而在宣布断禁的次年又增加到7 104.5万元，一年之内增加了48%强。[③]

1939年，伪满洲国决定在伪“民生部”内设立禁烟总局，以袁庆濂为局长，日本人梅本长四郎任副局长，撤销原来的专卖局。另在各市县旗公署都设置了禁烟科或禁烟股。

1940年，在东北三省3 000万中国民众中烟民已占1/3以上，多达1 200万人。[④] 这年1月日伪又在铁岭、绥化等地增设烟膏制造厂。[⑤] 据日军长谷川少尉供称，日本在伪满实行渐进取缔政策时，限定热河一省为培植鸦片的地区，“至于鸦片种植面积，则以收买困难和走私为理由不想减少，基本上是以掌握500万两鸦片为前提来决定的”[⑥]。“私营烟馆虽须避免滥设，但事实上并不受如何限制和阻碍”。[⑦] 时隔不久，挂着禁绝鸦片招牌的禁烟总局重操专卖署的旧业，戒烟所变成了公开的吸烟场所，登记制度也不知丢到什么地方去了。

1941年12月，日本发动太平洋战争向英美等国宣战后，鸦片成了日军在南洋各地的重要军用物资。伪满洲国在战时经济的名义下又扩大了鸦片种植面积，增加了鸦片的收买量。在戒烟所吸食鸦片的人也越来越多了。

1943年春，伪满洲国禁烟总局副局长梅本代表伪满洲国参加了日本政府在东京召开的亚洲大陆各地区的鸦片会议。会上通过了把伪满和蒙疆作为鸦片生产地，负责供应整个东亚地区鸦片需要的决议。会后禁烟总局制定了鸦片增产计划，重点放在奉天省、四平省和吉林省的平原地区，预定增产鸦片50万—100万两。该计划先后经伪满总务厅企划处批准、关东军承认加以实施。[⑧] 此后日

---

① 《中国禁毒史资料》，第1580页。
② 《东北经济掠夺》，第832—834页。
③ 同①，第1577页。
④ 《如何肃清烟毒》，《新华日报》1941年6月3日。
⑤ 《黑龙江历史大事记》，黑龙江人民出版社1986年版，第165页。
⑥ 同①，第1517页。
⑦ 同①，第1546页。
⑧ 同②，第836—837页。

伪彻底抛弃了鸦片断禁的伪装，重新放手实施毒化政策。

在这之前，伪满总务厅次长古海忠之在 1941 年 10 月经手，以每两 30 元的价格卖给德国 7 吨鸦片，用以抵付“满洲国”欠德国的借款。

1944 年初，经古海忠之经手，伪满洲国以每两 30 元的价格卖给日本约 2 吨的鸦片“作为药用”。

1945 年 4 月，伪满方面以每两 50 元的价格卖给南京汪伪政权 10 万两鸦片，所收款项“主要是充当在华中的‘满洲国’职员物价津贴，余款买进汽车和棉织品等”。[①]

另据原伪满洲国“民生部”和“厚生部”大臣金名世揭露，1945 年 2 月，伪满总务厅长武部六藏和次长古海忠之经手卖给伪华北政务委员会 1 吨吗啡。这批吗啡是奉天鸦片烟膏制造厂生产，由古海忠之亲自送到北平交货的。

鸦片买卖是伪满洲国的重要财源之一。伪满厚生部次长关屋悌藏亲口对金名世讲，1944 年，伪满关于鸦片事务的全部开支是 1.2 亿元，而收益为 3 亿元，收支相抵后仍有近 2 亿元利润。当然，这种巨款不会归伪满政权独占，还需与关东军分赃。

对吸食者来说，鸦片是置人于死地的慢性毒药。据统计自伪满洲国实行鸦片专卖政策后，新染鸦片嗜好中毒者至少有 254.4 万人。[②] 1937 年 1—7 月，哈尔滨城门各街巷发现吸毒而死的无主尸身有 1 993 具。同年 11 月，沈阳一地有吸毒致死案 67 起。[③] 从 1939 年鸦片瘾者登记后到 1944 年底为止，已登记者因中毒而死者约 7.4 万人。[④]

三、伪满洲国的鸦片走私

1933 年，伪满洲国实行鸦片专卖后，为了保住这一巨大财源不受损失，组织了专卖署缉私队进行缉私。缉私队凭借权势，耀武扬威，“经常诬赖种烟人私留烟土，拷问索要，任意搜翻，扒炕洞子，刨烟筒，搜查烟土，屡见不鲜”。伪热河省省长刘梦庚为此在 1936 年的一次伪省长会议上专门提出：“专卖署的缉私队搜查种烟农民的房屋，随便损坏人民的物品。长此下去，是影响热河省种烟情绪的。”[⑤]

---

① 《东北经济掠夺》，第 815 页。
② 同①，第 818—824 页。
③ 《中国禁毒史资料》，第 1577 页。
④ 同①。
⑤ 同①，第 824 页。

那些被逼种烟的农民肯定不是鸦片走私的主体，缉私队反复侵扰他们是根本不讲道理的。而真正的大走私者如在伪满的日本军警宪特，缉私队是碰都不敢碰的。在哈尔滨的地段街上有家日本商行，专门经营将鸦片偷运进中国关内的业务，所有烟土都标明"日本军用品"字样，用日本船运往天津、汉口及其他各埠。该商行的经理和重要职员都是身穿便服装成普通商人模样的日本军官。这些冒充"日军军用品"的烟土运到有日军驻扎的目的地后，交当地日军司令部；在没有日军的地方，则交日本领事馆，再由日本炮舰在各大内河运送。[①] 而中国人经常搞走私的"一般多系无职业的赌博惯犯，他们从生产地熟习的生产者或同谋者那里购买。私卖者一般与警备员相勾结，以牟取利益。因此，一般是临时来走私者被揭发者很多"，而走私惯犯反倒平安无事。

鸦片走私多依靠铁路输送，主要是利用满系乘务员、乘警、餐车服务员、伙夫等；也有个别借助于邮政车的日本籍职员，由热河承德、三十家子、平泉、凌源，或赤峰、天义、叶柏寿、朝阳等车站，向锦州、奉天、兴安等方面运输。1943 年夏的行情是：运到锦州的"默认费"一般是每两 4 元，运至奉天每两 5—6 元，1944 年夏已涨到每两 15 元。走私手法更是五花八门，无奇不有。有的在列车过山海关时将 100 斤的鸦片藏在车长室的电池箱中，有的是利用猪羊，甚至挖出婴儿的内脏，将鸦片塞入腹腔内偷运的。有的将避孕套截为两段，各装 3—4 两的烟土吞入腹内，但此法不太保险，常有因途中套破中毒致死者，1943 年此类死者有十四五人。另外还有将烟土卷在绳子中，放在毛笔杆中或藏在挂马掌的工具当中的。除了铁路之外，还有用卡车、大车、骡马进行陆路运输的。

每年十一、十二月份是抓获走私犯最多的月份，因为紧跟在大烟收获的秋季之后。走私者"在被发觉时，揭发者如系满系一人，鸦片折半分，当作没有看见；如果对手多时，将鸦片全部交出，而免走私之罪……而当鸦片量多于报告量被发觉时，如揭发者是警察官，则其超过量即被拿去。满系警察所以不揭发走私者，是因为报告不如收贿更有利，故抓捕率极低"。1943 年，热河伪满官方抓捕走私者 649 人，查获鸦片十二三万两，是伪满全境当年查获走私烟土量的 69%。[②]

自 1937 年秋开始，华北伪政权对价格极低的热河鸦片，采取了免除关税或给予计量换算上的优惠，引诱鸦片走私。对于鸦片走私者，日伪当局一般是采取查缉取缔的办法，但在特定的情况下也会保护走私，利用走私。1941 年，关东军鉴于热河鸦片每年有数百万两走私流入华北，几亿元的金钱消失在黑市，于是企

① 参见万斯白：《揭开大秘密——日本在华间谍》，黑龙江人民出版社 1990 年版，第 72—73 页。
② 参见伪满保安局：《热河鸦片走私》(1944 年 6 月)，见《东北经济掠夺》。

图操纵鸦片走私行业，对鸦片走私者进行秘密保护。关东军第四课秘密召集伪满总务厅企划处参事池田金人和经济部参事夏目忠雄等人研究制定了具体方案，指使鸦片走私者把销售鸦片所得款项就地储存在华北，然后回东北由伪满洲国支付给他们相等的伪满国币。伪满方面则秘密收回储存在华北的华北联银券。这一工作由关东军第四课中满少佐负责，由张墨林具体执行。此方案得到了关东军司令梅津和参谋长吉本的批准。

为了启动这一计划，关东军方面由第四课课长黑田大佐和伪满总务厅次长古海忠之签字，向三井物产新京支店暂借了500万元。不料本应秘密行事的张墨林到热河后到处宣称他是关东军和伪满政府公认的人物，致使保护走私的工作搞了不到两星期就被鸦片缉私员探悉。8月底，关东军和伪满政府在热河烟政厅、热河伪省府的强烈反对下不得不中止此项计划，由日本人安滕道夫出面清理并收回由张墨林放出的450万元资金。而这时张墨林主持实际走私到华北的鸦片仅值25万元，后来安藤道夫在实在无法全部收回现款的情况下，采取了用鸦片冲部分现款的办法，共收回了100万元现款和10万两鸦片。这10万两鸦片经安藤道夫到上海与华中宏济善堂的实际负责人里见甫协商，以每两35元的高价卖给宏济善堂，剩下不足部分，由关东军动用机密费偿清。①

第二节 “七七”事变后日本贩毒的空前泛滥

一、华北

1937年7月7日，日本发动卢沟桥事变，揭开了全面侵华战争的序幕。日军铁蹄所到之处，毒品也随之蔓延泛滥。英国一议员1938年12月22日在英国议会演说时揭露，“1937年，日军占领中国各城市，烟毒贩卖，立即实行公开。所有烟毒售吸行店，即随日军以俱来，并用尽各种方法，奖励之提倡之。贫民如无现钱购买，可以赊账，且随时随地均可供售吸之需。日本鸦片总行遍设分公司于各地……含有毒品之药剂，兜售于乡村，讹言可以治疗肺病。娼寮妓院以及跳舞场，均被利用为烟毒推广所”。②

---

① 《古海忠之笔供》，《东北经济掠夺》，第845—846页。

② 《中国禁毒史资料》，第1576页。

北平："七七"事变后即有大批汉奸用双底汽车由关外大量贩运鸦片毒物。8月4日，日军开进北平后，在押监犯多遭枪决，唯烟犯皆获释放。伪临时政府成立后，废除已经中央制定的禁烟法规，于1940年8月设立伪华北禁烟总局，于各重要城市设立分局，实行鸦片专卖。1939年3月，北平烟馆500余家，皆由日伪给照营业。此外，吗啡、海洛因、高根、红丸等烈性毒品，亦随处可买。在各土药店（又称土膏店、土货店）门口，多置有"内设雅座"、"楼上有灯"及各种招徕顾客之招牌。朝鲜浪人们把持经营海洛因毒业。[①] 原东方饭店朝鲜籍经理车阴轩直言不讳地对朝鲜毒枭金井川、崔松茂说，"大日本帝国的意图是要求我们通力合作，要让所有的北平人都抽上白面儿，使他们的体力慢慢衰退，意志消沉，成为三分像人七分像鬼的废物，真正变成坐以待毙的亡国奴"，[②]道破了日本侵略者的险恶用心。至1943年6月，北平的吗啡馆已多达3 000余家。[③]

在北平另设有组织庞大的华北土药业公会，具体负责贩运、制造、售卖烟毒的操作。

天津：有"日本在华肆行毒化之总枢纽"之称的天津于1937年冬被日军占领后，日本浪人十分活跃，除一部分出任宪兵、密探、特务外，"余则专以制造及贩卖白面为业。……当地为官，竟不敢稍加禁捕"。青帮汉奸袁文会此时收编土匪、地痞，组织"袁部队"，从事贩毒和清乡。在天津市区制造、出售白面（即海洛因）的机关不下30家，吸食之窟有270余家，皆门庭若市，畅销无阻。其营业收入，"稍大之白面窝，每日约十万余元，小者亦4万许（伪准备券）。平均计之，则每日为其所吸收之金钱，约有千余万金"。[④] 由日本人制售的毒品还有黄面、甜丸、快上快、纸卷、黑膏、鸦片、吗啡、高根等多种。在日本的倡导下，天津烟民甚多，"甚至两三岁之婴儿亦有成瘾，须注射吗啡针者"。到1939年，全市有制毒工厂200多所，白面洋行1 000多处。到日本投降前夕，有土膏店180多家，土药店30多家，每五日销售鸦片4万两，烟民约有15万人。[⑤]

河北：自日军进占后，毒化程度日甚一日。日本侵略者利用军部特务机关、浪人团体、汉奸政权及日本洋行等多种渠道，组织贸易公司批销烟毒。[⑥] 在井陉煤矿区及石门一带土膏行店触目皆是。日本人还在当地出售一种毒性最烈的毒

① 《别一个世界》，汉口《大公报》1939年2月8日。
② 成善卿：《天桥史话》，第393页。
③ 《中国禁毒史资料》，第1564页。
④ 《新上海周报》第18期，1946年4月21日。
⑤ 同③，第1577页。
⑥ 同③，第1576页。

品，一经吸用，一二月内即行死亡。[①]

山东：1938 年 9 月，省会济南共有烟膏店 40 家，至 11 月迅速增至 136 家。又据抗战胜利后统计，日占时期济南共有土店 9 家、膏店 123 家、售烟所 123 家（由膏店兼办）。在省城的大街小巷中住满了贩毒的日本人和朝鲜人。每个日本商店的玻璃窗上都贴着销售麻醉品的广告。在咖啡馆和妓院中，也都为吸毒者准备好了各种各样的毒品。[②] 在青岛，根据伪华北禁烟总局规定的廉价配给方法，公开开设的土店、膏店有 70 余家。其中膏店 73 家、土店 5 家，分别是广华土店、裕华土店、金城土店、兴华土店及泰兴土店。1944 年，该 5 家土店联合组成“土店贩卖所”，以日本人丁其为顾问。同年“膏店公会”也随之出笼，会长华勋臣 1945 年被暗杀后由魁英楼膏店经理刘官福继任。[③] 上述土膏店的法定营业时间为每天 6 时至 23 时 30 分，长达 17.5 小时。

山西：日军在攻陷地区指使朝鲜浪人大批收集烟毒，遂致沦陷各地烟毒充斥。日伪在山西贩运的烟毒多由正太路输入，“其倾销方法，毒品多为敌人包庇下之朝鲜浪人运来，暗中批发……烟土系伪工业公会向伪华北禁烟总局总领，分配各地土膏店销售，估计 8 年共销 29 619 840 两。其中，1942 年的销售量为 224 383 两”。[④] 在山西各地的日本宪兵队附属的密探队、工作队是日本推行毒化的得力工具。这帮地痞流氓工作的报酬是日本人按月发给的海洛因，成绩优良者亦由日本人奖给海洛因。据 1942 年 1 月 26 日《中央日报》报道：“敌寇毒化晋省愈演愈烈，即以太谷一县而言……每年勒收烟税 200 万元。各村烟铺林立，公开贩卖料面、金丹等毒品，平均每村三户。中善村居民仅 15 户，即有 3 户从事贩卖毒品。每村每月平均售毒品 200 余元。太谷全年可销 940 万元。人民吸毒者达 50%以上，甚至 9 岁儿童亦有出入毒品店者。至伪组织中，县长以下人员，竟有 80%吸食毒品。”另据伪太原禁烟局 1944 年的统计，该市当年土膏店约有 180 处。运城是日本毒化晋西南各县及后方各省的总枢纽，全城贩毒机关林立，染有毒品嗜好者有十之三四。日本以运城为枢纽的毒化路线有两条，一条是由运城沿同蒲路向西南至陕西潼关，第二条是由运城正南到河南灵宝陕州，而达豫西各县，向我后方贩毒的工作主要由日方情报人员担任。此外，临汾也是日本施行毒化的重要据点，该县从沦陷至 1941 年以前设有土膏店，供民众吸食，1941—1945 年日本投降，日本宪兵队及部分日韩商人又从天津、太原运来大批海洛因，肆行

① 《中国禁毒史资料》，第 1577 页。
② 《群魔乱舞的济南》，《半月文摘》第 3 卷第 4 期。
③ 同①，第 1586 页。
④ 同①，第 1588 页。

销售。各烟民为吸用简便，多改吸海洛因。临汾的毒品还通过一些企图依仗贩毒发财的汉奸，向黄河以西陕西的韩城、合阳推销，或由日本宪兵队附属之秘探队、工作队向晋南中部各县乡村和吕梁战区推销。[①]

察哈尔、绥远：察绥地区日占时期均属伪蒙疆区域。1941 年日本人在察南一区共收购鸦片 1 500 万两，1942 年收购 500 万两，收购价为每两伪蒙币 6—8 元，然后将其大部运销上海等地牟利，[②]剩余部分在当地推销。在张家口、万全等地，日本人借其势力，径向各村落按期负责配销海洛因毒品至少 2 两，每两要价 700 元伪钞。[③] 1942 年春，日伪在绥远托克托县设立俱乐部 9 所、萨县设立 11 所，以售卖鸦片、海洛因、红丸、白面、吗啡针为主要业务。在这些所谓俱乐部中每天喷云吐雾忙于吸食者百数十人。日伪方面还硬性规定，“民众宴客须以鸦片为应酬必备之物品，逢年遇庆以毒品为馈赠之礼物”。[④] 在包头，大烟馆多达 300 余家，药房也在出售毒品。规模最大的中西药房公然摆放着本地产的料面、日本产的“巴华那尔”以及朝鲜产的“西巴诺露”等各色毒品。[⑤] 1943 年初夏，日本人又在包头开办大阪公司，建立大规模的制毒工厂，高价收购大批鸦片供其提炼性质更毒的毒品，“尝试者一经吸食，成瘾甚大，不易戒绝，一二年内，即可丧命”。哥老会首领、汉奸武装“大汉义军”总司令王英强迫农民广种大烟，收割后每年开分配大会，部分卖给“土业组合”，部分则精炼成海洛因，由他本人亲自带到天津去销售。[⑥]

二、华中

南京：1937 年 12 月，日军攻陷南京后展开了骇人听闻的大屠杀，接着即运制烟毒，肆行毒化。1938 年，市内共有 4 个大规模经营鸦片的机关，分别是日军特务部、日鲜浪人、日本洋行和伪政府所组织。日军特务部每月销售鸦片毒品约在 300 万元以上。伪政府方面订有鸦片出卖办法，并分设 17 所鸦片零售商店。此类商店按季节纳捐，一等 4 200 元，二等 2 840 元。另市内营业烟馆共有 40 所，烟馆纳捐是按烟灯的数量来计算的：三灯者月捐 50 元，六灯者 100 元，九灯者 150 元。汪伪政府内政部禁烟总局是毒化华中的机构，1945 年后伪禁烟总局改隶伪军委会，称禁烟总监署，但其在华中各地的分支机构照旧。

---

① 内政部陕晋区烟毒核查专员夏秋阳的报告（1946 年 4 月），《中国禁毒史资料》，第 1587 页。
② 《中国禁毒史资料》，第 1578 页。
③ 《日伪在沦陷区各地积极实施毒化政策》，《新华日报》1943 年 6 月 3 日。
④ 同②，第 1550—1551 页。
⑤ 马从中：《绥西中西药房始末》，《包头史料荟要》第 3 辑。
⑥ 《恶霸、土匪、汉奸——王英》，《包头史料荟要》第 4 辑。

上海：1937 年“八一三”战事开始时，日本海军上海武官府即派运输舰运东北及绥远、察哈尔等地所产烟土来沪，堆存台湾银行，由上海出勤少佐相内重太郎等人主持推销，具体由其翻译李纯根委托徐大扣子、沈勋等投机分子卖给各吸户。同年 11 月日军侵占上海后，即有日本人坂本智惠雄在蓬莱路大码头街 78 号开设坂本洋行，制造吗啡出售。汪伪政府成立后，其内政部所辖的禁烟总局就设在上海武进路 139 号，栈房则设在南市露香园路吉安里 17 号。因此当时露香园路一带成了推销毒品的大本营，一些人巧立名目纷设土膏行，颁照官卖，肆无忌惮。而日方主持毒化者为海军支那方面舰队海军大将前中实、少将白神君太郎、海军武官府上海复兴班长大佐清水岩和陆军特务机关长少将楠本实隆等人。日本特务机关即使在拉拢、收买上海帮会流氓时，所发的津贴从 1938 年 3 月起也“不付现金，改付红丸及大连烟土，红丸每木箱计洋 100 元，但给彼等仅算 90 元，但不能用现，仍须欠半数，待红丸卖出后再付清”。[①] 当时上海的某些弄堂口经常有穿着漂亮西装的朝鲜人手里拎着一只小布袋踱来踱去，向吸白粉者兜售毒品。1939 年，这帮人曾“被‘黑车子’装进去，可是过不了几天，他们又来了”。人们心里明白，那是有日本人在背后撑腰。[②] 1945 年 5 月 29 日，前大森钱庄董事长叶公馥因制毒被伪警察局第三处烟毒查缉科逮捕，抄获毒品 99 两。案发后叶立即被日海军武官府强行提出释放。原来叶公馥设在伊犁路 6 号的制毒机关的后台老板是日海军武官府和海援公司，而叶是海援公司物资交换的主脑。经查，叶记制毒机关的原料烟浆鸦片精是从北平、芜湖等地运来，盈利均用作海援公司的业务经费。[③]

湖北：1938 年 10 月 25 日，武汉失守后，日本侵略者全面控制了当地的毒品生意。“自运输以至熬制和贩卖完全由敌人一手经营。‘燕子窝’和售吸所没有敌人的同意，或日本浪人的主持，是不容许设立的……在敌人特务部、宪兵、浪人、汉奸、流氓等的指挥和庇护下，鸦片烟、海洛因、红丸、白面大批从敌人兵舰、运输船和轮船上头，涌进武汉三镇，再转运到周围各城乡镇去，而毒害遂遍及远近了。”[④]位于华中的武汉是日本人的鸦片中转站，曾在特务教导队任职的高野洁后来回忆说，他的重要任务“是每月去汉口购买鸦片，然后把它运回我兼任县政指导官的湖北省的一个县贩卖，每月总要成交 1 000 两。县里用赚来的钱筹

① 《“205”情报员的报告》(1939 年 2 月 18 日)，《民国帮会要录》，档案出版社 1993 年版，第 104 页。
② 《人间地狱》，《申报》1940 年 4 月 10 日。
③ 《中国禁毒史资料》，第 1596 页。
④ 《在兽蹄蹂躏下的武汉》，《新华日报》1939 年 10 月 31 日。

措日本军队的粮秣”。[①] 从1942年冬开始，日本侵略者广设摩登售吸所，公开售卖鸦片、红丸等毒品，并雇佣日、华籍女子，代客烧烟，从而引诱中层以上稍有资产之华人前往吸食。

日本侵略者从1940年12月起指使伪宜昌县政府每月分发各乡烟土200—500两出售，规定价目每两80元以上，迫令百姓购买吸食，以作维持会经费。而伪组织内办事人员均以鸦片作薪资，并以销售鸦片多寡分成绩之优劣，强迫青年男女尽吸鸦片。仅宜昌县第三区区署每月销售鸦片就达700余两。伪宜昌县府还专门制订了《阿片专卖处要领》油印散发。其中，明文规定：“阿片贩卖价额暂定如次：县政府卖给区戒烟分所65元，区戒烟分所卖给乡镇支所67元，乡镇支所卖给吸烟所69元，卖给一般瘾者70元。”[②]如此层层加码、层层剥皮，每层均有差价可赚，怪不得一帮汉奸趋之若鹜。1942年冬，日本侵略者在荆门县大量运售烟毒，逼迫伪组织代为勒销或强迫汉奸开设烟馆，每月售烟2万余两，收入90余万元，日军宣抚班之经费大多取自鸦片。1943年5月日本人又将在宜昌搞的一套东西推广到云梦等县。毒品“除公开运销售卖外，并强迫伪县府及伪区署按月销售红土，规定伪县府每月300两，伪区署每月60两，定价每两715元”。[③] 与此同时，日本侵略者把毒品大量输入通山，奖励吸食，并以鸦片配发伪和平军及保安队薪饷。

河南：日本侵略者组织日军官兵、伪组织人员及浪人、娼妓等，深入河南乡村兜售烟毒。[④] 1940年秋，日军安阳水治镇宣抚班张贴布告，要求各村民众及时播种烟苗，并宣称“将来烟苗成熟，照章纳税，准予按时价随便售买，决无限制”。[⑤] 日本人同时在县城内设立了40多家售毒洋行，在城内普设土膏行店，公开售卖烟土，每两收税2元，还强迫愚民将日本人大量运来的毒品运至内地销售。在武陟县日伪在木栾店寨内设立洋行一处，代售海洛因；设立官膏局二处，专卖鸦片烟膏，并诱逼木栾店民众贩运鸦片。在温县，敌伪官兵大批贩卖烟毒，并强迫伪保长、甲长等一道买卖烟毒。在沁阳，日伪在县城设土膏店多处，对于贩运者每50两加秤1两、100两加秤2两，多则递加，用此等小恩小惠刺激贩毒。在淇县，1941年春县城内卖海洛因者已达60多家。

1944年4月中旬—5月，日军发动河南战役，先后攻陷了郑州、洛阳等38座

---

① 李守贞：《日本帝国覆灭记》，《参考消息》1995年9月5日。
② 《中国禁毒史资料》，第1555页。
③ 同②，第1563页。
④ 同②，第1576页。
⑤ 河南省民政厅编：《河南省六年禁烟总报告》，第49—50页。

城市。日军进占中原后，即由豫东豫北大量运输鸦片、红丸、海洛因等毒品到新沦陷区推销，而以郑州、扶沟、巩县、洛阳等处为集散地，然后再分散至附近各县。当时中原不论城镇乡村，各大小烟馆充斥，甚至伪政府内皆可见到烟灯摆设，一般公务人等，更以此为应酬之唯一工具。在安阳、汲县、新乡、开封等城市，日本侵略者各设烟馆十余所，按月配给烟土销售，在各城市公开吸毒的还有日韩浪人及伪军。又据报告，日军占领中牟县境之黄河北岸后，即从天津、新乡、开封等地招致韩人，运来大批毒品，除集中在天孟、东漳两镇零整出售外，还利用流氓地痞包揽夹带，贩至黄河以南。而我后方某些人利令智昏，认为奇货可居，欣然接手倒卖，大发国难财。为了更快更多地贩毒，日本侵略者还"利用各伪机关，以平均分配方法，转由各级伪乡镇保甲人员，逐级配售与所辖居民，每次摊派之巨，令人咋舌"。[①] 在宣丰县，贩毒海洛因的机关多达 20 家，以贷款、贱售和鼓吹"海洛因可振作精神补充脑力"[②]等手法每年推销 20 万两。

日本侵略者还从 1937 年起在豫北博爱县大辛庄建立中和记公司，大批制造红丸毒品，日产 5 000 袋，每袋装万余粒，售价约 3 万元，行销豫北十余县及晋南各县。大辛庄村民均以贩毒为业，据说极贫户亦在 50 万元以上。但知其根底或与之脱离关系者，必在最短时间内被敌暗杀。中和记公司常备卫兵有 3 000 余人，日本人又在大辛庄配置了两万多支手枪、步枪及轻重机枪、钢炮和迫击炮，严密保卫。该公司雇日本人用专车直接向天津购进原料，出产的成品用汽车运至晋南销售，或武装运送到豫北各县及乡镇等地销售；有时用贿通保运法、暗藏私运法、以毒换枪法经过黄河各渡口，推销到黄河以南地区。该公司用于贿通路线的运动费每月均在 3 000 万元以上。举报者以为豫北人民食被劫、房被焚、产被破、人被杀，"皆被毒品所害"。[③]

安徽：沦陷期间，日本侵略者在蚌埠、盱眙、合肥、巢县、寿县、定远、太和等地公开贩卖吗啡、白面等毒品。伪皖中清乡司令马伯山、伪皖中清乡第一团团长陈俊仁及该团三营营长陈云亭在巢县撮镇、合肥长临河以及合肥店埠分别设吗啡制造厂，每厂月产吗啡 45 件，每件售价 700 余万元，运往上海倾销。

江西：在九江，日军在所占的黄老门、马回岭、鸡公岭、新塘铺等处，遍设烟馆，摊派毒品吸售证，奖励百姓吸售。1939 年冬，日军又从九江、武穴等地运来大批毒品在瑞昌公开售卖，并利用鸦片吸引烟民组织伪维持会。在德安，日本侵

---

① 《中国禁毒史资料》，第 1595 页。

② 同①，第 1596 页。

③ 《博爱县大辛庄毒化实况报告书》，《中国禁毒史资料》，第 1562—1563 页。

略者利用无业流氓聂锡光等人，在县城开设烟馆 6 家，并命伪农民合作社每日代售毒品七八两。新建县的毒品是日本南昌特务机关从上海购来的，配发各伪组织转售于各地，每年推销额 8 万余两。日本人还“在县城街巷，张贴‘真正红土，芬芳可口，美女招待’等荒谬标语”，[①]诱惑百姓吸毒。

浙江：日本侵略者在其占领区推行毒化政策，至 1940 年初，天目山以北的地区毒化已相当严重：“吴兴县城内即有烟馆两百多家，并且雇佣女招待，迷惑烟客；安吉县梅溪镇上有 7 家鸦片馆，并有大学生吃鸦片烟的；安吉、孝丰、长兴各县有人暗地贩卖鸦片，听说来价是 20 元 1 两，带到吴兴，可卖 60 元 1 两。”[②]

三、华南

福建：厦门沦陷后，日军在伪市府下设公卖局（后为掩人耳目改为禁烟局），以此为据点，向厦门以及沿海各县倾销烟毒，每年销量 8 万两。禁烟局以下又利用流氓开设烟馆 60 家，以逐月销量之多寡，称为二三盘商。在厦门，还有直属日本领事馆的福裕公司，就地制造鸦片，其原料来自金门和东北。负责烟毒运入的是日本厦门在勤海军武官府，运出为日本领事馆。日本还组建了物资交易组合公司，将运入的毒品交换粮食、皮、苎、丝、锡、铜、猪、桐油等物，胁迫百姓吸食。1942 年下半年，厦门日方从台湾运进大批鸦片、吗啡、红丸等共 3 000 余两，滞积数月。11 月间由伪市府水警队长萧炳荣、伪军事参议员韩格添及蓝步贵三人合组统一公膏店，将毒品改成 1—5 两的小包装，除强迫各走私船每只每次须带运百两外，还强迫码头交通船船员须夹带至内地销售，每船每次携带 5—10 两，否则货物不准出口，并停止该船的航行权。

1943 年，在金门已有烟馆 23 所，每天由厦门戒烟局交给日本金门“开发公司”，分别配给烟土 1 300 余两。而伪金门县政府所辖广大农业试验场试种的 5 000 余斤鸦片全部由厦门伪公卖局收购，每斤伪币 640 元，转销香港、澳门、广州各地。[③] 1944 年，日本人在金门五里海为示范罂粟园，在厦门组织株式会社，专门收制烟膏，倾销各地。[④]

日本侵略者在两次侵占福州期间引诱不肖之徒，遍设烟馆。所有烟土均从日本或厦门南竿塘等处运入，每日数量当在 200 余两。日伪在鼓楼大根区设立了八角楼等 12 家烟馆，每月售烟 40 余两，价 40 万元，由日本陆军联络所长

① 《中国禁毒史资料》，第 1560 页。
② 《近代中国烟毒写真》上卷，第 405 页。
③ 同①，第 1564 页。
④ 同①，第 1580 页。

奥田派情报员、台湾人张嘉成主持包庇；在台口区设福安会馆等 40 家烟馆，每月售烟百余两，价百余万元，由日特机关情报员、伪水警侦探长、台湾人马路鉴主持包庇。福州的烟馆分为五等，日伪每日视其经营，分别收捐 200—500 元。马路鉴等日特机关情报员每日向其他各烟馆强迫抽收保护费 1 万元。另外侦缉队总队长、特务机关情报员台湾人江逸仙、敌宪兵队情报员陈依庆、伪侦缉队长周文清等皆输送烟土，供各烟馆需用。“烟土亦分红土、土浆。牌号有福字、特字、斧头标等类。”①

广东：日本人向以广州为广东制造和贩卖烟毒的中心。1940 年，日军攻占广州后，市内烟馆毒品店林立，共有千余家，民众饱受其害。日军唯恐毒化不够，又运来大批海洛因与厦门的大烟条子，“故市内吸红丸之风，盛极一时，各俱乐部、娼寮、私烟窟等场合，均有红丸出售，其价值每毫售 3 粒。而有些投机者，更在门外大书‘附设打波场女员招待’等字样，以广招徕。……各红丸窟，皆为有力者包庇销售”。② 日本人还在花县组织所谓福民堂制鸦片所，提炼制造烟毒。县之东隅莲塘、石角等处均设烟毒分销处。

香港：1941 年 12 月 8 日日本向英、美宣战，太平洋战争爆发。同月 18 日，日军在香港登陆。1943 年初，藤田一郎被日本香港总督部民治部委派为鸦片专卖监督，在港九各区分设 19 家毒品分销处，所有烟土均由华北及热河各地运来。1 月 24 日，日本香港总督部发布第二号香港督令，公布鸦片公卖办法，“规定有鸦片瘾者，准依手续登记，向特准之小商店领取购买证……并限令存有烟膏者，限于 2 月 25 日前，将烟膏携往鸦片公卖所，请求收买，每两公价敌军票 43 元 5 角”。③

抗战胜利后，汪伪国民政府实业部长梅思平在笔供中披露：“日本贩卖鸦片所得收入先解东京，由大藏省支配，大藏省截留其中的一部分，用以解救日本自侵华战争以来面临的日益严重的财政困难。”④其实，正如一位当代日本学者所说：“日本的鸦片政策是由以首相为总裁，外务大臣、大藏大臣、陆军大臣、海军大臣为副总裁的兴亚院及兴亚院以后的大东亚省制定和掌握的。是作为国策，由国家有组织、有系统、有计划地推行的。这是日本作为国家所犯下的最大规模的战争罪行，是不人道的行为。”⑤

---

① 《中国禁毒史资料》，第 1597 页。

② 《日军控制下的广州》，汉口《申报》1940 年 2 月 4 日。

③ 同①，第 1561 页。

④ 《近代中国烟毒写真》上卷，第 10 页。

⑤ [日]江口圭一：《抗日战争时期的鸦片侵略》(续)，《国外中国近代史研究》第 21 辑，中国社会科学出版社 1992 年版，第 47 页。

第三节　日本控制的重要贩毒实体

一、伪蒙疆土药组合

1937年9月13日，山西大同沦陷。日军在这之后出于灭亡中国的目的，在大同地区全面推广种植罂粟。随着罂粟种植的不断扩大，大同城里出现了一批大烟馆，公开经营烟土生意，随后又出现了伪蒙疆政府的土药组合。

伪蒙疆土药组合是该地区日伪经营收获后的大烟土的最大组织和领导机关。土药组合设在马王庙街志诚蛋厂旧址的原土药公司内，由日本人指定的李达霄、许荣益作正副经理，居中兴、崔寿臣等人为协理，公司还配有主任官、鉴定官、会计官等，实际上掌大权的是日本顾问羽田安泽。

土药组合占地面积很大，院内设有烟土火房，任务是将大批稀释的大烟土泥炼成鸦片。若再进一步提炼鸦片又可熬成料面。土药组合下属的设在大同李怀角巷内的"鸦片销售总公司"由杨林和谢明具体负责，共有30个办事人员。除此之外，土药组合在最基层还设有很多分点，其办事人员总共有600余人。该组织的具体业务是强制性收购当地农民种的罂粟，自行加工成各种鸦片，在当地以及全国尤其华北各地销售。土药组合将贩烟所得之暴利，用作日军"以战养战"的军费之一。为了维持这种罪恶的黑生意，土药组合内部还有日本人专门为它配备了特务队和警备队，两队除了保护组合做鸦片生意外，还经常到附近各地抢夺种植罂粟所必需的人力和物力。①

二、宏济善堂

1938年秋，在日本兴亚院及大使馆的支持下成立的华中宏济善堂是日伪在上海乃至整个华中地区贩卖毒品的一大机关。

在"八一三"战事爆发之前，流入上海的毒品主要产自三个地方。产自云南的"云土"是最上等的鸦片；四川产的"川土"稍次；东三省热河区域出产的"红土"最差。1937年11月，中国政府军从上海华界撤出后，上海租界成了孤岛。这时云土、川土已经运不进来了，只有红土源源不断地从关外运来。这种劣质烟土经日本浪人加工提炼后制成的白粉与红丸，在既吃不起鸦片又打不起吗啡针的烟

---

① 《近代中国烟毒写真》上卷，第190—192页。

民中销路甚广。

华中宏济善堂设在上海百老汇大厦(今上海大厦)内,其办事处设在金神父路 28 号(今金陵路)。其理事长、副理事长均由伪维新政府行政院戒烟总局局长任命,“戒烟总局局长决定华中宏济善堂之鸦片售价”。① 加入华中宏济善堂的烟商都是向在上海经营鸦片批发业而资本充裕者,各自提缴 20 万元给戒烟总局为保证金。而“戒烟总局局长遇地方戒烟局申请鸦片供给时,由华中宏济善堂供给之”;“华中宏济善堂加入者之中央土行,加征按戒烟总局出货时价格每法币一元取八分之手续费,售给地方宏济善堂之土膏行”。②

从 1938 年 12 月 9 日—1939 年 6 月 22 日,伪戒烟总局经上海地方戒烟局共发出营业执照 30 号,领取执照的鸦片商号依次为盛昌、协丰、兴昌、郑洽记、恒昌、永盛、庆新、泰兴、五丰、老其昌、新昌、合记公、源记、协盛、大公、隆顺行、祥丰、协泰、协记、英昌、老信昌、裕源、源泰昌记、新发、福记、无益、源和、福昌、郑洽记南号。华中宏济善堂成立后这些土膏行无一例外被纳入其鸦片销售网之中。宏济善堂的进货是“委托日人板木所开设的三洋行(沪台湾银行楼上)运输部专责办理……采购运沪交由兴亚院直接处理。初以飞机轮船运输,迨至太平洋战争发生时,即由火车运输。其售销量,以上海一隅而论,每月即约达 6 万余两”。③

华中宏济善堂的理事长为日本人里见甫,会计监督为中西正雄。理事有蓝芑荪、罗洪义、汪奉时、吴振华、徐长春(即徐常州)、郢芳熙、张瑞堂、傅叔英、梅云生、蓝彦卿,他们都是该善堂具体主持者盛幼庵(文颐)的手下。④ 盛幼庵是晚清邮传部大臣盛宣怀的侄儿,在 18 岁时就吸鸦片成瘾,擅长鉴别烟土,自主持宏济善堂后成了大名鼎鼎的烟土大王。宏济善堂包运包销的热河烟土的包装箱上都贴有“宏济善堂封”的条子,受日伪各方面的保护。1939 年 7 月 1 日,伪禁烟总局就宏济善堂所售盖印官土屡被警察局扣留一事致函伪上海特别市政府,“嗣后如见有该项印花及戳记之官土,不得任意扣留”,“即予放行,如有未贴印花者,即属私土,仍请照章查扣,移送敝局付价变卖,提奖充赏”。⑤ 也就是说,凡贴有该善堂印花的即为官土;凡未贴有印花的是各地戒烟局所要查缉的私土。

华中宏济善堂成立后在上海曹家渡、康家桥等地分设土膏市场,并在沦陷区各地设立分堂。南京宏济善堂的主持人系伪南京市财政局局长、汉奸任援道的

① 《伪维新政府戒烟总局设立纲要》,《档案与史学》1999 年第 5 期,第 13 页。
② 《华中宏济善堂设立纲要》(1939 年 6 月),《档案与史学》1999 年第 5 期,第 15 页。
③ 《中国禁毒史资料》,第 1590 页。
④ 同③,第 1589—1590 页。
⑤ 《档案与史学》1999 年第 5 期,第 19 页。

亲戚邵鸿铸。邵调任伪中央储备银行发行局长后由蓝包苏继任。[①] 贩毒惯犯、伪安清总理事长孔经武于1939年充任汪伪南京禁烟局主任，其弟孔宪举仗势以宏济善堂的名义在下关永宁街开设"协泰土膏店"，荼毒一方。[②] 宏济善堂在苏州、松江、嘉兴、芜湖、镇江分堂的负责人分别是朱振华、严春堂、郭伯良、蔡公侠、徐成裕。[③] 分堂之下设膏店，店之下设烟馆美其名曰"戒烟所"，其实对于吸食鸦片者既无限制也不施戒。在日伪的毒化下，至1943年6月，仅上海南市一隅即有大同行55家、小同行350家。大同行每月每行可销售烟土12只，小同行每月每行可销售烟土10只，均由该善堂批发，每件批发价伪币8万元(原价仅值伪币1.5万元)。华中宏济善堂"除按月缴纳捐税外，对敌伪宪警每月贿款即达2 500万元之巨"。[④]

宏济善堂在上海的贩毒可细分为沪西、南市和闸北三块。在位于沪西的愚园路上三步一楼，五步一阁，几乎全是鸦片烟馆。尽管门口不挂招牌，但瘾君子们自然会找上门来的。南市老天主堂街由九亩地起至荷花池为止，里面开的烟窟如"一线天""雾中趣""神仙宫""快乐园"等有数百家。沪西片由潘达等三人负责，南市片由一潮州人负责，闸北片由青帮大字辈、汉奸常玉清的徒弟负责。[⑤] 关于常玉清为首的汉奸组织黄道会"包庇烟赌，贩卖毒物"的劣迹，当时的进步报刊曾有过揭露。[⑥]

1944年春，日本一议员团体来华实地考察占领区情况回国后报告说，兴亚院委托盛文颐包销烟土是日本政府的耻辱，提出这种贩毒的事情应该让南京汪伪政府等各傀儡政府自行办理才不会连累到日本人的面子。与此同时，汪伪政权正在向日方提出收回禁政权(实为贩烟权)的问题。日本政府考虑再三，决定从速结束宏济善堂。在这之后每逢有日本人来，盛文颐必借醉酒称："鸦片的生意，真不好做的，对外有杀身之祸，对内妻子儿女吃上了瘾，个个成为废物，真是自食其果。"[⑦]盛文颐的这番话真实地反映了他半是抱怨半是忏悔的心态。

三、东兴公司

东京东兴公司是日本黑龙会要人佐伯悌弘仪发起组织的，具体时间不详。

---

① 《上海文史资料存稿汇编》第十二册，第267页。
② 《禁毒全书》上册，第484页。
③ 《中国禁毒史资料》，第1590页。
④ 同③，第1564页。
⑤ 陈存仁：《抗战时代生活史》，第145页。
⑥ 《上海谈奇录》，《救亡日报》1939年6月10日。
⑦ 同⑤，第150—151页。

据佐伯悌弘仪自称，1910 年“受孙逸仙、黄兴的邀请，前往湖南省长沙，以此为根据地，作孙、黄的顾问”。但当时无论是孙还是黄均不在中国国内，此事尚有待考证。在这以后，他“亲眼目睹支那四亿民众的百分之八十成为吗啡中毒者”，便将从德国获得在亚洲有独家销售权的解毒剂“氨基林”改称东光，从 1913 年起在中国各地销售。

东光剂据称“是由海洋软体动物胆汁的主要成分中提取出来的‘氨基乙磺酸’中加入特别贵重药剂‘石蒜碱’以及其他两三种贵重药剂合制而成的……它的颜色、形状均酷似吗啡、海洛因”，据说对解除吗啡、鸦片中毒有良好的疗效。① 但实际上东光剂是打着解毒剂招牌的变相毒品即“吗啡的缓和增量剂”。在东北沦陷时期，东光剂是伪满禁烟医院“康生院”的主要“戒毒剂”，然而多数烟民吃了这种烈性毒品后“神经错乱，眼睛瞳孔发散，成天胡言乱语，不思饮食。因服此剂送命的大有人在”。②

东光的批发价从 1913 年至 1936 年一直是每封 350 元。“七七”事变后中国官方禁止吗啡、海洛因进口，加上生产又少，致使作为代用品的东光剂价格暴涨，至 1942 年每封价格已突破 8 000 元。

佐伯悌弘仪承认，东光剂的销售以前得到过原总统曹锟及其弟弟曹谦等人的帮助，“但因没有此方面的销售经验，又缺乏对商业民情的考察……一直不尽如人意”。自从经时常来曹锟北京寓所的华北政务整理委员会委员长黄郛介绍，与青帮头子杜月笙结交之后情况有了很大的改变。杜月笙受佐伯悌弘仪委托，“召集潜居各省的青帮头目，销售东光，并不断改善东光的缺点”，终于使东光打开了销路。公司方面曾遍访各省青帮头目，送出东光剂 40 封作为礼物。受礼者无不欣喜万分，誓言“献上自己的生命，以供自由驱使”。与此同时，东兴公司用东光剂“笼络了一部分中国百姓的心”。③ 1939 年 2 月，东兴公司一次就向中国贩运东光剂 1 万公斤，攫取中国铜、铁、铝、钨、桐油等军用物资数千吨以上。同年 12 月 15 日命名“天的”的青帮总管张相思与命名“地的”的王立山交换换货证据单，主要内容是：(1) 对“地的”送货东光价钱一个，“天的”送货铁、铜、五金、桐油、芝麻、牛皮、蓖麻油；(2) “地的”对“天的”换货现钱要支开；(3) 一次换货头要 500 万元；(4) 运脚货主要支开。④ 这张换货单后附有一张东兴公司编的“各省青帮系头目姓名单”：

① 《东光公司请愿书》，《档案与史学》1996 年第 4 期，第 17 页。

② 《近代中国烟毒写真》上卷，第 171 页。

③ 同①，第 16—19 页。

④ 上海市档案馆馆藏：天的张相思地的王立本换货证据单。

青帮头领耿嘉基　副头领王茂亭　书班长俞子英　浙江汪静宜　山西韩吉祥　察哈尔屈德泽　陕西李仲符　四川民生渝　绥远杨雨农　福建叶心镜　甘肃白映一　河北边行书　安徽李蔚堂　湖南严德明　云南许慰农　河南龚仙舟　广东胡文林　江苏陈祥卿　山东度锡藩　江西王荣华　青海黄在中　宁夏康特璋　广西马君武　湖北杨春洲　贵州王秉中　西康张一鹏　新疆钟振东[①]

上述名单中的这些人是否会真的听命于“天的”张相思、“地的”王立山另作别论，但日本侵略者利用各省青帮网络来推销东光剂的企图是十分明显的。1942年，东兴公司经过多年努力，独立地研究出制造东光剂的方法，每月可生产东光5 000公斤，完全取代了德国产品。在东京本社内存有2 000公斤，在台湾高雄工厂中存有5 000公斤，在北海道工厂存有10 000公斤。

这年东兴公司代表佐伯悌弘仪为了“奉献一心一意奉公本职的至诚，作好战争后援”，特向日本军方呈上请愿书，要求批准将东光交换日军尚未占领地区的旧五金、杂粮、油类、矿产、皮革、棉纱等军用物资，并批准把这些军用物资“从未占领地区搬到占领地区，并将其划归军队”。《请愿书》称此举“既可削减敌人的军需物资，又有利于报告敌军状况”。具体计划是在预定交换物资的汉中、九江、海州、杭州、福州、厦门、广东某地之附近设立十个东兴公司的出差事务所，由公司派10名职员前往这些未占领区。公司方面负责将青帮一次性订购的500万元以上的东光剂从各产地“无滞压无破损地切实运往目的地”，青帮总代理张相思负责指挥各省头目从中国军队的仓库中搬出军用物资运往位于华中南10多个地方的青帮基地，以日本统制价格的70%与东兴公司交换东光剂。东兴公司“以每封840元的批发价提供东光，并加入一半分量的吗啡，用以每封八千日元的价格销售，可获得无法比拟的巨大收益。本公司在此利益关系方面，已捕捉到他们的特殊性格，可随意控制他们的生死”。

东兴公司还计划向各省青帮头目(必要时也可向下面的成员)赠送100公斤乃至200公斤的东光，指使他们从事以下工作：“(1) 侦察报告敌军的军备及计划；(2) 警戒护送敌占区的军用物资到安全地区；(3) 把英美提供给重庆的物资运到我安全地区；(4) 集合商工农协助易货交易；(5) 可作其他方面的紧急报告；(6) 安抚中国民众。”[②]这一计划表明日本侵略者一手策划的毒品贩

① 上海市档案馆馆藏：《各省青帮系头目姓名单》。
② 《东兴公司请愿书》，《档案与史学》1996年第4期，第18—20页。

卖还会引发一系列相关的军事、经济和社会问题，直接威胁到中国的国家安全和民族生存。

第四节 汪伪政权的贩毒与禁毒

一、汪伪政权的毒品政策

1940年3月30日，汪伪“国民政府”在日本帝国主义的支持下在南京成立。汉奸汪精卫自任代理主席。原隶属于伪“维新政府”“行政院”的戒烟总局改隶汪伪政府“内政部”。在戒烟总局内，重要的科长均由日本人担任，设在各地的戒烟局也由该地的日本宪兵队进行监督。一开始戒烟总局直接管辖的范围仅限于苏浙皖三省及宁沪两市。

在南京，汪伪的鸦片所每月销售鸦片的收入多达300万元。1940年，汪伪政府成立武汉特别市戒烟局。该局除了在武汉三镇遍设土膏店、吸烟所外，并成立了土膏店联合公司，由戒烟局统一发售烟土。至1942年，该局统一发售的官土增加到了10万两仍供不应求。由于鸦片行情看好，价格坚挺，连公务员的工资都用鸦片来支付了。[①] 局长沈竹痕早在沦陷前已是一个贩毒的无业游民，他上任后增加了配售烟毒的机构，又将销售范围扩大到江西九江、湖南岳州。沈后来用当4年局长时收利所得在汉口、上海、青岛、北平等地广置地产，仅仅为了买进上海福开森路一幢花园洋房就动用了400多根金条。[②] 此外，伪海军部上海中央海军学院的不少军官为了发财，利用军舰走私白面和鸦片。在他们的军用物资通行证上所谓的“医疗用品”实际上就是鸦片海洛因毒品。

1941年11月，汪精卫提出进行新国民运动后，名义上也宣传禁烟，但直到1944年2月25日汪伪政府才公布了《禁烟方法大纲》(简称《大纲》)。《大纲》首先提及1935年4月南京国民政府行政院公布的《禁烟实施办法》提出的至1940年5年禁绝计划，声称仍继续执行因中日事变而中断的原有政策，实行从1944年3月30日起到1947年3月29日为止的3年禁绝计划；规定：“禁烟机关由内政部设禁烟总局，专责其成”，“吗啡、白面、红丸等毒品绝对禁止”，“烟土非经特许，不准贩卖，特许烟土之总数量，应按3年禁绝计划，厉行分期递减”，“各地售

① 王德溥：《日本在中国占领区内使用麻醉毒品戕害中国人民的罪行》，《民国档案》1994年第1期。
② 《近代中国烟毒写真》上卷，第549页。

吸所限期禁绝”。[①] 从条文本身来看，汪伪政权对于毒品贩卖采取了严厉态度。同年，经汪伪中央政治委员会第九次会议议决，在辖区内进行烟民登记，对于烟贩则由军委会审判。[②]

汪伪政权此举事先肯定征求过它主子——日本帝国主义的意见。当时在太平洋战场上节节失利的日本为了更紧地把汪伪政权绑在它的战船上，很快在禁毒问题上作出了一些承诺，藉以提升这一傀儡政权的名声和实力。根据1944年4月1日日方公布的《阿片吸烟禁止处理经过事情》，日方的承诺是：(1) 1944年3月清除在上海的麻醉剂制造厂，枪毙麻醉剂商人曹五成；(2) 从1944年4月起至年末，从蒙疆输入的鸦片为每月平均10万盎司，宏济善堂减少40%的鸦片输入；(3) 阻止鸦片贸易；(4) 委托在南京、上海等地的公私医院协助禁烟，毒品吸食者登记；(5) 关闭各种吸烟所，汪伪所征收的鸦片烟税缴给日本大藏大臣。[③]

正在这时伪戒烟总局范局长私出执照给人运土，被上海市政府保安队查获，被迫下台。4月30日，章骏接任总局局长，副局长兼公栈主任由郭洪担任。当时上海业土膏店者多为郭的同乡和同族，栈址设在上海南市露香园路，屋内的地下室专供储藏烟土之用。伪内务部长梅思平接办鸦片公卖之初，通过郭洪与上海土商协调，核定了15家土膏行和150余家土膏店。其中有近半数的行开设在南京、无锡、扬州、南通、杭州、苏州等地。土膏店则只有少部分开在外地。原有上海南北两市公开供人吸食鸦片的禁吸所400余家在短期内一律关闭。在上述15家土膏行中盛文颐、梅思平、陈公博、周佛海、陈春圃各有1家，剩下10家为土商开设，凡一人有两行者必有一行是为汪伪中央要人代办的。[④]

1944年5月，鸦片商们正式成立特业公会，罗洪义、张瑞堂、徐长春等人为常务，任务是排解同业间的纠纷和营业上的阻碍，代向禁烟局谋求烟土之配给问题等。烟土先由伪禁烟局附设之公栈提出，配给特业公会，再由该会配给所属之各行商，他们是负责南京协成行和松江松泰行的罗洪义，负责无锡裕成行、裕丰行和南通源昌行的张瑞堂，负责宁波同德行和扬州协记行的徐长春以及镇江鑫泰行的王永康，苏州瑞昌行和瑞丰行的李士群，杭州大德昌行的梁鸿志，嘉兴锡昌行的周志远。

1945年1月后，汪伪政府将禁烟总局改隶伪军事委员会，由该委员会委员长陈公博兼任禁烟总监。陈的亲信陈实秋出任禁烟总局局长。此时离日本败

① 《中国禁毒史资料》，第1567页。
② 《申报年鉴》1944年，第477页。
③ 转引自苏智良：《中国毒品史》，第423页。
④ 《上海文史资料存稿汇编》第十二册，第273—277页。

降、汪伪政府垮台已为期不远了，但陈公博还是死死抓住鸦片专卖不放，大肆进行搜括。战后《民国日报》特派记者指出，“抗战军兴，各地区之沦陷于敌寇者，范围甚广。敌寇在其占领区内，实施麻醉政策，大量贩卖毒品，肆无忌惮。伪南京政府不设法制止，乃代而抽收捐款，允许各地开设烟馆，公然吸食”①，对此陈公博罪责难逃。陈公博兼任禁烟总监期间走私贩毒依然存在，而沦陷区内吸食毒品者已高达 3 000 万人以上。

二、1943 年汪伪政权内部的“三禁”运动

1943 年 12 月 17 日，汪伪要员、伪“宣传部长”林柏生因沾不到鸦片利益的光，也为了挽救汪伪政权的厄运，发起了禁烟、禁赌、禁舞“三禁”运动。12 月 17 日，南京各校学生集会，决定在社会上严厉实行，散会后即分头去各毒品售吸所等处进行劝导。这种劝导后来演变为结队冲击以至捣毁戒烟所的地步。南京青年学生的正义举动引起了上海青少年的积极响应，他们也组织宣传队，赶到烟馆赌场前面，要求禁绝其营业。12 月 27 日，上海 6 000 余青少年集会，再次向汪伪政府和新国民运动指导委员会请愿。伪上海市长陈公博在与青少年学生见面时，“当面答应在三个月之内禁绝烟赌，并向日方交涉，收回鸦片公卖之权”。②这批青少年随即去烟馆赌场游说，强烈要求实行三禁。冲进九亩地烟窟区的二三名青年搜出了一大批烟土、烟灯、烟枪，堆起来当街焚毁。③ 在这次运动中白面大王曹某被枪毙，汪伪政府乘机与日本主子交涉，收回禁烟事务的实际权力。最初的条件是汪伪方面每年向日军提供若干万元的津贴。④ “三禁”运动充分体现了沦陷区广大青年学生反对烟毒的政治热情，同时也促进了汪伪政权于 1944 年 2 月重新作出限期禁毒的决定。

第五节　沦陷区的民众贩毒

一、东北沦陷区的民众贩毒

从 1937 年“七七”事变之后，东北民众饱受日本帝国主义者的蹂躏，家破人

① 《汉奸陈公博公卖鸦片毒害人民》，《民国日报》1946 年 4 月 6 日。
② 陶菊隐：《孤岛见闻》，上海人民出版社 1979 年版，第 279 页。
③ 陈存仁：《抗战时代生活史》，第 151 页。
④ 《中国禁毒史资料》，第 1592 页。

亡，民不聊生。为了谋求生存，有些人在人迹罕至的深山密林中偷种罂粟。有偷种必有偷贩。这些偷种偷贩者既是日本侵略的受害者，又是害人者。他们的勉强生存是以吸毒者们的慢性自杀为代价的。

从 1943 年起吉林的一批百姓因生活日迫，走上了贩毒牟利的道路。他们去产鸦片最多、价格又相对便宜的热河省买烟再向北贩运，一开始是乘坐火车随身携带，后来日伪方面检查严了，又改坐汽车、马车或干脆徒步贩运。过了一阵子这些办法也不行了，于是烟贩们花钱托火车司机或烧火的司炉代运。后来日伪方面命警护团仔细检查火车头以及司机、司炉本人，检查出烟土一律没收归警护团官兵个人所有。在这种情况下，一些烟贩采用了吃运法。他们买进烟土后用三层避孕套装入一两鸦片烟，放在烫手的热水中泡软，使之成为半流体，又滑又软，空肚吞下十几个，然后乘火车而返。回到家里马上进食，静候肚子中的鸦片随大便排下，洗净剥出，卖给吸食者。烟土的本钱以一次 10 两计算，在热河买入是 40 元，加上往返火车费 20 多元，共 60 多元，在吉林卖出后可净挣 200 元。当然这一只挣不赔的买卖也不是没有风险的。有一次一个烟贩在热河叶柏寿吞下了鸦片，不料坐火车至打虎山时避孕套爆裂，中毒身亡。在进行尸体解剖寻找死因时发现了这一秘密，以后铁道警护团就强迫铁路人员将可疑的乘客在开通站下车，拘禁三四天。在这近 100 小时内任何人都不可能不排便的，于是在烟贩中有了“火车好坐，开通难过”、“开通是雁过拔毛的地方”等说法。但无论如何，空隙和漏洞总是有的，因此冒险贩烟侥幸过关者仍然不少。①

1944 年 6 月，据伪满保安局一份文件《热河鸦片与走私》统计，热河每年生产的鸦片中有 600 万两流于走私，“按通过省境时的价格每两平均 60 元计算，约达 3.6 亿元之巨”。“走私者几乎全是满人，但在热河的 2 000 名朝鲜人亦与鸦片走私有关联”。1943 年一年热河共抓捕了走私者 649 人，缴获鸦片十二三万两。此外，从 1937—1940 年伪华北禁烟总局对热河烟土入口实行免税政策，间接地刺激了热河烟土流入华北。这一政策在 1941 年度一度停止，但从 1943 年起又重新开始实施，实际上对热河的鸦片走私起着引诱的作用。据统计，1943 年热河走私入华北的烟土高达 200 万两。②

二、华北、华东沦陷区的民众贩毒

1937 年 7 月底，北平沦陷后，日军通过禁烟局专卖的官土税重而价高，而私

① 《近代中国烟毒写真》上卷，第 248—249 页。
② 《东北经济掠夺》，第 840—844 页。

自贩运逃税后可获重利，因此有些无业男女便冒生命危险往返西北偷运大烟土。为了逃避在车站和列车上的搜查，贩运者利用人体器官秘密藏匿烟土。男人将大烟土搓揉成长条状，用避孕套在两头套上十几层，空腹不食塞入肛门内，妇女则把烟土包好后塞进阴户中，这些“肛门队”和“水门队”频繁穿梭北平至绥远包头一带，贩运大烟土。①

天津大毒贩石子文在“七七”事变后即勾结日本侵略者和汉奸大量制贩毒品行销各地。此人先后在涿县、天津西营门外，霸县堂二里和子牙镇等地共开设了5个制毒工厂，制造白面1万余两，另在平津两地开设土膏店3家，大肆贩毒。他还勾结日本人前往济南、河南、南京、上海等地贩毒，赚得黄金300余两。当时与石子文并称“白面大王”的还有康世清、康少山等十余人。康世清从1940年起即在天津小站与王景山等勾结日寇、汉奸开厂制毒。1942年他兼任日本宪兵队特务后更是有恃无恐，大肆制贩毒品，至1945年8月日本投降，共制毒40余万两。从1934年起就利用邮局职务之便贩运毒品的刘树人（又名刘家森）在这一时期也伙同石子文等人在天津、宣化、小站等地开厂制造白面。②

1939年，傅作义部进驻河套地区，动员全民抗战，禁种大烟。此后，从河套东面的沦陷区就有些平民潜入河西贩运鸦片，若被关卡查获，轻者没收，重者坐牢以至枪毙。烟贩们为了逃避关卡检查，有的将烟土包扎成圆柱形，塞入自己的肛门内，有的表面上是用棺材装死人，实际上是挖空棺材板壁或在死人的尸体内填装鸦片偷运，有的把鸦片缝裹在羊尾巴上，以赶羊为掩护实行偷运。最常见的则是在衣服、行李、用具中进行暗藏夹带。③

在山西应县也有一些不顾国难当头大肆贩毒的人，如南河种村的毒贩洪七娃、洪八娃和茹越口的姚某等，均与汉奸紧密勾结，以售其毒。在当地民办而由日伪政权公助的晋北烟土组合与私贩们各行其道，各显神通。前者走平津一带，后者或西出包头或南下太原、河南，再分散各地。④

山东济宁沦陷期间，有领照营业的“三义成”、“德隆”等土药店，经营销售来自滕县、羊山的“草货”，每两3—5元，来自口外的“北土”，则每两索价10—20元不等。济宁还有“盛华”、“鸣石”、“寿康”、“洪园”、“新新”等13家土膏店，他们都从土药店或毒贩处购得烟土，再加工成烟膏、烟棒零售的。此外另有约200余家私烟馆以及长途贩运、囤积储藏、零整批发，提供烟土货源的大毒贩数十人。这

---

① 《近代中国烟毒写真》上卷，第73页。
② 《禁毒全书》上册，第468页。
③ 同①，第205页。
④ 同①，第196页。

伙人资金雄厚，交游广阔，兼营烟土和海洛因，号称“黑白大仙”。他们能呼风唤雨，仗着贩毒发财致富，其中的代表人物有佟坤元、张福林、贾广义、钱玉彬、曾广誉、时耀亭等。[①]

在江苏昆山，青帮通字辈、新镇制毒惯犯刘厚吾在“八一三”战事后又勾结部分广东大埔同乡开设土膏行，串通黑道，贩运白粉、红丸。刘特意长期雇用四个朝鲜浪人假冒日本人，横行城乡。杜月笙的门徒、浙江台州人罗秀江、罗秀山兄弟抗战前就几乎垄断了昆山的鸦片买卖，二罗开设的“祥生”、“祥泰”土膏行专营批发兼做零售，销量占全县的80%以上。昆山沦陷后他们又勾结日伪，与黄金荣的门徒一白相人合伙，恢复“祥泰”土行。这一白相人收徒500余人，二罗为了利用他的恶势力，高薪聘请他为经纪人。抗战前，曾在周市更楼桥以开茶馆为名，设赌贩毒甚至纵徒抢劫分赃的胡维藩，在昆山沦陷后搬进城里，与安庆同乡数人合伙在南街口开设土膏店，其烟土来源主要从祥泰行以较优惠的价格买进，此外一部分由苏北大亨、原上海法租界捕房督察长金九龄负责提供。此外还有一些专贩白粉的，他们同样与日伪势力、帮会狼狈为奸，运销牟利，坐地分赃。[②]

浙江西部沦陷后，受日军毒化政策的影响，吴兴县城内即有烟馆200多家，并雇用女招待，迷惑烟客；安吉县梅溪镇上有7家鸦片馆。此外安吉、孝丰、长兴各县都有一些人在暗地贩卖鸦片，进价为1两20元，但带到吴兴即可卖到1两60元。[③]

第六节 国统区的贩毒

一、港记公司

成立于1938年的港记公司是抗战时期有国民政府政治背景的国统区内实力最强的贩毒机构，公司的实际负责人是杜月笙。

1937年11月27日，杜月笙从上海秘密登轮抵达香港，直到次年4月23日才被国民政府正式任命为中央赈济委员会委员，拿着国民政府的经费开办了赈济委员会第九区赈济事务所。杜月笙居住香港期间人生地不熟，收入较上海时

① 《近代中国烟毒写真》上卷，第288页。
② 同①，第360—361页。
③ 同①，第405页。

锐减，于是开始筹划做新的生意。与此同时，孔祥熙在重庆为如何把蒋介石以禁烟为名从川康滇黔各省掠得的大量烟土出手变卖而发愁。最后，孔祥熙决定通过刘航琛函召杜月笙前来，当面商议如何利用杜的老关系来推销这批鸦片。

经过此次密谈双方商定组建港记公司，在重庆和香港分别设立机构，负责经营将大西南烟土运往香港的生意。表面上由顾嘉棠出任公司经理，而事实上杜月笙才是公司的主宰，并直接负责对外接洽。孔祥熙派出爱女孔令伟(即孔二小姐)常驻香港，负责管理烟土经销款项。具体的运作方案是戴笠用军统局或货运管理局的军用汽车将烟土以“军用品”的名义运到广东韶关。杜月笙再用“赈济委员会”的汽车将货以“救济品”的名义从韶关运到香港。然后由杜月笙留在上海的门徒与日伪当局联系，用军舰或外轮将烟土转运到上海，在上海及其周边地区倾销。消息传出后，香港的鸦片商人也想插上一脚，纷纷找杜接洽，有的愿意先付定洋向他购买鸦片。1939 年，杜月笙共接收了价值 3 000 多万元法币的烟土定金。1941 年 12 月，太平洋战争爆发，日军侵占香港后，港记公司的鸦片生意这才停顿下来。

在此之前，杜月笙探悉有 3 800 余担烟土在涪陵白岩洞中封存冻结多时，不准启运，于是想办法找门路欲包揽这一大笔鸦片生意。杜月笙首先找到了川康绥署副主任潘文华的胞弟、四川银行董事长、重庆银行总经理潘昌猷，然后又求见蒋介石等人。同样希望将存土变卖换成现金的蒋介石对杜月笙的计划表示同意。①

但要把大宗毒品运出去必须有财政部发的证明文件方可通行，而时任行政院院长兼财政部部长的孔祥熙就是卡住不发。杜月笙无奈，只得通过四川袍哥、八十八军军长范绍增塞给孔祥熙一张 500 万元的支票，次日港记公司就拿到了梦寐以求的财政部放行证明文件。港记公司与重庆银行商定，这批烟土每两向川方支付 3 角 2 分烟价并支付印花税金，全部货款交重庆银行的香港办事处。

1941 年夏港记公司装载 2 700 箱涪陵烟土的 40 辆汽车在戴笠派出的一排武装特务的押运下，通过烽火连天的战区，安全运抵广西镇南关，然后分散销售到香港和沦陷区。

港记公司承运这批烟土共获利 3 500 万元。除了向重庆银行香港办事处支付前已商定的烟价之外，又给了范绍增 100 万元，王晓籁、叶焯山各 5 万元。余款大多由杜月笙和戴笠平分，钱新之、顾嘉棠也分到了一些。②

---

① 参见《四川文史资料选辑》第 19 辑，第 108 页。
② 范绍增口述，沈醉整理：《关于杜月笙》，《文史资料选辑》第 84 辑。

港记公司的生意按特业业内人士的说法,是“官僚资本对整个‘特业’所干的一次大掠夺……把烟商连本带利一起吃光,暴利之巨,无法计算”。[①]

二、西部地方当局的贩毒

(一) 云南

至抗日战争中期,各省疏散到云南的人很多,其中不乏吸毒者。由于烟毒的需要量渐增,烟毒的价格也随之上扬。1941 年初,川康烟价突涨,云南省主席龙云认为时机已到,决定将统运处余存的生土提出 2 000 箱,运往便于进川的昭通存储,由其次子、驻军旅长龙绳祖主持陆续销售。所有买烟的人都是龙绳祖身边的人,大多是他的部下或其亲友,均伪托一个商号名义来办。龙绳祖本人也买了不少,当然也是假托某商号出面,照一般手续办理。每人每次交易都以一箱起价,每箱 1 120 两,价格由龙绳祖说了算,每箱国币 5 000 至 8 000 元不等,此外另加保管费 100 元。这种烟土买卖一直持续到龙云被调离云南时。当时龙绳祖将卖剩的 60 多箱烟土运回其老家燕山石洞内保存,直至卢汉执政后才运来昆明处理完毕。

龙云主滇时期,不适宜入川的其他烟土和吗啡、海洛因等均在省城昆明于 1942 年春后陆续秘密售出,凡邻省军阀与本省军政人员要买的,须由省财政厅长陆崇仁面报龙云,指定种类、箱数和价格。如果是亲属来办烟或有交往熟识的人来买,就由陆崇仁自行决定。一般讲经龙云决定的是箱数多而价格较低,经陆崇仁决定的反之。由于云南官方卖出的烟土质量、重量绝无问题,信誉卓著,所以卖出时原封点交,不开箱过秤,更不启封,买主对之深信不疑,也从未出过差错。[②]

龙云还支持部下张冲从烟商中筹款集资兴修弥勒水利。张冲先以指挥部名义派出军需桂灿用骡马真的为烟贩保运了一两次。一些走私烟犯、沿路土司不知是计,纷纷要求入股、保运。桂灿将这些人的名单连同请求保运的近 20 万两烟土交给张冲。张冲即要求龙云按名单抓捕李公弼、李湘廷、李子干等走私烟土之大犯。龙云最后收下了这批烟土,并未对三李判刑、罚款,还发给他们一点本钱放其回家。[③]

省政府贩烟,县政府也如法炮制。蒙化县长宋嘉晋与马某合伙,共同出资

---

① 《近代中国烟毒写真》下卷,第 54 页。
② 同①,第 424—425 页。
③ 同①,第 374 页。

50 万元办货，再串通姚某搞联运。有一次宋县长的货到楚雄时被人查出，大烟 25 000 两连同其他财物、武器等统统被没收。驻蒙化县城的第五区专员公署也公开贩运大烟，1943 年公署为了与县政府争夺关卡征收烟贩运捐税而动武，将县自卫队的一个队长打死在公郎街。[①]

（二）贵州

1938 年，吴鼎昌任贵州省主席后明令宣布全省一律在当年禁种鸦片。次年他在贵州成立肃清私存烟土督办公署，自兼督办，以每两法币 3 角的极低价收缴民间存土，共收缴大烟 3 000 担以上，呈送国民政府，运往香港销售，获取暴利。[②]在此期间，吴鼎昌又勾结奸商刘熙乙、赖元初等人，开禁特货，开征特捐，自己却把从民间搜刮来的烟毒运往武汉等地出售，大发横财。[③] 由于黔省当局"假禁烟之名，行肥私之实……是以禁烟者庇烟，铲烟者分烟，年年禁烟，年年种烟。年年铲烟，年年收烟"，[④]加上省府扬言要提前禁绝烟毒，反而导致烟土价格在两年中陡涨数倍，助长了全省偷种偷运偷卖和偷吸。

1944 年，黔南事变发生后，杨森由川入黔接任省主席。杨森一方面在表面上大做禁烟文章，另一方面暗中与烟商合谋，经营烟土生意。他派其长子、时任警卫团团长的杨汉烈带着大批武装，开着卡车在昆明、重庆、武汉、香港、贵州之间公开贩毒。杨森还在"查禁种"的幌子下，搜刮民间烟土，垄断烟土市场，牟取暴利。[⑤] 他的一些亲信爪牙一旦升迁专员、县长后就把武装押运、贩卖毒品作为难得的生财之道、公开的副业，搞得民怨沸腾。[⑥]

（三）西康

1939 年西康正式建省后，在康定成立了西康省禁烟局，另有武装缉私队。禁烟局将在康定征收的公烟和云南、四川贩运的一些烟土动用武装部队护运到雅安学道街(今解放路)陆叙伦的公馆里。陆公馆实际成了刘文辉的烟土总库。用刘文辉二十四军参谋长伍培英的话来讲，"烟是军队的经济命脉"[⑦]。

在这之前刘文辉为了烟土生意，派二十四军处长屠仁治赴昆明与云南财政厅长联系洽商，双方订立了如下协定："云南方面常年以官价供应烟土，临时指定地点交货，西康方面收货付款自运；云南官方烟土运经西康，免缴各种税捐，并协

---

① 《近代中国烟毒写真》下卷，第 449 页。
② 同①，第 275 页。
③ 《禁毒全书》上册，第 431 页。
④ 刘时苑：《黔东事变纪要》，第 75 页。
⑤ 同③。
⑥ 马宣伟、肖波：《四川军阀杨森》，第 157 页。
⑦ 《近代中国烟毒写真》上卷，第 49 页。

助保护。西康方面由香港等地进口物资，经过云南境内时，一律给予便利放行。”[①]该协定自1939年起开始执行。

关于此事另有一说称，龙云与刘文辉在1942年有密约：由云南供给大量鸦片烟，由刘文辉在四川秘密制造吗啡。刘文辉的秘书先后去云南三次，共运去100多箱鸦片，每箱1 200两。这个秘书在昆明用某堆店的名义与云南省禁烟局接洽，所商条件不见诸文字，只是口头约定，云南如需要吗啡，西康方面本着互惠精神供应。[②]

不管这些协定真相究竟如何，1942年云南官方烟土在西康荥经被劫事件给双方的关系蒙上了阴影。事发之后西康方面借辞推诿，查处不力，云南方面则扣留由香港运往西康的大批物资作为报复。尽管刘文辉派专人前往昆明进行疏通，但仍未获云南官方的谅解。自此以后云南官方烟土不再运经西康。刘文辉只得在康定组织西康公司，并派出电台台长徐楚在丽江设了一座小型电台，专门联系烟讯。

抗战期间，刘文辉的弟兄刘文彩也大肆贩毒。刘文彩曾出钱买通成都行辕参谋长刘倚仁向实际负责行辕日常事务的谢葆生借口要了一张空白执照。刘文彩拿到此执照后自己填写，为走私烟土充当护符，不料烟土后来被军统截获。案发后军统头子戴笠特意向成都行辕主任贺国光追查执照的来龙去脉。[③]

(四) 甘肃、宁夏、青海

抗战之初，统治西北数省的马步芳、马步青、马鸿逵一面亲自兼任各省的禁烟委员会委员长，摆出禁烟禁毒的架势；另一方面把强行低价收购进来的鸦片，通过他们自办的商号卖出牟利。马步芳就通过“义源祥”、“德兴海”等商号，暗中兼营贩烟生意。他的弟弟、原西宁省会城防司令部副司令马步瀛居然在其花园内大量私种罂粟，偷贩烟土。

1939年春，宁夏省主席马鸿逵电告陕西，“本省财政困难，现金枯竭，周转不灵”，打算运20万两鸦片去陕西销售，以维军政经费。5月上旬，中央财政部答复陕西省政府，同意宁货运陕销售，“照章完纳税费”。[④] 马鸿逵用汽车运售鸦片并由军警护送，竟无人敢于过问。[⑤]

---

① 《近代中国烟毒写真》下卷，第75页。
② 同①，第358页。
③ 同①，第14页。
④ 《中国禁毒史资料》，第1207页。
⑤ 《近代中国烟毒写真》上卷，第205页。

甘肃在1940年禁烟缉私时陇西团管区司令部主任部员、缉私队队长温自新等人私吞被查抄的烟土四五千两，在县长黄炘及党、政、军、警、商、学、绅12人中私分。案发后温自新等7个主要案犯被捕押往兰州，但温被人有意纵放，最后只杀了黄炘一人草草了事。[①]

同年，所谓禁烟计划完成后，西北地区的当政者就开始高价抛售他们所垄断的烟土。马步青本人在甘肃临夏大兴土木、广置产业，但不付现金只用烟土折价。而收到这些烟土的人为了兑现，又将烟土拿到市场上去销售，“因之市面上烟土充斥，像国家禁烟以外的特区”。马步青有事去重庆时，马步芳又乘机说业主们欺骗他老哥，多卖了价钱，指使驻军团长逼业主们交出已得烟土的30%，约一二万两，时价为十几元一两。然后马步芳硬性以每两20元的价格分配给土店经销，如此一进一出，马步芳就赚了几十万元硬币。[②]

在宁夏，地方各级税局是马鸿逵推销烟土的总商店和分店，在1938年至1940年期间各税局、关卡为了完成马鸿逵下达的推销烟土的任务，不遗余力地向各烟馆派销、赊销由省财政厅长赵文府监制的板烟。马鸿逵通过独家销售贩烟很快收回了他私自发行的宁夏省纸币340万元，并提出部分烟土奖励各党政军官员，仅1938年一年就奖了30多万两。当时烟价是每两1.5元左右，至1940年涨至每两7块银元，原先分到烟土的官员们都发了大财。[③] 1940年，马鸿逵为了加速贩毒，撤销了宁夏地方税局的鸦片经销权，改由省银行行长李云祥独家专卖。李云祥接手贩毒后，取消了零敲碎打的小买卖，烟土只能整件(75两)、整箱(20块1箱)地出卖。何时出售，以何价格出售，均经马鸿逵亲自议定、批准。有钱有势的客户还可以向省银行认息借贷，不交钱就先取货，得了利后再还本息。这样一来，省银行既卖了鸦片，又放了高利贷，一箭双雕。

1943年，马步芳兼任陆军第四十集团军总司令后在青海全省范围内实行又一次的烟毒大检查，仅西宁地区就查获烟贩四五百人，罚款总额为10余万银元，同时没收大烟土2 000余斤，全部交给开赴新疆的骑五军军部运销。骑五军进驻新疆三台等地后，与土烟贩们相互勾结，从青海、兰州运来大批大烟各地偷销。[④]

马步芳等人毒品生意的来源除了在控制区低价强行收购烟土和罚没走私烟土外，抗战初在武威、张掖等地低价收购了烟土1 600两，还派出亲信人员赴川、

---

① 《近代中国烟毒写真》下卷，第582—583页。
② 同①，第562—563页。
③ 同①，第609页。
④ 同①，第633页。

康地区采购。马的烟商代办马爷拥有10万银元的资本，长期坐镇马尔康索马赢官寨，专门收购懋功、靖化、理县等地的鸦片，然后转手卖给西北烟帮。① 随着马家军政势力的不断扩张，其贩烟的规模也越来越大。

1944年，马少伯凭借其叔甘肃东路交通司令马锡武的势力，连续三次到临洮、岷县等地贩运枪支弹药，再由洮、岷贩烟土到宝鸡。

1945年，马步芳指使西宁东关"峻德号"持西宁商会护照，载运烟土共11驮子，取道民和县境运往甘肃洮、岷等地区销售。这一行人路经川口时被骑五军副官处查获。但该处报告军长马呈祥后，接到的竟是"奉主席电谕，护送过河"的指示。②

三、其他地区军政官员的贩毒

1937年，吴铁城出任广东省政府主席后，与广州湾毒贩陈学谈勾结，多次贩运烟土出国。陈学谈在他的"大司马"和"天成"两艘轮船中设置暗仓，每船两个，一次可藏烟土300万两多，烟土运抵印度尼西亚、菲律宾等地后每两仅售4元，比当地开价便宜一半以上，因此销路极佳。吴铁城和陈学谈首次合作贩烟出国，各分得利润港币60万元。第二次又分得港币100万元，第三次跟第二次相差无几。第四次偷运烟土时遭到"大司马"轮船上工人的告密，菲律宾海关查扣了该轮两个星期，后罚港币20万元放行，船上烟土全部没收。③ 吴铁城在案发前为了逃避沿途地方官吏和缉私机关的检查留难，特请军政部派出全副武装的一连宪兵，标贴着军政部大印封条的烟土从云南一直护送到广东遂溪县寸金桥省政府的办事处，保证在境内万无一失。④

1938年，蒋经国就任江西省第四行政区督察专员时在赣州封存了江西省特种商品公卖处的80箱云贵高档烟土，后电告省府请示如何处理。江西省主席熊式辉立即派特种商品公卖处处长余守真飞往重庆，通过军政部次长曹浩森沟通该部军医署，又向军委会活动。最后由军委会出面电复江西省政府并通知第四区专署，说明被查封的80箱烟土为麻醉剂是医治受伤将士用的，应予发还。公卖处待蒋经国被迫发还后公开标价每钱烟土两块现洋出售。⑤ 1939年，赣州的何记兴隆土膏行被蒋经国查抄后，重庆、会昌等地的大官们纷纷来电称，该土膏行是经过政府批准立案的，是合法的，不能查封云云。⑥

---

① 《禁毒全书》上册，第456页。
② 同①，第618页。
③ 《近代中国烟毒写真》上卷，第26页。
④ 同③，第29页。
⑤ 同③，第451页。
⑥ 王金海、佐恩《蒋经国全传》，吉林人民出版社1989年版，第88页。

1938年10月间，福建上膏局龙岩分局将11箱川土（重300多斤）伪装成包裹邮件，从龙岩运到南靖水潮，然后再由省保安团派人武装押运到漳州出售。不料事不机密，被时任汀漳师管区连长的南靖人吴昂成获悉，吴便率亲信10余人到龙山、雁竹两乡交界处埋伏，一举截获了这批鸦片，然后分别运往和溪、华安、漳州等地销赃。事发后虽有福建省保安司令部电令第五行政区督察专员兼保安司令严查，但谁也不愿出头露面，最后只能不了了之。①

1940年，驻扎在太行山淇县临淇镇的国民党军孙殿英部派人到沈邱水寨一带收购罂粟，每两法币6元，送到洛阳可卖到20—25元。因此孙经常派出整营的部队去沈丘水寨挑货，或去洛阳送货。孙殿英（1889—1947），河南永城人。早在1914年投奔河西悍匪张平时，他就在河南、陕西等地靠贩卖鸦片过日子，②因此对于贩毒并不生疏。孙殿英对友人说，他的军有两个师一个特务团，而中央军事委员会每月只下发16万元的经费，还赶不上中央军一个师的经费，因此只能自谋出路。但毕竟贩毒不光彩，所以每次派人去洛阳时每人只能在腰间用布捆带五六斤，回来时再运取服装弹药。如此贩运量是有限的，所以两三个月就要去洛阳一次，每次只能赚20万元。孙殿英部还秘密设有制造海洛因、红丸等毒品的工厂，并不断从沦陷区偷运进鸦片烟等毒品到洛阳。孙殿英部在第一长官司令部所在地洛阳设有庞大的办事处，处长王松云的主要任务之一就是负责向外地批销孙殿英从防地运来的烟土，因此该办事处总是车水马龙、宾客盈门。③

孙殿英的上述贩毒活动一直持续到1943年5月他以新五军军长的身份率部投降日军为止。在此期间，孙与顶头上司第二十四集团军总司令、冀察战区总司令、河北省主席庞炳勋关系十分密切。孙亲自用海洛因和鸦片混合起来给庞熬烟膏，使庞非吸孙熬的大烟不能过瘾。孙还竭力供应庞的日常生活费用。④因此庞炳勋是孙殿英贩毒利润的分享者，也是孙殿英贩毒的保护伞。

抗战时期，长期驻在皖南的第二十三集团军是一支四川部队，其中有些官兵在路过附近的浙江淳安时顺便贩卖鸦片，习以为常。淳安地方当局对此很难查禁。⑤

四、普通百姓的贩毒

1940年6月3日，国民政府在重庆举行全国禁烟会议。蒋介石在为会议发

---

① 《近代中国烟毒写真》上卷，第465页。

② 参见邵雍：《民国绿林史》，第71页。

③ 同①，第482页。

④ 《民国高级将领列传》第二集，解放军出版社1996年版，第113页。

⑤ 同①，第406页。

出的训词中提出了六条禁烟意见。其第 2 条："治烟应用重法。凡运售鸦片及开设烟馆者，依法执行处决无赦。"[①]但此后的事实表明，蒋介石的这条意见并未起到太大的作用。

1936 年至 1940 年，广西全省共有烟馆 3 000 余家，其中南宁市有 100 家，桂林市每天销售烟土量为 2 000 两。[②] 广西西隆县土匪烟贩杨登鹏 1937 年底出了千余银洋向县政府投诚自新，1938 年冬被县府送到南宁民团干部学校培训了四个月，结业后历任长发乡民团大队长、副乡长、乡长。1944 年末，日军入侵广西，国民党官员们在西隆、西林一带暗中鼓动广种罂粟，杨这时乘机公开强迫农民种鸦片。次年夏初收获时，杨登鹏经县府委任负责征收长发等乡的烟税，巧取豪夺，乘机独吞了约 12 万两烟土。接着杨以这批烟土为资本，加入了专职贩卖烟土的洪帮组织。他把大烟从西隆运到百色即可获利数倍，又以贩烟所得之暴利，添置轻重机枪、新式步枪、手枪等，赫然成了西隆的霸主。杨登鹏还派出爪牙洗劫村庄，抢劫来往客商，案发后又装模作样派人去"缉拿凶手"。[③]

1943 年以后，滇桂交界地区那洒、珠街等鸦片主要产区的一些人常用鸦片换取马帮从云南省内外驮来的枪支弹药。1944 年广南八宝的王子文与路过该地的国民党中央军补充团相勾结，用鸦片、白银换取部队的步枪、机枪和六〇炮。交换的比率大致为鸦片 60 两换美造小卡宾枪 1 支，鸦片 300 两至 400 两换捷克式轻机枪一挺，鸦片 300 两换六〇炮一门。从广南出发的贩烟马帮，货源充足，一批一般都在千两以上，有的甚至多达上万两。[④]

在 1938 年禁种鸦片后，云南一些地方大烟来源紧张，安宁县有实力的商人便招兵买马，组织马帮，购置枪支弹药运到景东县一带换回大烟，进行贩卖。他们所招的马夫均为亡命之徒，往返途中如遇土匪来抢，必拼死抵抗，将人杀死后扬长而去。[⑤] 1941 年 7 月，昌宁县烟贩莫文炳从麻栗坝一次就走私鸦片 23 包，总计 25 300 两，在檀扇水大寨被查获后又行贿 4 000 元得以放行。[⑥] 腾冲地区的经营鸦片者在 1940—1942 年数量猛增，他们把鸦片贩运到保山、下关、昆明、四川、广州等地销售，每年总量达七八百驮。由于经营此业有 5%—300%的利润，因此，有不少人不顾生死，铤而走险。腾冲 80%的大商号也都在做这一罪恶的

---

① 《南京国民政府纪实》，第 696—697 页。
② 《禁毒全书》上册，第 491 页。
③ 《民国人物传》第七卷，中华书局 1993 年版，第 270—271 页。
④ 《近代中国烟毒写真》下卷，第 386 页。
⑤ 同④，第 380 页。
⑥ 同④，第 397 页。

买卖,在小小的县城中烟馆多达 50 多家。[①]

四川汶川是第十六行政区的总口子,从卧龙关到邓生沟是盛产大烟的地方,同时又是土匪窝。烟贩们运烟出来不是有军队护送就是有哥老帮口保驾,动辄几十人几百人一帮,而且配备有武器。汶川县长康栋哀叹,"我们也惹不下",县府甚至连检查哨的壮丁被烟帮打死都没有办法。[②] 在重庆原来准备停业的鑫记土行总经理曾俊臣看到官方垄断烟土经营不久就碰了壁,只能退回到原来商营的老路,于是抓住机会,在 1938 年把成都帮、江津帮的 10 多家土行合组为庆康字号,继续并扩大烟土经营。庆康总资本为 200 万元,在省内各产销区下设 40 个分庄,几乎控制了四川全省的内销,同时也发展省外的业务。庆康在一年时间内从贵州及本省涪陵、南坝等地共买入 2 万多担烟土,绝大部分用于外销,获利甚大。1939 年,由于最大的外销市场汉口等地已经沦陷,内销方面又有不少货款收不回来,股东们意见很大,于是曾俊臣决定趁势结束庆康生意,再作其他投机打算。[③]

抗日战争时期西北各省从 1938 年起贯彻禁绝烟毒令,也取得了一些效果。但是由于马步青等军阀政客本身是贩运烟土的巨贩,加上当时川康一带的地主军阀为了扩充实力,牟取暴利,依然在其防地广种罂粟,因此甘肃省内外可供贩运的鸦片还是源源不断。甘肃临夏、兰州时称"马客"的不法商人成群结队地赶赴川康边界的黑水、那娃等地贩运烟土。马客作为一种贩毒集团一开始人数并不多,十人、几十人为一伙,后来竟发展到几百人甚至上千人的规模。[④] 在临夏一地,马客最多时达 3 000 多人。去黑水、那娃贩烟的马客返回甘肃时,只要按马家军阀的规定有马者每匹马上交 200 元硬币,无马者上交 100 元,即可在市场上公开发售。临夏有 40 多家经销杂货业的店铺在推销烟土。当然马客要想在地方上平安无事,向地方官吏和驻军行贿也是必不可少的。

马客在长途跋涉时常会遭到大股土匪的拦路抢劫,有生命危险,因此必须有枪防身自卫。他们有的是一马一枪,有的是两马两枪,到了那娃后也可用枪支弹药作价换取烟土,获利更多。如途中遭遇抢劫就要开展小规模的防御战,由事先推选出来的富有经验的人负责指挥。马客夜间宿营时要选择可战可守的有利地形,炊事员、警卫员各司其职,俨如部队。然而与土匪的交火却很难避免,并且每次战斗总会有几人或几十人伤亡。

---

① 《近代中国烟毒写真》下卷,第 460 页。

② 同①,第 193 页。

③ 同①,第 47 页。

④ 同①,第 538 页。

马步芳一方面搜刮马客，强逼他们上交税款，从1938—1949年秋，每年马客最多达3 000人，上交马步芳硬币约六七十万元，总共不少于600万硬币。另一方面马步芳又为马客贩毒创造必要的条件，把军队中退下来的残枪修理后卖给马客，便于他们武装贩毒。[①]

宁夏武装贩毒的土客帮形成于1941年底，其前身是一些来往于吴忠、灵武地区和包头的走私商人。当时的背景是由于宁夏省主席马鸿逵的禁烟导致烟土奇缺，致使烟土的价格从每两1块银元疯涨至7块银元，还是供不应求。而日本侵略者自1938年3月占领包头后公开贩卖鸦片。于是吴忠、灵武地区的走私商人雇佣亡命之徒，购买枪支弹药，配备快马组成宁夏土客帮。当时在包头2块多银元买进的一两烟土可在吴忠卖到7块银元。一匹快马一次就可驮回600两烟土，即可净赚1 500块银元。如果马驮的烟土更多些，则钱赚得更多。

宁夏土客帮的主体是吴忠和灵武地区的农民，少数是同心县和甘肃省河州的农民，他们都会骑马打枪，不怕死。这些人拿雇主提供的快马和捷克式长枪去包头，一路上为了避开缉查过往客货的官府哨卡，只能夜行昼伏。他们行至伪蒙军驻军区域时只需拿出一点好处给对方即可安全通过，因此改为正常的昼行夜伏。土客帮行抵昭君坟时由伪蒙古民团僧格司令派专人接待，并负责保管土客携带的枪支弹药(因为日军严禁中国人携带武器进入包头)，土客进入包头城后，在指定客店通过店主用黄金向日本商行兑换烟土。事成之后，店主按烟土总量的2%提取劳务费。僧格民团在昭君坟收取枪货保管费，标准是每匹马20块银元。土客帮返回吴忠后，得烟土30至40两作为佣金，每帮少则6人，多则超过百人。

土客马帮在长期的贩毒过程中形成了不成文的帮规：(1) 绝对服从帮头指挥，不得擅自独立行动；(2) 土客之间不准暴露各自的雇主姓名、住址、驮货量；(3) 遇有不测，丢货不丢枪；(4) 帮头指挥突围，会合时以向空中扬土为号；(5) 若被官方逮捕，至死不出卖雇主和同伙；(6) 在与马家缉私队枪战时，只打马蹄不打人，或枪打指挥官，以便乘乱逃跑而避免结仇。帮头则多由熟悉往返路线、骁勇善战，有指挥能力的人担任。出发时间、会合地点均由帮头秘密通知随帮的土客。

自土客马帮兴起后，冲击了马鸿逵垄断的宁夏烟土市场，双方矛盾趋于激化。马鸿逵一面组织缉私队和骑兵保安团在内蒙新召至灵武长城一线布哨设卡武装缉私，1944年骑兵保安队与吴忠土客帮发生遭遇战，土客帮在打死保安队

---

① 《近代中国烟毒写真》下卷，第560—561页。

连长后突围逃跑；一面于1942年春派省府财政厅长赵文府、便衣特务队长陈俊升率特务队到吴忠严查烟土走私。他们逐商号搜查，结果在马福元家搜出30两烟土，马福元等11人作为大烟走私犯被枪决。

1944年春，灵武土客帮头查克连在涝土附近被官方的黑马队击毙，其首级悬挂在灵武、吴忠街上示众。次日，土客马帮即在涝土附近击毙了黑马队连长。宁夏省主席马鸿逵闻讯大怒，亲率部队赴吴忠查办。著名土客帮头吴忠的马万良、南乡的马宝贞等人经过枪战，机智地摆脱了追捕，突围而逃，土客周三在突围枪战中被击毙。与此同时，马鸿逵通过商会勒令收缴一些富户的走私烟土，马维洲因拒交走私烟土被重铐关押了两个多月，最后交了600两烟才得以释放。在此以后靠走私烟土致富的刘锡和、刘锡风、马鸿钧等只得被迫交出数百两烟土。宁夏的烟土市场又重新处在马鸿逵的一手控制之下。①

第七节　抗日后方与前线的禁毒

一、国统区的禁毒

国民政府在抗日战争的非常时期为了集中一切资源抗战，对抗日本侵略者的毒化政策，至少在表面上仍然没有放弃禁毒这面旗帜。1940年底，6年禁烟计划结束，国民政府又公布了《肃清烟毒善后办法》20条，宣布从1942年1月1日起进入三年的善后时期。1941年，国民政府又颁布了《禁烟禁毒治罪暂行条例》《联络查缉私运烟毒办法》及《查缉大量毒品加给奖金办法》等法规法令。② 但是否真正付诸实施，则是因人而异，因地而异，一般而言又与中央控制的强弱成正比。

1938年春，陈诚担任军事委员会总政治部部长、三青团中央团部书记长、中央训练团教育长、湖北省主席等要职，在国民党内部被称为是"蒋介石的替身""第二号人物"。陈诚主鄂后开展了声势浩大的禁烟斗争，规定凡种、贩、吸、售鸦片者一律枪决。他果真杀了一批烟贩，其中包括在恩施城内珠市街开设烟馆的老板田颖浩等人。③

---

① 《近代中国烟毒写真》下卷，第592—597页。

② 傅建成：《百年瘟疫》，第193页。

③ 《近代中国烟毒写真》上卷，第502—503页。

1939年6月，蒋经国就任江西省第四行政区行政督察专员兼保安司令后，下令在专署所辖的11个县中开展禁烟、禁赌、禁娼。8月间，他果断地查封了广东某军长出资开办的仁记宝成土膏行，当众焚毁缴获的价值20万银洋的19箱烟土。1940年7月1日，蒋经国又宣布，所有查获的烟犯，无论种、运、吸、售一概处以极刑。① 他曾在一次会议上指出："在赣南，单在南康一县，每年在鸦片烟上要消耗270万元……现在的问题，是如何将这些烟、赌、娼、匪上所消耗的钱转移到生产建设上来。"②蒋经国先是枪毙了三个没有任何背景的烟馆老板，又将与广东军阀关系密切的大烟贩黄子裳判了15年徒刑。黄子裳在赣州开设了贩土总店，在遂川也开了一家商行，以贩卖蚕丝为掩护贩卖鸦片烟土，在南康的唐江建有花园洋房一栋。不过此人被判刑后由于广东方面要人曾有所表示，第一年减了5年刑，至第二年就提前释放了。③

抗战时期，国民政府迁都重庆，蒋介石本人曾经兼任四川省主席一段时间，加紧了对大后方的控制。1940年，四川省政府公布了《限期办理吸烟户登记办法实施细则》，先后成立了禁烟缉查处、戒烟委员会，缉拿惩办烟毒贩，贩毒者逐渐减少。1941年富顺县政府在年度工作报告中称，全年缉获烟毒案129起，烟贩210人，已判决201人。"凡过去贩运烟土之道路，俱于其要隘设立盘查哨……检验夹带偷运……私烟馆及售提篮烟尚未绝迹之乡镇，已令饬严督所属切实检讨……务使售烟之任何诡秘现象，一举廓清"。④ 同年2月，綦江县政府也发出了严禁私自出售烟土的布告，称"本县各区镇乡尚有多数秘密烟馆，更有少数烟膏烟土，公开卖售……兹饬各区镇乡限两个月内务将所属远近地方所有红灯、烟馆、烟土、烟膏、烟灰及一切代替品，一律彻底肃清。倘再发现上项事情，定将有关区镇乡长撤职查办"。不过第二年7月綦江县县长给川东区禁烟巡察执法监部的文书中承认，"本县烟毒没有禁绝"，他认为其中最重要的原因是"本县幅员辽阔，接连黔边，暗中勾结汽车司机及过往部队武装走私，非本府力量所能防止缉获"。⑤ 抗战时期，茂县县长杨特树伙同专区保安司令部参谋谭大志等人合伙做鸦片生意曝光后，省政府即下令将杨撤职，解送成都关押查办。⑥

如前所述，抗战时期甘肃省是在马家军阀的控制之下。马家军阀一方面自己放手贩烟，另一方面为了应付中央，对一些没有背景的小土膏行店进行清理整

---

① 《近代中国烟毒写真》上卷，第443页。
② 王金海、佐恩：《蒋经国全传》，第96页。
③ 同①，第449页。
④ 《近代中国烟毒写真》下卷，第215页。
⑤ 同①，第225页。
⑥ 同④，第194页。

顿。甘肃禁烟督察分处在1939年9月制定了《特许成立土膏行店办法》,限定设立390家土膏店,严防私售。1940年4月10日,甘肃省政府鉴于土膏行店流弊滋生,下令将土膏行店一律撤销,同时成立临时烟土管理所,严禁烟土内销。1941年甘肃省政府报告称,该省各项禁政均已依限完竣。当年又在临洮、平凉、华亭、静宁、陇西、庆阳、甘谷、安西、玉门等县缉获烟土共4 000余两,烟棒2 691枚。1942年、1943年,全省合计缉获烟土5 121.146万两、烟犯1 804人。1944年在武都、文县、西固、岷县、武威、卓尼等12县解缴烟土7 800余两。①

据不完全统计,国民政府在1941年初—1943年底的3年善后期内,共查办烟毒案件41 117件,处理烟毒犯58 213人,缉获各类毒品8 213.296公斤。② 应当说,禁烟的成绩还是不小的。

二、解放区的禁毒

(一) 陕甘宁边区的禁毒

抗日战争时期,中国共产党建立的各抗日根据地在十分艰难困苦的情况下,为了最大限度地动员一切人力、物力、财力投入抗日斗争,粉碎日本侵略者毒化中国的阴谋,大多建立了禁毒机构,发布禁毒法令,进一步推动禁毒工作的进行。

1940年1月27日,陕甘宁边区政府颁布了《陕甘宁边区禁烟禁毒条例》。其首先宣布"本条例依据国民政府颁布禁烟禁毒各种法令并参酌特殊情形而制定",并明确规定,凡贩运和销售烟毒者,帮助或庇护他人吸食、注射和贩卖烟毒者,均依禁烟禁毒条例治罪。具体办法是:烟毒价值在10元以内者,罚1个月以下苦役,并科10元以下罚金;烟毒价值在11—50元之间者,罚6个月以下苦役,并科100元以下罚金;烟毒价值在51—100元之间者,处1年以下有期徒刑,并科200元以下罚金;烟毒价值在101—300元之间者,处1—3年有期徒刑,并科500元以下罚金;烟毒价值在301—500元之间者,处3—5年有期徒刑,并科1 000元以下罚金;烟毒价值在500元以上者,处以死刑,并没收其家产。同时规定,凡直接或间接受日寇之主使以烟毒危害民族生机者,按惩治汉奸条例治罪。③

陕甘宁边区的禁毒工作遭到过一些阻力和干扰。1939年12月,国民党陕西省第二区行政督察专员兼绥德县县长、绥德军运代办所所长何绍南派遣其运

---

① 《禁毒全书》上册,第384—385页。
② 蒋秋明、朱庆葆:《中国禁毒历程》,天津教育出版社1996年版,第483页。
③ 《抗日根据地政策条例汇集——陕甘宁之部》上册,1942年。

输队分队长高步元、冯志胜等 5 人，伪造八路军臂章及一一五师通行证，携带大批烟土企图运入边区贩卖，被八路军绥米葭吴警备司令部当场查获，烟土 18 件被没收。为此八路军后方总留守处致函西安行营主任等，指出“贩卖烟土者，既违国法又败军誉，以遂其饱吃摩擦饭大发国难财之伎俩……污损国家体制，所关尤大”，[①]要求予以严肃处理。另有些唯利是图的奸商变换手法，进行破坏。宁夏河西产烟区一河南奸商乔装磨剪刀的手艺匠，在安放磨刀石的板凳中间凿空，把煮好的烟膏注入其中凝结成块，再带到边区贩卖，幸被高度警觉的妇女同志发现而未果。[②] 在边区内部，一些人在强大的禁毒压力下，“变明吸为暗吸，变明卖为暗卖”。为此陕西曲子县县长马锡五在 1940 年 3 月提出，“似此以往，不特流毒难绝，且易招致匪类”。他提出的应对办法是设立戒烟所，网罗各县烟民，限期禁绝。[③]

1940 年 3 月 25 日，陕甘宁边区绥德分区行政督察专员公署司令员兼代专员王震发布告示，提出“鸦片是害人的毒物……警备区是保卫大西北的国防前线，禁烟的问题更关重要……本区军民要坚决禁绝境内的鸦片烟毒，特规定下列的几个办法：

一、所有公膏店或代售所，现存烟土、烟膏，自布告日起，在三个月内必须完全卖出；二、自布告后不准再由境外购买鸦片烟土入境，如经查出有新购入境之烟土，一律没收并处以严刑；三、三个月后，不准再有鸦片烟的买卖，倘有未曾卖尽的烟土、烟膏，或仍图谋利私相秘密买卖的，一经查出，即将鸦片没收，并处严刑；四、吸食鸦片的人，不论是登记的未登记的，必须在 3 个月内戒除，不然到 3 个月后，再查出有吸食鸦片的就予以严重处罚”。告示最后说，“希望从事于鸦片营业的人和吸食鸦片的人，要了解你们做的是亡国灭种的坏事情，是绝对不应该的”。因此，必须切实执行上述办法，以免将来受政府处罚。[④]

稍后，甘肃庆阳县政府也发出禁绝烟毒布告，规定“凡外来烟土，即行随时随地没收之”；“凡烟贩烟馆，统限于五月底(即农历四月二十五日)一律禁止贩卖”；“凡有违背上列条款之一者，除没收其烟土烟具等以外，并予以严厉处分”。[⑤]

1941 年 10 月 23 日，八路军总司令朱德和陕甘宁边区政府主席林伯渠联名发出布告，指出：“我边区自来厉行禁种禁吸，烟毒早经肃清。乃至日寇在华北纵

---

① 《何部冒充八路军私贩烟土》，山东《大众日报》1940 年 1 月 4 日。
② 湘潮：《边区禁烟运动的成绩》，《新华日报》1938 年 6 月 3 日。
③ 《中国禁毒史资料》，第 1609 页。
④ 同③，第 1609—1610 页。
⑤ 同③，第 1610 页。

毒，致有少数贪图重利之徒，不惜干犯禁政，偷运烟土，往来贩卖，随意逗留于边区境内。始而接报与友区接壤之城市发现烟土，近则愈演愈烈，甚至延市亦有烟土踪迹出现。若不重申禁令，严加取缔，恐其到处散布，可将遗毒地方。本总司令、主席为保护边区人民福利，维持政府禁政，对此业已根绝之毒物，断不容其重见于边区”。因此布告宣布，自即日起，无论何人，凡偷运烟土逗留边区境内者一律“按边区禁烟法令严惩，决不姑宽”。①

1941 年，陕甘宁边区又制订了《禁烟毒条例（草案）》，规定：“本条例所称之烟毒分类如下：（1）鸦片，（2）吗啡，（3）高根，（4）海洛因，（5）各种烟毒配合或化合丸药”；并规定：“买卖或贩运烟毒者”、“帮助或庇护他人吸食、注射及买卖、贩运烟毒者”均以违犯禁烟禁毒条例论罪。② 次年年初，经过边区政府第四次政务会议决议，设立陕甘宁边区禁烟督察处，专管厉禁烟毒事务。

尽管有此三令五申，但私买私卖烟土的案件仍时有发现。

1941 年 11 月，绥德县吉镇人民合作社在固临县境内出售烟土被查获后，绥德县县长还为之向边区政府说情，请求发还该项烟土，被边区政府严词驳回。③

1942 年 2 月，延安七里铺新华客栈旅客贾福清因贩卖烟土被处分不服，向边区政府呈文请求发还被没收的烟土，3 月 5 日被边区政府驳回。

1942 年 3 月 12 日，正在延安县川口区柴家崖村医院休养的一二〇师四纵队某团马夫周喜勤卖给乡民谢鸿瑞大烟土 1 两 5 钱，每两价洋 600 元，接着周又在 3 月 27 日卖给乡民姬树杰大烟土 2 两，每两价洋 550 元。案发后，周、谢、姬一并送至陕甘宁边区司法处羁押。周喜勤所得卖烟土款 2 000 元被依法判决没收，人被送回原部队，谢鸿瑞、姬树杰两人因买烟土各判徒刑。④

1945 年 1 月，绥德义合镇脚夫宋维章与同镇商人霍国柱、吴堡石砖村脚夫宋居有 3 人从山西日本人方面购得料面 3 两，每两 41 万元，运到延安后经供销处黑光堂卖给刘庆堂、黄建章等五人。案发后宋维章于 4 月 11 日被延安市公安局拘捕，12 日被法院起诉。陕甘宁边区主席林伯渠接报后，于 5 月 11 日发布严禁料面入境的命令。命令指出：“近来竟发现有奸商以种种诡诈伎俩从敌占区偷运料面入边区销售，绥德、延安两地已破获多起，除究办外，各级政府须立即通令所属严密查禁，一方面防止偷运入境，另一方面对已入境毒品彻底查获并毁灭之，并广为宣传，使人民了解敌人的毒化政策。如仍有不觉悟分子，再行偷贩，必

---

① 《历史档案》1993 年第 1 期，第 74 页。
② 同①，第 72—73 页。
③ 参见《陕甘宁边区政府文件选编》第四辑，档案出版社 1988 年版，第 337 页。
④ 《陕甘宁边区政府文件选编》第六辑，档案出版社 1988 年版，第 200 页。

须严惩不贷。”①

(二) 其他抗日根据地的禁毒

抗战时期除陕甘宁边区设有禁烟督察处外,模范根据地——晋察冀边区也成立了禁烟督察总局。晋察冀边区禁烟督察总局“为了粉碎敌寇毒化政策,彻底根绝烟毒起见,除应依照禁烟治罪条例,对贩吸烟土者从严惩办外”,经讨论制定了《查获烟毒奖励办法》。《办法》规定:“不论部队、地方武装、政权工作者,群众团体、民众,均可查缉贩吸烟土者,查获送案后,享受同一的奖金”;“查获烟案,不论案内贩吸人犯到案与否及有无罚金,每两烟土一律给以2元之奖金”;“奖金由罚金留支,无罚金者由预备费开支。”②1941年春,日本侵略者为了毒化边区,多方偷运毒品白面、红丸等到晋察冀边区繁峙、应山等地贩卖并强迫在游击区、半游击区的民众以产粮之地种植鸦片。为此晋察冀边区行政委员会于4月25日发出命令,指示“各级政府务须提高警觉,切实注意防范。应即迅速发动广大群众,开展灭毒运动,一面严密稽查,不使白面等类毒品输入边区;一面开展拔苗运动,将所种植鸦片悉予根除,改种粮食”。③

晋西北根据地也十分重视禁毒问题,1941年1月专门发布《禁烟治罪暂行条例》,明确规定:贩运毒品者处10年以下有期徒刑,如数量在200两以上者将处死刑。军政工作人员贩毒则“加倍处罚”。

晋冀鲁豫边区于1941年7月起实施《毒品治罪暂行条例》,规定“贩卖毒品者,处死刑或无期徒刑,并没收其财产全部或一部,并科罚金;但被胁迫贩卖数量极少者,得减轻其刑”。④

山东抗日根据地1943年2月以战时工作推行委员会的名义公布了经省临时参议会通过的《禁毒治罪暂行条例》。《条例》明确规定,“贩卖或意图贩卖而持有毒品者处死刑或无期徒刑”,并规定公务员包庇受贿、纵容毒犯的,处死刑或无期徒刑。⑤

在南方,日本在沦陷区的统治政策之一就是“贩卖鸦片烟,廉价推销日货,扩大其市场,就地收集各种军用资材”。⑥ 因此,贩卖毒品实为日军“以战养战”的一个重要方面。在淮南抗日根据地内,由于日伪用尽一切办法把鸦片、海洛因、红丸、吗啡等毒品偷运进根据地,仅路东地区每年因吸食鸦片而流出的资金就有

① 《历史档案》1993年第2期,第72页。
② 《现行法令汇编》第一编,晋察冀边区点滴社1943年版。
③ 同②。
④ 晋察冀边区《法令汇编》下册,1943年版。
⑤ 渤海区行政公署《战时单行法规》。
⑥ 《新四军和华中抗日根据地史料选》第一辑,上海人民出版社1982年版,第68页。

300 万元以上。抗日民主政府为减少资金外流，杜绝漏卮，一面表示要禁绝烟毒，建立了禁烟局，“凡贩卖白面、红丸以及海洛因者，一经缉获，一律处以死刑”；一面对鸦片采取较缓和的分期禁绝办法，同时向暂时允许存在的土膏店征收高额土税，迫使土膏店老板抬高烟价，让“烟民自感经济困难，而不得不自行戒绝”。[①]

皖江抗日根据地政府在禁烟的过程中政策有过调整，一开始是严厉禁烟，枪毙烟馆老板，严禁吸食鸦片，弄得个别烟民逃往敌占区去了。后来根据地政府为了不妨碍抗战大局，改为在敌我边缘地区大力征收鸦片税。[②] 其出发点和客观效果与淮南根据地相同。

苏南抗日根据地则将重点放在严格把关上，坚决“禁止毒品输入”。[③] 1941 年 1 月 13 日，抗日民主政权苏州县人民抗日自卫会公布《禁毒暂行条例》和《禁烟办法》。[④]

浙东抗日根据地对毒贩采取严厉打击的态度，规定“贩卖毒品者，处死刑或无期徒刑，并没收其财产全部或一部”。[⑤] 在可能倾家荡产的情况下，一般的毒贩自然不得不权衡利弊得失，不敢轻举妄动了。

---

① 《新四军和华中抗日根据地史料选》第三辑，上海人民出版社 1986 年版，第 152—153 页。
② 《皖江抗日根据地》，中共党史资料出版社 1990 年版，第 333 页。
③ 《苏南抗日根据地》，中共党史资料出版社 1987 年版，第 274 页。
④ 《近代中国烟毒写真》上卷，第 365 页。
⑤ 转引自苏智良：《中国毒品史》，第 402 页。

第六章　解放战争时期的贩毒活动及毒贩的末路

第一节　南京国民政府后期的禁毒

一、日本遗留烟毒的处理

1945年8月，日本无条件投降以后，处理日本在华遗留的毒品问题成了南京国民政府受降的一个重要方面。南京国民政府为了提升自己的国际形象，对此类毒品基本上采取了公开焚毁的办法，在客观上有利于清洗民族耻辱，有利于重塑健康的国民素质。

日本投降后，阎锡山部进驻大同城，首先废除了伪蒙疆政府土药组合，接着在当地禁止鸦片烟毒。[①] 山东省会警察局则率先在1945年冬焚毁接收的敌伪烟土4 682两，烟膏192两。[②] 在北平，中国官方抄获日伪烟土95万盎司，价值200万美元以上，1946年1月26日，奉委员长蒋介石之命，在东单校场露天当众焚毁。市长熊斌下令点火后，"一时火焰高涨，蔓延十数亩之广，鸦片臭味，弥漫东城一带"。在焚土地点附近大街的沿途，悬挂巨幅红旗，上书"建国自禁毒开始。吸鸦片不但摧残自身，并且殃及全家"，[③]宣传工作做得比较到位。后来国民政府下令，各省市政府所接收敌伪烟毒，应一律公开焚毁，并颁布了焚毁接收敌伪烟毒严密监察办法，命各地遵照执行。

广州收复后，省政府民政厅会同财政厅接收了伪禁烟局留存的烟毒，共计有烟土13 853两、烟膏883两，随后又接收了别动队送来的伪禁烟局烟土8 757两。上述毒品报请行政院核准在1946年"六三"禁烟纪念日纪念会上公开焚毁。此外，广东省银行上交的伪省银行的烟土489两、财政厅上交的伪财政厅留存的

---

① 《近代中国烟毒写真》上卷，第192页。

② 《中国禁毒史资料》，第1383页。

③ 《北平当局焚毁日伪烟土》，《民国日报》1946年1月27日。

类似鸦片屎胶 53 斤、类似鸦片膏约 40 斤，定于同年 9 月 25 日在中山纪念堂公开焚毁。[①]

湖北省政府共接收了日伪烟土 22 麻包，重 25 800 两，暂存汉口中央银行保管。1946 年 1 月，奉行政院令公开焚毁[②]。

山西收复后，查封伪太原禁烟局烟土 1 184 两、料面 3 168 两、制造原料 803 两、药丸 512 两、烟毒杂质 5 157 两，查封伪政府土药收买机关——禁烟清查处烟土 49 800 余两。[③]

在厦门共接收了伪禁烟局天福等字号纯烟膏 4 328 两，波斯、金门、满洲半成烟膏 6 951 两，天福特字配合膏 4 643 两、料膏 9 481 两，满洲原料浆土 17 779 两，金门原料浆土 3 775 两。[④]

上海市政府在光复后共接收敌伪禁烟总局烟土 143 箱、20 麻袋以及零星鸦片 1 块 9 市斤，又麻醉药品一玻璃柜(后经化验有极少数毒品是假货)，交卫生局保管，直到 1946 年 10 月才上交国民政府卫生署。[⑤]

在被美军占领的日本本土，先前与关东军有毒品生意往来的某公司经理户以等人利欲熏心、利令智昏，仍在做向中国输出毒品的迷梦。1946 年 3 月 14 日，他们企图运往中国的 7 吨半价值 700 余万美元的鸦片在距东京 250 英里的小港口内被美国占领军麦克阿瑟总部的稽查人员查获，户以等 7 人被逮捕。[⑥]有军方背景的日本毒贩在战败后尚且如此不顾一切，在战败之前的所作所为更是可想而知。

二、对毒犯的处置

抗日战争胜利后，国民政府内政部即修订法令，限战后两年内肃清烟毒。1946 年 8 月 2 日，国民政府公布施行《禁烟禁毒条例》；11 月，蒋介石又颁手令，“严饬克期肃清烟毒”。[⑦] 为了争取民心，树立良好形象，南京国民政府严厉处置过一批毒犯。

抗战胜利不久，上海淞沪警备司令部以汉奸罪和贩毒罪逮捕了罗洪义，直至

① 《中国禁毒史资料》，第 1328 页。
② 同①，第 1594 页。
③ 同①，第 1599 页。
④ 同①，第 1598 页。
⑤ 同①，第 1377 页。
⑥ 《七吨半鸦片拟运中国》，《大公报》1946 年 3 月 16 日。
⑦ 《蒋介石手令严饬肃清烟毒》，《民国日报》1946 年 11 月 8 日。

解放前不久始得出狱。[①] 天津收复后，臭名昭著的白面大王博田被中国官方法办，以平民愤。[②]

1946 年 1 月 21 日下午 4 时，驾驶中航第 103 号客机的美籍飞行员罗炳生从印度加尔各答飞抵重庆时，随身携带的约重 4 公斤半的一盒鸦片被重庆海关和航空检查当场查获。受理此案的重庆地方法院 12 月 25 日判处罗炳生有期徒刑 8 年，褫夺公权 6 年，烟毒没收销毁。[③]

1946 年 3 月 30 日，苏联籍人格雷司耳携带重 31.437 5 公斤的大小鸦片 10 块登上天津到上海的飞机时，遭人举报被警察当场查获。天津地方法院事后判决格雷司耳共同运输鸦片罪，处死刑，褫夺公权终身；同案犯苏联籍人费儿满判决同上；卖给费儿满 2 小块鸦片的韩国人金在凤处死刑，褫夺公权终身；与格雷司耳共同密谋偷运鸦片的德国籍人瑞得路和匈牙利籍人田盖则各减处有期徒刑 10 年，褫夺公权 10 年。[④]

同年 7 月 1 日，上海警方根据拘获的 3 名贩毒犯的交代，前往南昌路光明村 13 号韩籍女子朴贞住所搜查，抄出海洛因 9 大包及法币 95 万元，此案主犯朴贞被逮捕法办。[⑤]

7 月 25 日，商人蔡传成从日本大阪乘轮回国时携带重 14 公斤的鸦片 5 块。8 月 6 日，船抵淡水时蔡为了逃避海关检查，单独雇小船在淡水炮台边登陆，将毒品运到其太平町住宅藏匿。事被警方侦悉后，前往搜查，结果人赃并获。台北地方法院经审理后判决蔡传成以无期徒刑，褫夺公权终身，鸦片 14 公斤没收销毁。[⑥]

8 月下旬，上海淞沪警备司令部稽查处接到密报，获悉南洋贩毒大王王兆辉从菲律宾偷运烟毒来沪。当王兆辉乘坐的飞机抵达大场机场时，稽查处当场抄出王随身携带的烟土 9 斤 14 两、吗啡两大包，“即将主犯王兆辉及其妻拘捕……解送地检处，以贩毒罪起诉。”[⑦]

这年在全国 25 个省 6 个市中，共查获烟毒案件 23 749 件，缉捕人犯 39 300 人。在 19 省 4 个市中，缉获鸦片 2 485.127 公斤、海洛因 9.273 公斤、吗啡 4.514 公斤。[⑧]

---

① 《上海文史资料存稿汇编》第十二册，第 424 页。
② 《新上海周报》第 18 期，1946 年 4 月 21 日。
③ 《中国禁毒史资料》，第 1364 页。
④ 同③，第 1364—1365 页。
⑤ 《上海市拘获韩籍贩毒女犯》，《民国日报》1946 年 7 月 2 日。
⑥ 同③，第 1365 页。
⑦ 《上海捕获空运贩毒犯》，《民国日报》1946 年 8 月 29 日。
⑧ 蒋秋明、朱庆葆：《中国禁毒历程》，第 508—509 页。

据内政部1948年上半年度的禁烟工作报告透露，抗战胜利后，“烟毒之查缉愈密，偷运之方法愈巧，是以利用飞机、邮政变相夹带之贩运随之而生……其最著者，关于飞机方面，则有上海查获包括将级军官、政党中委、大学讲师……立法委员王者宾之挟带烟土案……关于邮政方面，则有陕西、贵州等省查获邮包一次寄递烟土22斤案，暨邮寄烟毒煮过白布棉花以图逃避检查案与利用邮车携带吗啡8斤、烟膏烟土60余斤案”。① 毒犯级别之高，贩毒手段之绝是前所罕见的。

1948年12月16日，由汕头开往广州的海滇轮在黄埔港被宪警搜出烟土5 000余两。经查这些烟土是由潮汕调往广州的保警第八营偷运的。事发后，被广州绥署扣留查办的不仅有该营的方营长，还有其幕后指使人五绥区副司令张伟民和梁为焯。“这批烟土约在四万两以上，都是兴宁和河婆商人集资交运的。‘包运费’是每两港币二元，外加介绍费五角，‘包运’人员可实得港币八万元，而运毒商人尚可获利三倍以上”。②

抗战胜利后有些地方司法机关在审理烟毒案件时是严肃认真的，但也有的“每于未判决前，多饬保证金，或具殷实铺保，先行开释”。对此安徽省政府在1946年秋的一份代电中表示不满，认为“似此办理烟毒，不易肃清”，因此请求行政院“明令警察机关严查严捕，司法机关随审随判，共同严厉执行，以肃清禁令”。同时，10月16日行政院发布训令，同意安徽省政府提出的意见，“除关于严查严捕烟犯一节，指令内政部转饬各级警察机关遵办外，合行抄发原呈，令仰各级司法机关遵照办理”。③ 然而违规行为仍时有发生。如大烟犯纪经降在厦门被查获贩土200余两，被厦门地方法院起诉后，仍可以500万元法币保外就医，“西装革履，招摇过市”。④ 天津日伪时期的大毒犯康世清、康少山在军统特务头子陈仙洲的庇护下，不但未受任何查处，反而加入陈的稽查处、“肃奸委员会”等组织，以此合法身份为掩护，继续从事贩毒的勾当。⑤ 四川袍哥叙永乐宜宾分社红旗管事万竹尧1947年9月前往合川贩烟时被警方查获，提起公诉后，其搭档合川仁字袍哥共济社舵把子刘寿彭直接找到重庆市稽查处处长罗国熙。罗又托专人干预此事。因此，地方法院在装模作样判了万的死刑后，又允许其在上诉期间装病外出就医，于某日早晨登上去重庆的轮船，辗转逃回云南昭通原籍。合川法院只是向上级呈报罪犯潜逃要求通缉外，再也没有其他反应和措施了。⑥

---

① 《中国禁毒史资料》，第1483页。
② 《广东两位副司令因包运鸦片被扣押》，《文汇报》1948年12月26日。
③ 《司法行政部明令司法机关严厉审判烟毒案》，《民国日报》1946年12月2日。
④ 《江声报》1947年8月11日。
⑤ 《禁毒全书》上册，第468页。
⑥ 《近代中国烟毒写真》下卷，第122—123页。

与此同时,国民党方面却利用禁毒的名义栽赃陷害民主人士。1947年陕西省主席祝绍周秉承蒋介石的旨意,派特务以查户口为名,到中国民主同盟西北五省总负责人杜斌丞家中,偷偷将一大包烟土塞到杜的衣箱中,然后即以私存烟土为由将杜逮捕,并在10月7日加以杀害。①

不过,有些省份至少在表面上还是摆出严禁烟毒的姿态,在禁毒方面多多少少也做了一些实事。

广东省主席罗卓英在1947年1月15日省市各机关禁烟座谈会上慷慨陈词,力陈禁毒的重要性,罗声称,"对付种、制、藏、运、售、吸六大人犯,我们绝不能客气,应当视作敌人,予以最严厉之惩处。如果法令许可,我主张尽量诛杀,以期杀一儆百"。② 同年9月,广东省政府决定,自9月1日起在广州、南海、番禺、东莞等37个县市吸食烟毒者一律处死刑或无期徒刑。③

甘肃在1946年6月共办理烟毒案件536件、毒犯822人,其中处死刑57人。1947年该省又在白龙江沿岸各隘口缉获烟匪及嫌疑人犯共1 281人,烟土7 301两。④ 不过内政部认为"川甘两省毗连之平、青、松、岷、卓等县、地区,连年发现烟苗,向未根绝,尤以松潘、南平等地情形为重,亟须会勘剷铲,用肃禁令"。⑤

厦门警察局在1947年度查获烟毒案116件,1948年度查获烟毒案153件。⑥

三、川康烟匪的武力对抗

四川和西康是生产鸦片的大本营,不少农民以种植鸦片为生,一些地方十分偏僻,交通不便,地广人稀,地方政府本来就难以进行有效的治理。当地的地痞、土匪以及拥有武装的恶势力形成了一个武装护烟集团,多则千余人,少则数十人,出没在产烟的地区。他们利用农民从物质上和精神上对鸦片寄予的希望,遍地种烟;对贩烟之人实行武装护卫,"遇江过江,遇关闯关,遇有阻拦,就不惜性命硬冲,与官兵开火……那些冒险家的护烟集团,都有背景,不是地方上一流大亨,便是地方长官都得买他三分账的大袍哥头子,或是那些地方官吏自己在干。他

① 《近代中国烟毒写真》下卷,第487页。

② 《广东省府主席罗卓英称对违反禁毒的六大犯人施行诛杀》,广州《环球报》晚刊,1947年1月16日。

③ 《粤省三十七县市实行吸食烟毒者处死刑》,《大光报》1947年8月15日。

④ 《禁毒全书》上册,第385页。

⑤ 《中国禁毒史资料》,第1398页。

⑥ 《近代中国烟毒写真》上卷,第456页。

们将烟土整卡车地送入都市，再慢慢地化整为零，直到宪兵警察们拿到的，都是小吃户，数目极微少了”。[①]国民政府有关方面承认，川康等地“或以境内边区少数民族违法犯禁，或以地当冲要，为走私必经途径，盖以抗战期间，地方政府政务纷繁，不克全力施禁，遂致烟毒迄未能彻底肃清”。[②]

1945年12月13日，行政院下令，“全国各地烟毒，统限于抗战结束二年内彻底肃清，各省市应分别依限提前完成，不得展限”。[③] 次年6月，蒋介石在对首都各界“六三”禁烟节纪念大会上训词时指出，“其他边僻地带，莠民往往私种鸦片，资为图利者，尤必严密注意，查禁毋稍疏忽……各级政府官吏，应知禁烟责任之重大，不特攸关政情之考成，且为各人应尽之天职。如果执行不力，使令为禁废弛，固难逃法纪之制裁，亦应任良心之谴责”。[④] 12月初行政院又电告各省市长，声称“迩查近年以来，各地禁政尚无显著进步，是皆由于各省长官未能认清责任，而各协办机关首长未确尽协力责任为其主因……今后各级长官之考成，对于禁烟之能否肃清，亦应列为其重要依据，并由内政部加强督导，认真考核严予奖惩”。[⑤]

在中央政府的严厉督责下，川康地方当局自然不能不有所表示、有所动作。1945年12月川康绥靖公署、四川省政府联合发出布告，宣称“查烟禁毒，乃中央既定政策，早经宣示中外，悬为厉禁，际兹抗战胜利，更应加紧执行，彻底肃清……敢有执迷不悟，罔惜以身试法，一经拿获，凡种烟制毒人犯，概处死刑，财产没收充公；运售吸犯，按律科处”。[⑥] 据此，川省的一些县政府发出了措辞严厉的布告，如大足县布告宣布：“禁绝烟毒，十家连坐、互为监督。一户犯法，十家连索。实行充公，田产房屋。特此告谕，切勿犯触。”[⑦]然而上述禁烟措施不可避免地引起了种烟农民的过激反应以及包括烟贩在内的地方烟匪集团的抵制和破坏。

1946年3月，在四川靖化禁烟的官兵被烟匪包围，死伤8人。没隔几天，烟匪又因其首领杜铁樵被县长黎光明枪决，公然“啸聚围攻县城，全县陷入混乱状态。黎县长及民政科长被匪击毙殉职。县府职员多人失踪”。天津一家报纸就此发表评论认为“川西烟匪，会如此人多势众……该是官纵而致造反”。另外，

---

① 《武装护烟集团横行川康各地》，天津《真善美日报》1947年11月27日。
② 《中国禁毒史资料》，第1436页。
③ 同②，第1283页。
④ 《蒋介石颁布禁烟训词》，《大光报》1946年6月4日。
⑤ 《行政院电令各级长官务绝烟毒》，广州《环球报》晚刊，1946年12月5日。
⑥ 《近代中国烟毒写真》下卷，第238页。
⑦ 同⑥。

“售烟利益极大，烟匪为了得利，乃不惜拼命，是禁烟办法何以不彻底如是”?[①]这多少触及了问题的实质。新任十六专区专员何本初闻讯后率一团人马偕同懋功县长向新堂率民团 1 000 人赴靖化平乱，杀了祸首杜锡麟等 7 人后返回成都。然而在何本初主政时期，十六区的烟毒问题不但未能根治，相反日益猖獗。在以前荒凉寂静的各个县城和懋功的达维、两河口，靖化的崇化，理番的威州、杂谷脑、马塘、马尔康，茂县的沙坝，松潘的镇江关、兰坪等场镇，外来商旅云集，公开买卖烟土和枪支弹药。土匪们分段包占了区内各重要交通道路，经常与通过那里的大小烟帮发生战斗。如汶川卧龙关到邓生沟一线长期是土匪袁旭东、宋国太、孔锡之、任升高等都与过道烟匪厮杀的战场，“被土匪劫杀后悬挂林中的尸体和朽烂在道旁的白骨，成串成堆，无人过问。但被暴利驱策着的冒险之徒，仍络绎不断地向这些死亡的道上涌去”。留在懋功和松茂理番一带的保安部队仅有两个团，有限的兵力根本不足以吓唬哥老恶霸，促进禁烟事业，相反连他们自身的安全也有赖于和当地烟匪土匪的私谊交情。1946 年夏，驻懋功的一个团途经邓生沟时，因事先未与土匪办好交涉，结果被任升高、孔锡之等匪部将一个大队全部缴械消灭。[②]

十六专区的保安部队无法禁烟，十四专区的警察也同样束手无策。1947 年 11 月上旬，江油县警察中队在桂溪讨口岩截击了来自平武的川西哥老会烟帮，当地帮会流氓也乘机抢劫。事发后，川西哥老会烟帮通过安县哥老会巨头郑慕洲出面向江油帮会交涉。江油帮会在谈判中表示拟出 70 两黄金赔偿烟帮的损失，并退还所劫的鸦片和枪弹，但川西烟帮仍未满足。最后由专区专员出面，把全部责任推到依法执行任务的江油县警察中队方面，并将中队长孙文光拉到绵阳枪毙才算了结。[③] 至 1948 年，十四专区的哥老会头目们纷纷出钱购买各乡、保、甲长职位，利用职权跑码头贩鸦片，成为一股不可轻视的黑势力。各县保安队、警察局、乡公所也随机应变：一面继续应付着查缉烟毒的差事，一面秘密加入贩毒的行列，与烟贩同流合污。[④]

当然政府在与烟匪的交锋中也有得手的地方，如 1947 年冬，四川第五区专员公署督剿峨边烟匪木干儿，不匝月而一鼓荡平。[⑤]

在西康，查处烟毒更为棘手。1946 年初，西康省主席刘文辉在蒋介石的多

---

① 《烟匪击毙县长》，天津《建国日报》1946 年 3 月 15 日。
② 《文史资料选辑》第 33 辑，第 171—172 页。
③ 《剑阁文史资料选辑》第 7 辑，第 106—107 页。
④ 同④，第 89 页。
⑤ 《中国禁毒史资料》，第 1450 页。

次严令督促下被迫派出雅属保安司令张禄宾前往荥经查铲烟苗，结果引起了死抱住种烟贩毒这棵摇钱树不放的哥老会烟匪的武装抵抗。3月8日，荥经人民义勇军成立，次日攻克了荥经县城。张禄宾在全队覆没后只身化装潜逃，但在大通桥被烟贩车光光截获。由于车以前在汉源走私鸦片烟时被张的保安队处理过，后来用钱赎身才取保获释，因此对张恨之入骨。此次车将张捆绑吊打，枪毙后又斩下首级，准备拿到荥经县城示众。[①] 早已有意搞垮刘文辉入主西康的重庆市长张笃伦闻讯后派人煽风点火，发动天全、芦山、雅安、全兴等县的哥老会武装全力攻打继续查办此案的二十四军一三七师刘元琛部，极力扩大事态。在国民政府内部，有人在同年6月起草了解决问题的方案：首先，整饬人事，"彻底改组西康省政府，继任人选以公正廉明者充任之"；其次，"彻底整训二十四军，另调纪律严明之国军至少二师接防，负剿办夷匪、查铲烟苗之全责"；第三，"成立西康省禁烟善后督理处，直隶省府，负督理全省禁政之责"。此外必须"彻底取缔帮会哥老组织。(1) 切实调查其组织，以强大之行政力量，予以解散，并惩治其首领；(2) 利用党团力量，以组织消灭组织；(3) 发展并健全人民团体之组织，严防会员参加其组织；(4) 兴办社会福利事业，切实保障人民生活，以与哥老会争取群众"。[②] 几乎与此同时，不甘被人摆布的刘文辉为了争取主动，授意西康省政府委员会第三百三十九次会议通过了《西康省提前肃清烟毒计划》，并于6月25日上报内政部。《计划》明确提出，"本省残余烟毒，限于三十六年八月底以前一律提前肃清，并特重禁种与禁吸"。《计划》规定，"康属雅属各县局及宁属各县局汉区地方，在罂粟未播种以前，侧重宣传工作，饬由县政府负责防范下种。出土以后，责成县政府督饬保甲人员查铲净尽，并奖励密告及严厉执行联保连坐层级治罪办法，限三十五年夏季绝对肃清"。在禁运方面，"各县局境内交通要隘及运销孔道，设置查缉队，无论军商运物品，均应严格检查。倘有携带烟土及毒品者，全部没收，依照肃清烟毒善后办法第十条规定办法办理"。在禁售禁藏方面，《计划》"限于三十六年六月绝对肃清"，"各县局无论乡镇发现出售抵瘾药品，责成县局乡镇长负责查禁、没收、销毁并惩究之"。此外，还要"严惩售藏烟土莠民"。[③]

荥经人民义勇军在1946年5月至7月遭到了二十四军一三七师的全面进攻和扫荡，损失惨重。次年1月，该军总司令朱世正等人纠众五千余人拥芦山县哥老会首程志武为首，发动更大规模的反刘武装起事，先后攻占天全、芦山、宝

---

① 《近代中国烟毒写真》下卷，第68页。

② 《中国禁毒史资料》，第1314—1316页。

③ 同②，第1329—1330页。

兴，直扑雅安，最后在雅安西面的飞仙关被一三七师击溃。几乎与此同时，刘文辉到雅安主持召开行政检讨会议，议决：(1) 彻底禁烟；(2) 不收烟税；(3) 军政人员不许贩烟。会后陈耀伦、羊仁安受众人推举前去说服招抚武力对抗省政府的武装头目。[①] 1947 年 4 月，朱世正接受招安，出任西康省保安司令部雅、荥、汉联防总队长，雅属事变以满足哥老会匪的要求而最终平息。[②] 在这之后，事实上得到官方承认的哥老会恶势力种烟贩毒依然如故。据内政部西康区禁烟特派员姚应龙报告，"雅属除雅安县境及沿交通大道附近确未偷种外，余如天全、荥经、宝兴、汉源、芦山等县偏僻地带，亦经普遍偷种。……至其他运售吸藏各项，更未能收断禁之效"。姚应龙认为，"康省禁政其所以演成如此严重状态，揆厥原因，夷患匪患，未能解决，固多影响。然低级办理禁政人员不能认真查禁，亦为推行禁政收效迟缓之一大因素"。[③] 对此，刘文辉则强调，"本省僻处边陲，地域辽阔，民族复杂，语文殊异，交通不便，文化低落"，实施禁政有诸多的特殊困难。他承认，"雅康属毗连川省懋靖各县，肃清亦多困难"，因此刘在 1947 年 10 月 6 日以省政府名义上呈行政院，要求"组设禁烟善后督理处……严厉施禁，及早完成任务"。[④] 10 月 25 日，这一请求被行政院驳回，于是西康省的禁烟事实上因种种困难无法解决而被搁置起来了。

第二节 国统区的贩毒

一、西北地区军政人员的贩毒

抗战胜利后，统治青海的马步芳打着"以毒养军"的旗号，将大批烟土运往宁夏、绥远、包头销售或通过当地军阀再转运到天津、北平出售。1946 年，马步芳派人将省会警察局陆续查获和搜缴的大批烟土运往甘肃临夏、兰州、河西等地，交驻军贩卖，获取暴利。1948 年，他又派亲信陕某，用大木箱子装满里面塞满烟土的皮鞋，手持"青海省政府护照"，以"军用皮鞋"的名义运往新疆销售。不料在途经兰州时被当地侦稽处开箱检验查出。押送员陕某见苗头不对，扔下装有毒品的皮鞋一逃了之。然而甘肃省政府扣下毒品后也不愿将事闹大，只是宣称"烟

---

① 《近代中国烟毒写真》下卷，第 94 页。
② 《文史资料选辑》第 121 辑，第 111 页。
③ 《中国禁毒史资料》，第 1445 页。
④ 同③，第 1416 页。

贩已逃,无从查究"就算完事了。[①]

在西北地区,实施禁烟的执法人员接受贿赂,纵放烟犯或知法犯法,自己从事贩烟的事情也屡有发生。1947 年以后,甘肃文县物价飞涨,法币几成废纸,在市面上取代法币流通的是大烟。当时负责禁政的、审判烟案的、抓捕看管烟犯的均在贩烟,搞得全县烟雾弥漫,万人受害。[②] 在新疆,国民党骑五军官兵公开贩毒,又保护烟贩。主管缉毒事务的迪化市警察局长刘汉东再三关照他的部下,查禁烟贩时如牵扯到骑五军时,不许过问。[③]

1946 年 9 月,武都自卫队班长桑春华等人在靡沟梁查获烟匪,缴获 128 两烟土后私吞。案发后,桑春华等 4 人被判处死刑,士兵蒲生华等 15 人被判各 12 年徒刑。1947 年,文县自卫队分队长张怀晋,在固水乡缉查烟贩时收受贿赂,纵放烟犯赴南坪换烟货物,结果被判处无期徒刑。同年 9 月西固自卫队副队长刘宗义,在立节乡大峪沟接受烟犯贿赂,查出后被判处 3 年半徒刑。[④]

当然,缉毒人员奉公守法、照章办事而遭到打击报复的情况也是有的。1948 年冬,国民党骑五军十三团军官在运输货物的汽车中藏有大批烟土,汽车行驶至三台骆驼脖子时被三台警察所截获。案发次日十三团竟派人将警察所警士王国栋等 3 人押往奇台师部严刑拷打,追查截车查烟的负责人。警察所班长王智成听到消息后,为了保性命只好偷偷离职回关内老家去了。[⑤]

西北地区的烟毒泛滥还与地方当局的纵容有关。1949 年 6 月,绥远归绥市府奉市府命,以鸦片换购军布,但商民领到鸦片后因政府禁令俱在不敢公开销售换钱,致使军布无法及时购齐。归绥市长高映明特致电董其武,要求"准予试行公开买卖……务使此项特货在此期内全部销尽,以免商民损失而利购布"。高映明自知理亏,但仍自我辩解说,"此于法固属未合,但时势所趋,亦一时权宜之策"[⑥],实际上是为了挽救国民党的败局而不顾一切,让吸食这批烟毒的人们充当蒋家王朝的殉葬品。

二、西南地区军政人员的贩毒

西南地区是中国大陆解放最晚的地区,该地区在国民党统治时期众多的社会问题包括贩毒问题没有得到根本解决。国民党当权者在该地区行将解放的情

---

① 《近代中国烟毒写真》下卷,第 618 页。
② 同①,第 591 页。
③ 同①,第 629 页。
④ 同①,第 545 页。
⑤ 同①,第 633 页。
⑥ 《中国禁毒史资料》,第 1505 页。

况下，出于自己的私利，运毒贩毒，对人民进行最后的搜刮。

抗战胜利后，国民政府改组了云南省政府，卢汉任省主席。卢汉主政时期一面声称坚决禁烟，强行铲烟；一面继续销售前任省主席龙云下台时留下的几千箱公烟，还用烟坯子制造吗啡，卖给上海帮或四川帮烟贩。1947 年冬，卢汉路过上海时托人委托马超群为他处理一批烟土。1948 年初，马超群回云南后仅用了两天工夫就为卢汉卖掉了 100 箱烟土。唐继尧时留下的 4 000 多两吗啡也是由马超群经手卖给香港的。从 1947 年至 1949 年间，具体为卢汉运输毒品的是警备司令部缉查处科长陈笃生。陈每次使用警备司令部的公函押解公务到重庆，每次运烟不下 5 万—10 万两。烟土运到重庆后放在飞机场特务团长艾少珩家中，再由四川警备部高参彭忠亮等人进行走私。马超群卖烟给彭忠亮等人时一般要赊一半账，彭忠亮等在四川脱手后再陆续兑回给马超群，最后由马将应分给卢汉的钱存入兴文银行卢汉的户头上。①

上行下效，在云南的其他军政官员也相继贩毒。1946 年 7 月，中央银行云南保山下关分行的经理动用银行专用的运钞车，由保卫营士兵押运，将大批的烟土从保山运到下关销售，在下关被查获。② 1947—1949 年底，国民党空军航空站站长郭怀安勾结特务和航空人员，利用飞机从昆明贩运 7 万多两鸦片到重庆、广州等地销售，牟取暴利。③

在国民党桂系直接控制的广西，官场人物贩卖毒品已经成了公开的秘密，“没相当权力的人是没有资格干这种生意的”，“任何一个到达广西的人，第一个感觉就是毒贩和贪官是二位一体”。④ 1947 年 8 月，广西第四区行政专员公署额外副司令毛某某伙同原广州行辕情报组长柯某某，与一个私运鸦片烟集团订了合约，由百色包运 17 800 余两鸦片至南宁。同年夏，有某巨公租用某商号 17・0017 牌照商车，车上放置一个大汽油桶，桶内有 5 个装满鸦片的篮球胆，由南宁开赴某地。7 月中旬，有关部门在 17・0402 号牌照军车内的一个公文箱中查获鸦片 60 余万两，该军车的起点终点为由南宁到柳州。8 月初，又有一南宁官员，勾结奸商，用电船装载鸦片烟 1 万余两，准备由百色运经钦州、廉州，再运抵广州。1949 年，桂林绥靖公署一次就从外地运进烟土四五百担，配售给烟民和毒贩。⑤

---

① 《近代中国吸毒写真》下卷，第 374—375 页。
② 《近代中国烟毒写真》下卷，第 461 页。
③ 同②，第 472 页。
④ 《毒贩贪官两位一体，广西已被腐蚀》，《文汇报》1948 年 10 月 16 日。
⑤ 《禁毒全书》上册，第 491 页。

广西省政府为了解决饷源，于1947年起默许大种鸦片。省府考虑到大毒贩杨登鹏的恶势力，将其由百色专署咨议升为参议。此时已拥有一支五六百人武装的杨登鹏实际控制了西隆县的南部，利用征收烟税的机会大发横财。1948年末，广西省政府通过田西县县长覃超邀杨到他那里任民团副司令，但杨对此并不感兴趣，仅作敷衍，很少到职。他的主要精力放在长发、克长地方烟土的黑生意上。此人在解放初期还被国民党任命为新编十六军第四十八师副师长，负隅顽抗。①

1947年，贵州省保安团长杨汉初亲自出马，动用车辆、部队，为鸦片商包运从兴义到贵阳的鸦片，每次提取鸦片总数的8%—10%，作为其包运费，折合黄金250两左右。② 1948年，麻江县警察局长等人多次私贩大烟，累计共3 000余两，案发后逃之夭夭。③ 1949年5月，任贵州省主席一年的谷正伦为了阻止人民解放军进军贵州，在制定反革命应变计划时，冒天下之大不韪，开放烟禁，以图为保安团等地方反共武装广辟财源、筹措军饷。为此谷正伦设立了特税稽征处，每百两大烟征收10块银元的过境税，还派与桂系关系较深的前军长沈久成去广西，与桂系协商解决黔土经广西销往外省的问题。在征得桂系的同意后，特税稽征处处长万席如向柳州运去了12.5万两的烟土。④

川军的不少高级军官如陈兰亭等人都卷入了毒品贩卖的行列之中。1946年，第二十四军参谋长刘开谱和西昌行辕政治部主任张敦品等乘坐由西昌飞往重庆的飞机，在重庆海棠溪失事遇难。不过人们在清理飞机上的遗物时发现了鸦片两包，一包约重300余两，另一包约重100余两。⑤ 究竟谁是贩毒者，恐怕只有已故的那班人知道了。1947年初，宁属保安司令唐福珠武装押运一批烟土出境，被西昌警备司令部派出的宪特查获，唐仓皇逃离西昌。事后查明，这批烟土是西康省财政厅长、宁属屯委会代主委李万华等人所有，李也因此被迫离职。另外，西昌团管区司令任念觉也因武装贩烟时打死了在泸沽拦截的行辕特务营营长江煜章而被撤职罢官。⑥ 1949年，万县警察局长谭佩庚发现驻当地的川鄂绥靖公署的官员们在大批贩毒，于是擅自将警察局内历年积存没收来的鸦片、吗啡秘密卖给烟贩，所得款项部分用来改善警察的伙食，部分与部下私分。案发后，暗中把持鸦片贩运权的川鄂绥靖公署判处谭佩庚死刑。谭在临刑前愤愤不平地

① 《民国人物传》第七卷，第272页。
② 《近代中国烟毒写真》下卷，第332—333页。
③ 同②，第324页。
④ 《禁毒全书》上册，第431页。
⑤ 同②，第19页。
⑥ 同②，第209页。

说，这是“窃国者侯，窃钩者诛，只许州官放火，不准百姓点灯的黑暗社会”。[①] 在省会成都，一些警察特务也知法犯法，照样贩毒。成都警备司令部督察处谍查组长潘仙涣等人秘密设厂制造吗啡，由潘的女婿经手销售。督察处督察主任蒋浩澄更是在成都利用哥老会组织贩毒贩枪，无所不为。另一个稽查处特务、成都袍哥群益社第三支社执事魏诚则利用帮会渠道在遂宁、南充等地专做大烟生意。缉私处组长、群益社第四支社副社长曹香全也根本不顾及自己的身份和职责，私开烟灯，出售鸦片。

三、其他地区的贩毒

日本投降后，原先依仗日本势力贩毒的毒贩们并没有停止他们的罪恶勾当。

南京号称“四大金刚”之一的王春芳，抗战前就大肆贩毒，抗战后又与他人合伙制造鸦片200余件，每件重19.5两。王平均每年贩毒万余两。[②]

在日伪时期就开始做制毒贩毒生意的山西宁武人丁大勇在抗战胜利后投奔了省特警处中将处长梁化之，担任太原特种工作队组长，侦查中共的地下活动。1946年，丁大勇在他太原南华门私宅购置机器制造毒品，然后利用特务势力组成庞大的贩毒网，在太原及晋中各地销售他自产的松竹梅牌毒品。丁大勇还利用其姘妇张景元之妻的广泛的社会关系，为其推销毒品。同年9月，太原警方出动便衣和武装警察数十人查抄了丁宅。然而就在这时，丁大勇被一个全副武装的警官用自行车送到丁的姐丈家，再由其姐丈用小卧车送出太原城外躲避。丁先是住在汾阳阎锡山部队司令部内，不久又转住北平石缸胡同二号。太原官方在丁大勇逃走后仅将此案的从犯丁良臣、钱树声处以十年徒刑了事，并且不久又以各种借口将丁、钱两人保外释放。[③] 丁大勇之所以获得庇护，其原因在于其祖父丁时斋曾当过阎锡山督军府的副官长，阎爱屋及乌，才对丁大勇关爱有加，网开一面的。

原日伪山西省凌川县和解县警察局长丹青在抗战胜利后摇身一变，成了国民党杨振邦部的游击第三支队参议。此人从1948年起，潜入陕西西安，以开设牛奶场为掩护，在西安、北平、上海、洛阳、开封、兰州、武汉等地贩毒。[④]

解放战争时期，由于国民党军的主力开往前线与解放军交战，后方兵力空虚，致使一些地方的土匪势力抬头。而土匪势力的兴盛又与贩毒有着千丝万缕的联系。

---

① 万觉生：《万县警察局长谭佩庚被枪毙内幕》，《万县文史资料选辑》第2辑。
② 《禁毒全书》上册，第485—486页。
③ 《近代中国烟毒写真》上卷，第179页。
④ 同②，第448页。

1946年，被官方收编的原土匪武装陈南亭奉川湘鄂边区绥靖公署主任潘文华之命，在湖南龙山县清剿瞿伯阶绿林武装。在此期间陈、瞿两部配合默契、心照不宣，瞿部用大烟换取陈部的枪支，双方各得其所。① 瞿伯阶后来也被官方收抚，驻扎在宜都，但与湖北的一些不法烟贩串通一气，贩运烟毒、危害百姓。1948年，湖北宣恩县沙道沟一批烟商贩运的一批烟土和8斤吗啡被宜都警察局查获，但他们并不慌张，在讲清是“为瞿部送货”后，把大烟、吗啡一一放在几张大桌上听任警方查验，自己却在一边摆酒猜拳，旁若无人，警方对此毫无办法，为了不招惹瞿部，只能放行。② 龙山县的另一匪首师兴周是1933年形成的以刘永祥为首的贩毒集团的黑后台。该集团在师某的支持下，以“友联”、“力和”布号为掩护，暗中制贩毒品。1937年一年就贩运鸦片12万两，1947—1949年年均贩运鸦片万余两。永顺的姜万盛从1947年起开始勾结当地匪首向克武、龙山县匪首向心国、大庸县警察所长龙国清，组织30人的武装，在龙山靛房至大庸沿线设立据点，分段押运毒品至常德、汉口等地销售。③

广东的潮汕、兴梅地区是华南重要的毒品集散地。在这里的毒品通过国内渠道运至广州、厦门、江西、汉口、上海、云南、贵州；境外则远及香港、澳门、越南、泰国、新加坡。在潮汕、兴梅两个专区共有大贩毒集团60多个、股东近千人。梅县的“张光帮”有股东47人，下设10个包运帮，运毒到兴宁，再由当地官兵护送到外地。丰顺县的一个贩毒公司，勾结宪兵、军队，每次从云南运烟土到汤坑，数量都在1万两以上，均有宪兵和部队武装护送。五华县的“昆明帮”拥有汽车7辆，运贩毒品，且有军警武装押运，每次都在2万两以上。④ 不言而喻，这些宪兵、军人、警察是绝对不会白干的，护运费或包运费是不会少拿的。因此他们实际上是不法毒贩非法暴利的分享者。

第三节　共产党领导的禁毒运动

一、华北、东北解放区的率先禁毒

抗日战争胜利后，中国共产党从人民的根本利益出发，在争取建设一个民主

① 《禁毒全书》上册，第460页。
② 《湖北社会大观》，上海书店出版社1999年版，第141页。
③ 同①，第465页。
④ 《近代中国烟毒写真》上卷，第636页。

富强的新中国时，继续一如既往，坚持禁毒政策。

1945年10月13日，晋察冀边区行政委员会作出了关于设立禁烟督察局的决定，率先揭开了共产党领导下的解放区禁毒运动的序幕。该决定指出："今日寇已经投降，察绥大部地区为我解放，对是项鸦片，若不严加管理，深恐流毒各地，为害无穷。因此本会决定设置禁烟督察局，以妥善管理鸦片收买、缉私、烟民登记及教育、戒除事宜。"禁烟督察局在专区设禁烟督察分局，县设县局。[①] 该局的组织章程规定："本局在边委会领导下，专管收买敌伪强种所遗留下之鸦片，解救吸食者之苦痛，以及鸦片之禁绝，私相买卖及贩运之缉查等事项(白面、海洛因、料子等烈性毒品亦属之)。"[②]10月17日，晋察冀边区行政委员会又发出了关于严加管理烟毒的布告，指出，"查晋察绥热辽沦陷区，前在日寇毒化政策之下"，种毒吸毒，"荡产倾家，戕害种族，每一念及，殊堪痛惜"。现大部地区欣获解放，对是项巨额鸦片必须严加管理，特宣布："在本边区境内，鸦片及其制造品、代用品绝对禁止私买私卖；贩运尤所严禁"；"种植罂粟之户，以及存有鸦片之户，应依该管禁烟督察局所定期限，将鸦片悉数交局，按定价收买"；违者"除鸦片及制造品、代用品没收外，并从严治罪"。[③]

在东北，抗战胜利后密运私售烟土的情形仍然存在："一由朝鲜输入，名之曰东土，一由热河流出，名之曰西土，散浸于东北各地。据闻热河赤峰，尚有密造麻药者。"[④]1946年8月25日，东北根据地辽吉区公布了《查获鸦片毒品暂行办法》和《禁烟禁毒条例》。后者明确规定："本区内一律禁种鸦片与禁造各种烈性毒品，违者概处以极刑。"具体量刑标准是：贩运鸦片在100两以下者，处3—5年有期徒刑；在500两以下者，处5—10年有期徒刑；在500两以上者，处无期徒刑或死刑。贩运与供应烈性毒品者，不论其资本大小，一律处以无期徒刑或死刑，凡军政公务人员犯本条例各条款均加倍罚之。[⑤] 1947年5月25日，辽宁东丰县解放后不久，县公安局就发布了《严厉打击贩毒活动，坚决取缔吸食鸦片的通告》，下令立即停止一切贩毒、吸毒的活动，毒犯应主动到公安局坦白登记，交出毒品。从这年到1949年该县共处理了烟毒案件232起。[⑥]

1947年3月，太岳行政公署和太岳行政区公安局先后颁行了《禁烟禁毒办法》和《禁绝毒品统一管制》的命令，要求各行政区设立禁烟局，各县设缉查队，局

① 《现行法令汇集》上册，1945年12月。
② 同①。
③ 同①。
④ 《松江省政府函报》1946年3月26日。
⑤ 辽吉区行政公署：《法令辑要》第1辑，1947年1月版。
⑥ 《近代中国烟毒写真》上卷，第272页。

长、队长一律由公安局局长兼任,“如存有毒品者按规定办法一律送交公安部门,如依然贩卖者,或存有其他违令行为者,均按规定办法予以处罚治罪”①。

1949年初,山西榆次、太谷地区解放后,有些烟土流入河南沁阳。与此同时来自黄河以南地区的烟土走私很猖獗,某烟贩携带的200两烟土到沁阳一天就卖完了。沁阳公安局加紧毒品缉私,仅仅七八天内就破获烟土案7件,查获烟土92两、贩毒款1 691 500元。② 保定解放后,毒贩郑英杰见保定毒品大量减少,便勾结梁春霖、张学五等人委托奸商大批收购毒品,除去自行吸食其中的少量毒品外,其余均加价倒卖,从中牟利百余万元。1949年3月9日,保定市人民法院判处郑英杰、梁春霖、张学五等人有期徒刑3—2年。③

1949年7月16日,华北人民政府公布了《华北区禁烟禁毒暂行办法》,这是中国共产党在大行政区域实施禁毒的开端,其目的是“根绝烟毒流害,保护人民健康”。“本办法所称烟毒,系指鸦片烟及吗啡、高根、海洛因(料面)、金丹或其他化合质料等毒品。”《华北区禁烟禁毒暂行办法》第5条规定:“严禁烟毒之制造、买卖及贩运。违者,烟毒及制造烟毒之机械用具没收,并严行惩办之。在本办法施行前从事前项违法营业者,应立即停止该项营业,并向所属地区之公安局或区人民政府报告登记,交出所存烟毒及制造烟毒之机械用具,并具结永远不作此违法营业,政府可予从宽处理。其不自行报告登记,经检举查获者,依前项之规定处理。”④

华北地区各级人民政府在上述《华北区禁烟禁毒暂行办法》公布后立即贯彻执行,展开了查禁活动。北平市公安局东郊分局在7月份连续破案十几起,其中有的是毒品案。9月初,该局刑警大队破获了制毒惯犯郝安正、杨玉山等制造白面一案,搜出坯子、料子、白面、烟土等200余两。经查郝、杨两犯早在日寇、国民党统治时期就“公开勾结敌人,贩卖与制造毒品”。⑤ 8月27日,北平市公安局内二分局也破获了贩运大批烟毒案一件,搜出烟土1 203两,并逮捕了李明远、张振武等31人。李明远早年任国民党军队副官,退职后即以贩毒为业,经常往来于热河赤峰与北平之间,贩卖大批烟土。日占时期他公开与敌勾结,进行有组织的贩毒。北平解放后,李明远仍不顾人民政府法令,勾结李玉春用汽车从赤峰运来烟土2 000两销售给平津乃至东北的大毒贩,运费是每百两烟土付银元百元。

---

① 《河南省志·公安志》(修改稿)上册,第182—186页。
② 《严禁毒品,加强缉私》,《人民日报》1949年1月9日。
③ 《保市查获毒贩,分别判处徒刑》,《人民日报》1949年3月20日。
④ 《华北人民政府法令汇编》第2集,1949年,第107页。
⑤ 《公安局刑警大队破获制造毒品案》,《人民日报》1949年9月2日。

运送的具体办法是将十轮大卡车上的四个轮子先卸下，在轮胎中装满了烟土再装上，这样每次可装 2 000 两。公安机关在多方侦察核实后，于 8 月 27 日夜前往李明远家查抄，当场在李家的屋顶花盆内，厕所粪坑内，水缸内搜出烟土 400 余两。[①] 事后内二分局又继续追查，查获了烟土 44 斤。

天津从 1949 年 1 月 15 日解放到同年年底，共查获贩毒案件 1 668 起，抓捕毒犯 2 305 名，缴获毒品 1 400 余两。[②]

绥远人民政府于 1949 年 8 月根据本地区的具体情况制定了《戒吸毒品暂行办法》，严禁毒品（鸦片、料面）之吸食。绥远人民政府还指示："各县从即时起，应即根据华北区禁烟禁毒暂行办法之精神及规定，具体讨论，定出方案，贯彻执行……具体做法应先在烟毒较重的城镇地方开展工作，藉以取得经验，然后逐渐伸行到较次村庄，然后再及于全面的推广，达到彻底全部消灭的阶段。"[③]不久，绥远省保安司令部、省政府绥西行署针对绥西各地贩运制造及吸食料面者甚多的情况，发出了禁止毒品蔓延的布告，宣布"自布告日始，凡查获制造贩卖或运输料面者，一律依法判处死刑"。[④]

二、西北地区的继续禁毒

日本投降后，原敌占区的鸦片、料面、吗啡等毒品纷纷流入陕甘宁边区这片净土，特别是由河东贩来的料面日渐增多，成了公害。陕甘宁边区政府为此于 1946 年 2 月 22 日公布了《查缉毒品办法》，决定组建以谭政为主任的专门查缉机关——"查缉毒品委员会"。查缉机关和查缉队的职务"限于查缉鸦片、料面、吗啡等毒品的贩运事件"；"无论公私商店及军民人等，如有贩卖毒品的行为，得依本办法……施行检查，被检查者不得借口拒绝，否则以违抗禁令论处"。[⑤] 陕甘宁边区的缉毒工作是富有成效的。1948 年 9 月 29 日，陕西安塞县查获了山西临县马茂德等 6 人带大烟 158 余两的走私案。12 月 8 日，延安缉私队、公安局、税务局出动 64 人，分 8 个检查组突击检查了复盛民、天顺昌、新丰栈、长兴合、大兴栈、兴隆店、同义永和万盛德等 8 家客栈，在除了万盛德的 7 家客栈中查获用来私自销售的大烟 87.5 两、膏子 356.9 两。延安市缉私委员会对此发表评论说，"这样一来，对已检查者与未检查者都是一个警告，今后虽难免再作，但他

---

① 《内二分局破获贩毒案》，《人民日报》1949 年 9 月 7 日。
② 《禁毒全书》上册，第 469 页。
③ 《绥远省人民政府法令汇编》第 2 集，1949 年。
④ 《中国禁毒史资料》，第 1654 页。
⑤ 《历史档案》1993 年第 2 期，第 72 页。

总不敢和以前那样明目张胆的人作”。[①]

1949年夏，陕南行政主任公署发现有少数不法分子利用深山密林偷种鸦片，贪图厚利，与此同时贩卖、吸食毒品的案件在各县城镇时有破获。为了根绝烟毒，行署于7月间发出了严禁偷种大烟、贩卖毒品及吸食毒品的布告，宣布“今后倘有不法分子仍继续偷种鸦片、偷运贩卖、吸食毒品者，人人有检举之权利。经检举查实后定予重罚，情节重大者依法治罪”[②]。

此外，陕甘宁晋绥边区政府主席林伯渠和解放区西北军区司令员贺龙于1949年1月10日联名发出指示，要求加强缉私工作并同时颁发了《陕甘宁晋绥边区暂行缉私规章》，规定“缉私队以查缉毒品、敌币、银洋、赤金为主”，明确将毒品列为违禁品之首；并规定，“凡查获之毒品及敌币一律没收”。为了鼓励群众举报，《暂行缉私规章》还制定了缉私及奖金分配办法，“因报告而查获之毒品、银洋、赤金、敌币，以该总值10%作为奖金”。[③] 这一规定对于调动人民积极举报贩毒犯罪、打击走私，共同制止违法走私具有重要的实际意义。

第四节　中华人民共和国建国初期的禁毒成就

一、中央人民政府的禁毒部署

1949年10月1日，中华人民共和国成立后，百废待兴。中共中央和中央人民政府为了巩固新生的人民政权，建立良好的社会秩序，重塑健康的国民素质，使社会与经济步入正常的发展轨道，在各大行政区认真调查烟毒情况，为禁毒决策准备事实依据。

经过一段时期严肃认真的调查，各大行政区烟毒泛滥的严重情况呈现在中央领导人的面前。

华北大区的察哈尔、山西、绥远、河北四省和京津两市，有毒贩1万余人。其中天津较大的毒犯有200余名，大毒犯庞辅臣勾结设在天津的华北禁烟局干部套购大量烟土，又勾结民警掩护装船，运往上海销售。[④] 该市在解放初期破获毒

---

① 《中国禁毒史资料》，第1645页。
② 同①，第1653页。
③ 同①，第1647页。
④ 黄瑶、张明哲：《罗瑞卿传》，当代中国出版社1996年版，第257页。

品案 360 件,涉及 2 598 人。

西北大区的甘肃省,解放初吸食鸦片者高达 12 万余人,人数之多为西北五省之最。在陕西省西安市,解放初期的工商户几乎行行贩毒,其中以南关山货行最为严重,在这 20 余户中只有 3 户是不贩毒的。大毒犯丹青两年间贩卖的毒品料面在 2 000 两以上。

中南大区的河南省,贩运吸毒者有 81 379 人,占全省总人口的 3%。[①] 许昌市制贩和吸食毒品者共有 3 500 余人,占全市 5 万人口总数的 7%。[②] 湖北省武汉市吸、贩烟毒者有 6 878 人(毒品贩运犯有近 4 000 人),与毒品有牵连的占全市总人口的 1.4%弱。大毒犯们从云南、贵州、四川、两广甚至香港贩运大量毒品到武汉可获利一二倍,如再运往上海、西安等地,还可获利达四五倍以上。[③] 武汉解放初期,在全市流通的毒品约有鸦片 109 474 两,吗啡、海洛因 147 660 两。

西南大区的贵州省,解放前夕吸食鸦片毒品者约有 300 多万,占全省总人口的 21%。省城贵阳有烟馆 1 000 多家,遵义城的烟馆也有 400 多家。贵阳、遵义、安顺、铜仁是该省烟毒的集散地,终年烟商云集。在人口仅万余人的镇远县就有毒贩 700 余人,其中贩运大烟百两左右者 571 人,百两至千两者 200 余人,万两以上者 20 余人。锦屏县也有专业烟贩 111 人。[④] 云南省的吸毒者在 200 万以上,占全省总人口的 12.5%,省会昆明市有烟馆 1 670 家,烟贩 6 968 人,吸毒者 5 万余人。[⑤] 四川省会成都的烟馆有 700 多家,重庆的烟馆有 270 多家。

华东地区的江苏省南京市原为南京国民政府的首都,在全市 145 个行业中,有旅馆业、西药业、五金、粮食、浴室、理发等 56 个行业在秘营贩毒。毒贩们把毒品远销到苏南、皖南等地。[⑥] 1949 年 12 月,国民党特务陈荣辉潜入南京,组织"苏鲁皖人民反共救国军第五纵队",此人连续 3 次从安徽明光贩卖烟土到南京出售,以充作反革命活动的经费。[⑦] 在福建、皖北、苏北、苏南、上海等地有毒贩 3 000 余人,其中福建省共有制毒者 102 人,贩毒者 1 520 人,开烟馆者 557 人。

东北大区的几个大城市和铁路沿线的 55 个县城从事制毒贩毒的约有 1 万余人。吉林省会长春市有烟毒犯 427 人,其中敌伪官吏、地痞流氓占 74%,商贩

---

① 王宏斌:《禁烟史话》,第 193 页。
② 《禁毒全书》上册,第 501 页。
③ 同②,第 408—409 页。
④ 《近代中国烟毒写真》下卷,第 327 页。
⑤ 《城市接管亲历记》,中国文史出版社 1999 年版,第 777 页。
⑥ 同②,第 481 页。
⑦ 凌青、邵秦主编:《从虎门销烟到当代中国禁毒》,第 103 页。

兼卖毒品者占17%。毒贩们大多以纯贩毒为生,少数则以开旅馆、诊所、商店为掩护。①

据初步统计,全国吸食鸦片等毒品的烟民约有2 000万人,占当时全国总人口的4.4%。②

1950年2月24日,中央人民政府政务院发出了《关于严禁鸦片烟毒的通令》,在全社会范围内号召群众行动起来,有效地实行禁毒。《通令》指出:"自帝国主义侵略我国,强迫输入鸦片,危害我国已有百余年。由于封建买办、官僚军阀的反动统治,与其荒淫无耻的腐烂生活,对于烟毒,不但不禁止,反而强迫种植,尤其在日本帝国主义侵略下,曾有计划地实行毒化中国,因此戕杀人民生命,损耗人民财产,不可胜数。现在全国人民已得解放,为了保护人民健康,恢复与发展生产,特规定严禁鸦片烟毒及其他毒品的办法。"《通令》首先要求"各级人民政府应协同人民团体,作广泛的禁烟禁毒宣传,动员人民起来一致行动。在烟毒较盛地区,各级人民代表会议或人民代表大会,应把禁烟禁毒工作作为专题讨论,定出长期禁绝办法"。《通令》强调,"从本禁令颁布之日起,全国各地不许再有贩运制造及售卖烟土毒品情事,犯者不论何人,除没收其烟土毒品外,还须从严治罪";"散存于民间之烟土毒品,应限期令其缴出,我人民政府为照顾其生活,得分别酌予补偿。如逾期不缴出者,除查出没收外,并应按其情节轻重分别治罪"。《通令》最后要求"各大行政区人民政府(或军政委员会),中央直辖省、市人民政府,各按本地区情况,依据本禁令方针,制定查禁办法及禁绝种吸日期,呈报中央人民政府政务院批准施行。并于批准后,印发布告,进行广泛深入的宣传教育工作"。③

二、各大行政区的禁毒部署和行动

按照政务院的要求,各行政大区根据各自的实际情况相继制定出一些具体的禁烟禁毒的实施办法,使得中央《关于严禁鸦片烟毒的通令》更有可操作性。

1950年2月16日,西北军政委员会率先颁布了《西北区禁烟禁毒暂行办法》共17条,要求各县市以上的政府机构成立禁烟禁毒委员会,并对禁止毒品的种、运、售等各个方面做了规定。1951年6月28日,该委员会又发布了《关于切实注意进行没收烟毒的通知》,要求各地焚毁所缴获的毒品。青海省人民政府于

---

① 《割除毒瘤——共和国首次禁毒禁娼述实》,中央文献出版社1999年版,第280—281页。

② 凌青、邵秦主编:《从虎门销烟到当代中国禁毒》,第102页。

③ 同①,第30—31页。

1950 年 4 月发出布告，明确规定："凡已种植鸦片者，限期一律铲除，吸食烟毒者，限期登记并戒除烟瘾。"①1951 年初，青海省政府再次发出布告，宣布以禁种、禁贩为重点的查禁工作应结合减租、土改和春耕生产等中心工作进行。陕西省西安市人民政府于 1950 年 7 月颁发《禁烟肃毒暂行办法》。该市在 1950 年 10 月和 1951 年 6 月先后两次召开群众大会，当众焚毁所缴毒品 16 513 两。从 1950 年 7 月至 1951 年 6 月，全市共破获烟毒案 1 361 起，缴获毒品 5 351 两。反革命兼大毒犯丹青最后在镇反运动中被严惩。②

天津市于 1950 年 5 月发布了《天津市烟毒检查登记办法》。天津在 1950 年 2 月至 1951 年底共破获贩毒案 953 起，捕犯 1 569 人，并处决了大毒犯石子文。③1950 年底，天津市人民政府果断地勒令擅自出售毒品的"裕大公司"停业。经查该公司(即华北禁烟局)从 1949 年 6 月—1950 年 1 月把 48 286 两烟土、39 031 两白面和料面卖给了庞辅臣、宋发荣、李梅村、翟仲洲、李修堂、王凤林等 6 人。此外"裕大公司"干部周宝恕、李子丰、田桂宗等人与上述毒贩狼狈勾结，贩运毒品，在 1949 年 3—10 月，就贩卖毒品 1 400 余件。④ 北京市人民政府于 1951 年 1 月 13 日作出了禁毒的若干规定，11 月 27 日，成立了市禁烟禁毒委员会。12 月 10 日，市政府公布了严禁鸦片烟的布告，宣布"自布告之日起，任何人不得再制造、贩运、售卖鸦片等毒品。其藏有鸦片烟毒及其制造用具的，应立即到所在地区的公安分局全部报缴"。⑤

中南军政委员会于 1950 年 5 月公布了《禁烟禁毒实施办法》。河南省接着在同年 10 月 5 日和 26 日先后发出了关于禁绝烟毒的指示和补充指示，要求在"有政权基础的地区，坚决禁止种植、运售、制造"毒品。1951 年 8 月，省政府根据中央内务部的要求召开专门会议，决定以城市和交通为重点，以禁运、禁制、禁售为主，着重打击贩运和销售毒品的犯罪活动，有效地卡住毒品的流通环节。许昌市从 1951 年 8—11 月采取行动，共收缴鸦片 664 两、海洛因 97 两，各种制毒原料 300 磅，判处烟毒犯 4 人死刑、37 人有期徒刑，5 个较大的制贩毒集团被彻底摧毁。⑥

湖北省武汉市在 1950 年 11 月以后破获了张涛、沈绍敏两个毒品黄金走私集团。张涛解放前就在粤汉、湘桂铁路上长期走私，被捕前任武汉市行商商业会

---

① 《人民日报》1950 年 4 月 10 日。
② 凌青、邵秦主编:《虎门销烟到当代中国禁毒》，第 107 页。
③ 《禁毒全书》上册，第 469 页。
④ 同③，第 471 页。
⑤ 《割除毒瘤》，第 125—126 页。
⑥ 同③，第 501—505 页。

主任委员。1950 年 6 月，他勾结刘维华、张良浩等毒品犯、金银犯成立走私集团，在汉口大董家巷公亚新商行设立走私转运站，由其弟张伯樵出面负责，张良浩前往广州偷运毒品、黄金等物。张涛本人幕后策划指挥，他利用解放前的旧关系，用分赃、搭股等手段收买了某些铁路职工为其交接黑货。张涛集团至案发时为止共贩运黄金 14 800 多两，吗啡、西药等无数。沈绍敏原为武汉大黄金贩子，他勾结中南军政委员会贸易部财务会计处副处长、原中央信托局副经理郭驹，中南贸易部科员、原中央信托局储信科主任周祖诒，裕华纱厂财务专员芮世玉，汉口合昌花号经理陈时彦，福华药棉厂奸商李朝宗以及上海大棉纱投机商陈荣福等 6 人，集股 2 000 两为资本，以汉口胜利街 23 号合昌花号为掩护，从 1950 年 7 月开始集团走私活动。这年下半年沈绍敏集团私自将 12 000 多两黄金私运至香港，又在香港向日本洋行购进毒品白面，封装成瓶，冒充日本产品“胃活”运回汉口。另外，该集团与陈荣福在上海组织的黄金、毒品走私集团有联系。陈荣福曾用金刚钻戒运往香港换成毒品白面后偷运进大陆。[①] 从 1950 年 2 月至 1951 年底，武汉共查处烟毒案犯 1 396 人、烟土 2 292.5 两、吗啡 1 723 两，烟膏 283 两、料面 252 两。[②]

在湖南，湘西地区从 1950 年 4 月至 1952 年 7 月共逮捕毒犯 913 人，其中杀 16 人，关 836 人，缴获鸦片 12.1 万两、吗啡 487.85 两，烟种 66.3 两以及制毒机器 4 部。[③]

从 1950 年春—1951 年底，广西共处理了制贩毒犯 2 400 名、查获大烟 122 600 两。[④] 1951 年 8 月，省城桂林警方破获了李慎之为首的贩毒集团。李慎之原来是盐行街万盛行老板，解放前靠贩毒发家致富，解放后仍利用原有的关系网继续贩毒。李慎之贩毒集团是广西桂林市最大的贩毒集团，有关的伙计和烟民多达 38 人。从 1950 年 4 月到 1951 年 4 月，李慎之伙同申德宣等人到融县长安镇等处先后买回烟土 860 多两，交唐盛祥等 7 人分别带至广州、上海、南京销售。李慎之还就地收购湖南客商的烟土，转手卖给临桂大圩、六塘的烟贩和烟民，每月在 100 两上下，从中获利旧人民币近 1 亿元。该集团在贩毒时将烟土装在油篓底部，蒙混过关，运出市外销售，还有 600 多两烟毒则托桂林铁路公安段孔宪予、丁长福运到广州出售。李慎之还与妻合谋在家挖掘秘密洞穴，用于收藏烟土。李慎之集团贩毒案被破获时有 32 人落网，李本人被判刑 12 年，其余各犯

① 《割除毒瘤》，第 127—128 页。
② 《禁毒全书》上册，第 409 页。
③ 同②，第 463 页。
④ 同②，第 492 页。

被判3—5年的徒刑。1951年10月，桂林警方又破获了以土著烟贩齐炳琨、邓怀林、周顺昌、周锦芳为首的23人贩毒集团，其中齐炳琨是桂林烟贩中的四大金刚之一，有20年以上的贩毒历史，解放后不改旧恶仍在继续转手买卖烟土，从中牟利。后经法院判处4名首犯3年徒刑，各从犯1—2年徒刑。总计桂林从1949年12月—1952年6月共破获烟毒案541件，拿获烟毒犯953名，缴获鸦片1 461.03两、白面118.8两及烟具、赃款一批。① 广西全省从1950年春至1951年底共处理制、贩毒犯2 400名，查获大烟122 600两。②

西南军政委员会对中央的禁毒通令十分重视，在第一次全体委员会会议上专门进行了讨论，一致认为"西南鸦片烟种植面积之广，吸毒人数之多，为全国之冠，其流毒之大，非言语所能形容"。5月间，中共中央西南局制订了《关于禁毒的办法》，明确规定"政府勒令查封一切明暗性质的鸦片烟馆，没收其房屋、烟具和所有毒品；如查获秘密烟馆营业者，应予严惩，判处死刑"；禁毒与剿匪工作相结合，严禁一切运销毒品的活动。同年7月31日，发布《西南军政委员会关于禁绝鸦片烟毒的实施办法》，规定了13项具体的措施。在禁贩方面主要有严禁制造和贩运各类毒品，所存毒品须在10日之内上缴政府或公安机构。对各地在开张的烟馆勒令立即关闭，并没收其一切财产。12月28日，为了深入开展禁毒斗争，西南军政委员会又颁布了《西南区禁绝鸦片烟毒治罪暂行条例》。其第9条规定："各药商所出卖可资制造白面、金丹、吗啡或其他类似之毒品原料存货（例如非那西汀、氯化乙胺、氯化亚、退热冰、咖啡因、乳糖、氢氧化锌、氢氧化钠、醋酸钠，及其他醋酸盐类），应向当地卫生主管机关办理登记，取得凭照后，方准出售，凡购上项药品超过250公斤以上者，须备专簿载明购者姓名、居处、数量、用途，以供随时检查，违者得按情节轻重，处三年以下徒刑，或科以罚金。"③在西南军政委员会的领导下，四川各县在1950年下半年全面禁烟。富顺县在1950年10月召开近万人群众大会，当场焚毁鸦片、吗啡3 700余两，并判处了一批毒贩。同年底，警方又查获了秘密烟馆154家，缴获大烟7 062两，司法机关也再判了一批毒贩。④ 1950年12月，綦江县开展禁毒斗争，逮捕了75名毒犯，对其中霍廷芳等罪大恶极的处以死刑，并全部没收了他们的烟土。⑤ 大足县在1950年破获烟土毒案8起，烟馆36家，经审理判处毒犯1人死刑、12人徒刑，并缴获烟土

① 《禁毒全书》上册，第422—423页。
② 同①，第492页。
③ 转引自苏智良：《中国毒品史》，第468页。
④ 《近代中国烟毒写真》下卷，第216页。
⑤ 同④，第229页。

136 两、熟烟 6 两。第二年该县又查获烟土案 51 起，71 人，其中处死刑 1 人，徒刑 5 人。[①] 峨嵋县 1950 年查出烟馆 85 家、烟土 4 197.17 两，次年又查出烟土 7 560 两。[②] 1951 年 1 月宜宾专区禁烟禁毒委员会成立，即在全区捉拿了一批烟毒犯，在 1 月 20 日召开的群众大会上当场烧毁烟土、吗啡等共 2 000 余斤，枪决大烟贩温福州、何泽林等 12 人。次日，又在江安县召开的群众大会上枪决了烟犯宋文光，又烧了一批烟土。在 1950 年 7 月 20 日发出布告，西昌宣布不论汉区、彝区一律不得种植鸦片，所有烟馆一律由当地人民政府封闭。到 1951 年底，该地区共查封烟馆 1 376 家，破获烟毒案 1 300 余件，缴获各种毒品 13 万余两。[③]

1950 年春，在贵州省各界人民代表会议上，代表们一致响应中央政府的禁毒号召，提出贵州禁毒先从省会开始。同年 9 月 8 日，贵阳成立了禁烟禁毒委员会；9 月 22 日，在全市进行突击大检查，共查获烟毒犯 183 名，收缴大烟 1 812 两，查封了一批开了几十年的烟馆。11 月 12 日，对罪大恶极的制毒、贩毒犯“膏精大王”王银荣、何炳森进行公审，判处他们死刑，[④]同时将缴获的数万两鸦片、吗啡、红丸等在河滨公园当众焚毁。从解放到 1951 年底，贵阳共破获烟毒案 4 400 件，捕获烟毒犯 6 000 余名，缴获鸦片 123 767 两。[⑤] 遵义市在 1950 年 10 月 2 日召开禁烟禁毒万人大会，将经过人民法院公审的制毒大王邓福星、黄惠泉枪决，当众焚毁鸦片 14 245 两。11 月 17 日，遵义再次召开万人禁烟禁毒大会，依法处决继续制贩毒品的烟毒犯田景沧、罗树清、李少雨、周良成，公捕烟毒犯 27 名，焚毁大烟 6 000 余两。全市 1950 年共收缴焚毁大烟 2 万余两。1951 年共收缴大烟 6 698 两。1950 年 12 月，安顺地区公安处查获了黄煜制贩毒案。黄煜于 1939 年参加国民党复兴社特务组织，历任西南运输汽车大队中队长、安顺警察局刑警队长等职。解放后在 1950 年 4—10 月制造础子 5 670 两，并冒充公安人员招摇撞骗，1951 年 1 月 6 日，经公审被处决。[⑥] 安顺地区从 1950 年 11 月至 1951 年 4 月止，共查获烧毁烟土 75 278 两、吗啡 1 185 两，处理烟毒犯 462 人。毕节县在 1950 年 6 月 27 日进行大清查，缴获毒品 11 312 两，抓获大烟犯 60 名。仁怀县从解放到 1951 年 10 月 1 日先后 4 次公开焚毁大烟，共计 21 820 两。[⑦]

---

① 《近代中国烟毒写真》，第 241—242 页。
② 何志愚、王成德：《峨嵋禁烟概况》，《峨嵋文史》第 10 辑。
③ 《禁毒全书》上册，第 391 页。
④ 《城市接管亲历记》，第 672 页。
⑤ 同②，第 434 页。
⑥ 《新黔日报》1951 年 1 月 22 日。
⑦ 同③，第 435 页。

1950 年 12 月 28 日，云南省会昆明市判处大毒犯郭怀安死刑。郭怀安解放前就一贯利用职权贩运销售鸦片，从昆明贩往重庆、广州等地鸦片有 7 万多两。解放后仍违抗禁令，于 1950 年 7 月伙同妻子桂源等人将 1 000 多两毒品包装后铸入砂轮内，伪装成机器零件，空运到重庆出售。郭怀安被处决次日，昆明市人民政府又主持召开了昆明市各族各界人民禁烟禁毒大会，当场禁毁了 11 万多两的烟毒和上万件烟具，会后取缔了昆明所有的烟馆。① 从 1950 年 8 月至 12 月昆明共查获毒品共 6 600 多两。

据西南军政委员会民政部统计，1950 年共查封鸦片烟馆 5 400 多家，破获烟毒案 1 万余起，捕获运、制、售毒犯 1 万余人，37 名大烟毒犯被处死刑，收缴毒品 94.8 万两。至 1951 年，西南各省基本上禁绝了罂粟的种植，禁烟工作取得了重大的胜利。②

华东军政委员会在 1950 年 9 月 22 日颁布了《关于决定查获毒品之处理办法的通令》。前此，南京公安机关于 4 月间捕获了号称“南京四大金刚”之一的毒贩项福如及其弟项福禄等 7 人。项氏兄弟两人自 1940 年起就以贩毒为业，将毒品批发给西门一带的毒贩和滁县 30 多家烟馆。随后，“湖北帮”毒犯李玉先也落入法网。李从 1937 年起开始贩毒，1947 年至 1948 年，乘飞机去重庆贩毒多次，每次百余两，然后返销南京以及皖南各县。解放后继续从宿县大量运毒到南京贩卖，每次几十两。原国民党滇黔绥靖公署参议、军事委员会少将参议、洪帮中华山大哥张文杰解放前就指使师弟陈富宝从云南空运毒品到南京贩卖。解放后张文杰又伙同惯匪吴云深合资制毒。案发后张、陈被判处死刑。1950 年 5 月，串通原国民党警察、特务，组织反革命武装的肖明山为了筹集其活动费用，派同伙赴江北贩运鸦片和海洛因到南京出售，被及时破获。③ 南京的“西霸天”、日伪“中国安清总会南京分会”会长、国民党中统局南京西分区组长缪凤池解放后继续为非作歹，去沪杭一带大量贩运毒品，1951 年 4 月被查获枪决。在 1950 年、1951 年两年中，南京共破获贩毒案 2 102 起，捕获毒犯 3 133 人。④ 镇江在 1952 年 2 月破获了吴业华制贩毒集团案。吴业华解放前在扬州贩卖白粉，1948 年底迁至镇江。镇江解放后因贩卖白粉于 1949 年 6 月被公安机关处理过。被教育释放后，吴业华以请客吃饭、经济收买等手段收买了关押期间认识的公安局执行队录用的旧人员八九人。吴向小毒贩和吸食户们夸口他在公安局里有靠山，以

① 《近代中国烟毒写真》下卷，第 472—474 页。
② 《割除毒瘤》，第 284 页。
③ 《从虎门销烟到当代中国禁毒》，第 103 页。
④ 《禁毒全书》上册，第 483—484 页。

致其毒品生意特别红火，最高日销量达 1 两 4 钱多，镇江 70%的白粉由他负责供应，为其销售毒品的有 300 余人。由于白粉供不应求，吴业华在 1950 年 7 月勾结上海的张根清、徐世珍合伙自行制造白粉 197 两，其中吴独得 104 两。从 1950 年 2 月—1951 年 4 月，吴业华共卖出白粉 380 余两，获利旧人民币 3.8 亿余元。1952 年 2 月镇江市公安局从上海将吴逮捕归案。1952 年 9 月吴业华被判处死刑。[①] 从 1949 年 4 月—1952 年 7 月，镇江共破获烟毒案 408 起，捕获人犯 644 名，缴获烟土 683 两、白粉 85 两 4 钱。[②]

福建省人民政府于 1950 年 4 月 3 日发出《关于严禁鸦片烟毒的指示》；7 月 3 日又成立了省禁毒委员会，14 日下达了《禁烟禁毒实施步骤与工作指示》；11 月 27 日还颁布了《福建省禁烟禁毒暂行条例》及《实施细则》。至 1951 年底，福建 25 个县市共查封烟馆 133 家，缉获毒犯 198 名，烟土 5 165 两。厦门大毒贩陈裕乞在 1951 年 12 月被判处死刑，同时还逮捕法办了一批贩卖鸦片并兼有其他罪行的大流氓十余人。[③] 1952 年 3 月，在"三反"运动中晋江县张明怡等人的"三大公司"被揭露。经查，该公司从 1950 年 2 月—1952 年 3 月共制造毒品、吗啡 320 多两，获利旧人民币 30 亿元。直到公司被取缔时还有鸦片 750 两、吗啡 96 两。这个制毒贩毒集团组织严密，有打入基层人民政权的坐探，有押送毒品的武装，破案时缴获了该集团的各种枪支就有 60 余支。[④]

东北人民政府于 1950 年 10 月 13 日发出了《东北区禁烟禁毒贯彻实施办法》，共 18 条，要求各级人民政府设立禁烟禁毒委员会，"由各级人民政府之民政、公安、司法、卫生等有关部门及人民团体派员组织，由民政部门负组织之责"，"各地群众对于种植、贩卖、吸食烟毒或隐藏烟毒品及用具不交者，应相互规劝监督并负责检举"；"各地现有存藏、运输、贩卖或制造烟毒品者各级人民政府应一律严厉查案，并没收烟毒用具及烟毒，将人犯送法院惩办"[⑤]。1952 年 2 月 9 日东北人民政府又发出了《关于严禁鸦片烟毒及其他毒品的命令》，强调"各地关卡及军政公安人员，应严密检查烟贩毒贩，各界人民应积极检举揭发，如查获、检举有据者，不论贩运者为何人，一律送交人民法院，严惩不贷"。[⑥] 上述实施办法和命令的公布实行，极大地推动了东北地区的禁烟禁毒运动。

---

① 《禁毒全书》上册，第 419—421 页。
② 同①，第 418 页。
③ 《近代中国烟毒写真》上卷，第 459 页。
④ 黄瑶、张明哲：《罗瑞卿传》，第 258 页。
⑤ 《禁毒全书》下册，第 1394—1395 页。
⑥ 同⑤，第 1399—1400 页。

三、1952 年的全国禁毒运动

1951 年底，中央人民政府在国家工作人员中开展了反贪污、反浪费、反官僚主义的三反运动。紧接着又于 1952 年初在资本主义工商业者中开展了反行贿、反偷税漏税、反盗窃国家资财，反偷工减料、反盗窃国家经济情报的五反运动。在这场国民经济恢复时期共产党领导工人阶级打退资产阶级进攻的阶级斗争中，从铁路、航运、邮政、公安、司法、税务等部门，并从很多地区暴露出为数甚多的国家机关内部人员包庇或勾结奸商、毒贩、流氓甚至反革命分子贩运毒品、金银、私货的各种罪恶活动。

在铁道部驻东北特派员办事处直属列车段、列车贩卖管理所、餐车管理所三个单位，即有走私贩毒犯 63 名，占经常出乘人员的 23%，安东车站 115 名毒犯两年来包庇贩运白面 175 225 克、鸦片 33 332 两。① 另据衡阳、郑州两路局的统计，参与贩运毒品的铁路职工有 2 390 余人。长江航运系统仅“江安”、“江汉”、“江顺”等 18 艘轮的船员，贩带毒品者计有 150 人。② 天津邮局系统从 1949—1951 年通过邮路运销各地的鸦片有 10 万余两，白面 17 000 余两。③ 安东市公安局治安行政科 26 人中有包庇贩运毒品罪行的“老虎”21 只，占 80%强。桂林铁路公安段司机许天佑、许凤岗、胡恒发等人于 1952 年 1 月两次接受桂林九龙烟行老板王振和的委托，将 3 160 两烟土和 40 两白面运到衡阳给高兴贵、崔绍灵代卖。王振和之兄王振茂也于 1950 年 2 月托此 3 人携带 100 两烟土和 40 两白面到衡阳，指定高兴贵代卖。另外许凤岗曾五次接受桂林四维烟行肖桂安的委托，贩运烟土 700 两到广州出售，许从中获利 111 万元。王振和在衡阳开华夏烟厂时，代烟贩张文明、唐盛祥、毛四英出售大烟 30 两，被公安局拿获后，竟以人民币 400 万元买通该局司法科科长陈某后获释。④ 南京市人民法院秘书长兼刑事庭庭长丁汝深接受大毒贩程其宽贿赂的旧人民币 600 余万之后，为程庇护。丁还让法院收发员杨钦龙离职专事贩毒。杨钦龙私刻公章，伪造证件，与湘北帮、宿县帮勾结，短期内贩毒 1 958 两、海洛因 10 两。⑤

西昌区委书记马某某、德昌公安局长姚某某因吸毒、贩毒在三反运动中被严肃处理。⑥ 吉林省蛟河县县委书记殷子华、县团委书记崔晓光与一名毒犯合作

---

① 《禁毒全书》下册，第 1402—1403 页。
② 《禁毒全书》上册，第 409 页。
③ 同②，第 471 页。
④ 同②，第 423—424 页。
⑤ 同②，第 486 页。
⑥ 同②，第 391 页。

贩毒,诱使公安局长、税务局长、县委组织部长一道下水,形成了一个贪污集团。[①] 长白县机关中查出有贩毒"老虎"87只,占全县干部的18.8%。另外,在图们市工商户中贩毒者占44.7%。武汉大资本家贺衡夫利用其人民代表、市府委员、中南军政委员等身份组织大规模的盗窃集团,同时贩卖大批吗啡、海洛因等毒品,坑害人民。[②] 香港大制毒犯张良栋、陈坤元合资在天津设立天和贸易行,由张的丈人运大中出面任经理。该行在1950年2月至1951年2月将300余件烟土运到香港,由张、陈在香港的工厂加工成白面,然后将13件转运回上海图谋出售牟利。[③]

中共中央认为上述情况"是旧的中国社会遗留下来的一种污毒,全国解放以后在很多地区虽曾有所减少,但就总的情况看来,问题依然严重存在"。为了根除这种旧社会的恶劣遗毒,中共中央决定,"在全国范围内有重点地大张旗鼓地发动一次群众性的运动,来一次集中的彻底的扫除",于是在1952年4月15日发出了《关于肃清毒品流行的指示》,要求"首先集中解决贩毒问题。贩卖毒品、贩卖金银、走私三者虽互相牵涉,又往往同时暴露,但以毒品流行对于国家的损失最大,对于人民的毒害最深,因此,在这次运动中应集中解决贩运毒品问题……对以反革命为目的的毒犯,应以反革命论处"。《指示》指出"要根除制造、贩卖毒品或包庇掩护毒犯的现象,必须依靠广大群众的觉悟程度和斗争的积极性……目前,对'三反''五反'中已经暴露出来的问题,除情节特别严重,不得不立即逮捕者外,一般可暂不逮捕,已经逮捕起来的毒犯,也暂不结案,待反毒运动发动后,集中处理,以壮大声势"。同时明确规定,"这次运动应以铁道、公路、海运、河运、邮政、公安(包括边防)、司法、税务等部门作为重点……至于地区,一般应以大中城市、边防口岸,以及过去烟毒盛行的地区为重点,即以毒品之主要产地、毒品的集散枢纽和出入国境的关口为展开运动的重点地区";"打击的重点放在集体大量的制毒、贩毒犯与严重违法的工作人员。对于情节不是特别严重,只要彻底坦白,真诚悔过,检举立功者,可减轻或免予处分。对于单纯吸食毒品者,不应作为这次运动的斗争对象……只要能够做到根除制毒、贩毒的现象,则吸毒的现象,将会逐渐消灭"。[④]

5月21日,中央人民政府政务院根据中共中央的指示精神发出了《为查禁鸦片烟毒的通令》,首先指出:"1950年2月24日,本院颁布严禁鸦片烟毒通令

① 《东北日报》1952年3月1日。
② 《人民日报》1952年4月7日。
③ 《禁毒全书》上册,第472页。
④ 《割除毒瘤》,第42—44页。

后，禁烟禁毒工作获得很大成绩。全国范围内基本上禁绝了种植烟毒，吸食者也已大量减少。但因这是旧社会遗留下来的一种污毒，在全国解放后一时还未能扫除净尽，加以在某些大、中城市，尤其是交通口岸或边防地区，查缉不严，致使制毒、运毒的罪犯及反革命分子，仍然运进与贩卖毒品，甚至勾结国家机关工作人员或钻入国家机关中，以遂行其罪恶活动。因此，各级人民政府应在三反、五反所造成的有利条件下，有重点地大张旗鼓地开展一个群众性的反毒运动"；"这一运动要深入到邮政、海关、公安（包括边防）、司法、税务、交通、铁路、航运等机关的工作人员与工人、职员中，深入到城市的工人和居民中，使犯罪分子无法隐藏"；"必须大张旗鼓地做禁烟禁毒的宣传工作，把烟毒害人及贩毒罪犯的典型罪恶事实，通过各种会议，各个宣传机关，及时地在人民群众中进行深入、广泛的宣传，以提高群众对制毒犯和贩毒犯的仇视。对重大烟毒案件的及时处办，和烟土毒品及时焚毁，更能启发群众的积极性。"①

6月10日，政务院决定由公安部负主要责任，由公安部统一布置，全国统一行动，将毒贩一网打尽。公安部经过调查研究很快向中央提出了《关于开展全国规模的禁毒运动的报告》，提出了惩治毒品罪犯的具体意见，规定凡在1951年1月以后犯有下列罪行之一者，均应逮捕法办：(1) 出资制毒的业主及集资结伙制毒的组织者、主谋者和以职业为掩护专事制毒的惯犯；(2) 制造毒品的"技师"；(3) 贩运、出售毒品的组织者、主谋者、惯犯、现行犯；(4) 开设烟馆的业主；(5) 一贯协助毒犯的窝主，现行及依靠贩运毒品佣金收入为生的经纪人；(6) 偷运毒品进口的组织者和惯犯；(7) 武装贩毒者；(8) 以反革命为目的的制造、贩运毒品犯及被管制分子；(9) 贿买勾结国家工作人员而情节严重恶劣的毒犯；(10) 毒犯派进我机关内部的"坐探"；(11) 利用职权包庇、协助毒犯或出资贩毒的严重违法的国家工作人员；(12) 在汉族地区一贯大量种植罂粟的烟匪、恶霸、流氓，雇人种植或串通农民种植罂粟的主谋者；(13) 其他在禁烟禁毒实施过程中拒绝登记、拒缴毒品、拒不坦白而情节严重恶劣者。《报告》还提出了禁毒运动分三期进行的具体行动方案。②

7月30日，中央正式批准了公安部的上述报告。8月初，公安部召开全国禁烟禁毒工作会议，部署统一行动。从8月10日起，在预先确定的全国1 202个重点禁毒区域内先后展开了逮捕毒犯的第一期破案行动，随即又进行了第二、三期的破案。至11月底结束时，在禁毒重点地区共发现制造、贩卖、运送毒品的毒

① 《割除毒瘤》，第45—46页。
② 参见喻晓东、李云东编：《大禁毒》，团结出版社1993年版，第237页。

犯 369 705 名，超过了原来估计的 25 万人这个数字，共逮捕 82 056 名，占毒犯总人数的 22%。当时已处理的 51 627 人中，依法处决的有 880 人，占逮捕人数的 1%。其他的分别判处有期或无期徒刑、劳改和管制，也有一些被释放的；共缴获毒品（折合鸦片）3 996 056 两，制毒机 235 部又 15 716 套，各种贩、运、藏毒工具 263 459 件。另有 345 463 名毒贩向公安机关登记，坦白悔过，讲“这辈子再也不敢贩毒了”。[①]

北京市的禁毒运动是 1952 年 8 月 9 日开始进行的，分两批逮捕毒犯共 535 名，至 9 月 14 日共缴获大烟 1 800 两、白面料子 500 余两，制毒机器 10 部。[②] 北京的烟毒犯多为历史性的职业罪犯，在刚开始登记时很多人猜疑观望，或是假装镇静，或者躲躲闪闪，或者假登记，试探风声；有些甚至非常嚣张，散布谣言，订立攻守同盟，抵抗登记，威吓群众，扬言“谁检举，我就是一刀子”；有的顶风作案，竟抬高毒品价格，继续出售。但是他们看到公安机关召开群众大会，当场逮捕一些罪行严重而又抗拒登记的毒贩之后再也坐不住了。有些与会的毒犯吓得面色苍白，浑身发抖，有的吓得尿了裤子，有的晕倒在地上，丑态百出。会后他们纷纷前往公安机关登记，“再不登记就见阎王了，再也不敢欺骗政府了”。[③] 9 月 1 日，北京市公安局召开 4 万人群众大会，当场对 3 名一贯贩毒并在解放后贩毒达千两以上的大毒贩判处死刑，同时对逮捕后彻底坦白、检举立功而罪行较轻的 6 名毒犯从宽予以释放，这对毒贩们产生了极大的震慑力。

天津在 1952 年 7 月捕获了贩毒惯犯刘树仁。刘树仁伙同制毒犯张敬一等人从 1949 年至 1950 年 2 月先后 14 次贩运烟土 610 两、一号料子 56 两、无水醋酸 200 斤，并拉拢热河省公安厅 6 名干部从赤峰运烟土 1 000 余两到北京销售。1950 年三四月间，刘树仁、张敬一等 4 人又从北京向上海贩运烟土 750 两，并为其他毒犯代买代卖烟土 600 两。[④] 此人在解放后以天津市万利源药材庄经理的身份出现，从 1950 年 9 月至 1951 年 3 月先后三次从香港运入内地的中药冰片箱内夹带一号料子 55 件，共计 1 540 两，运至津、京贩卖。1952 年 9 月，刘树仁等 3 名大毒犯经公审后被判处死刑。在 1952 年的禁毒运动中天津共逮捕烟犯 677 名，其中判死刑和死缓的 17 人，判徒刑 420 人，缴获烟土 5 914 两、烟膏 471.6 两、料面 494.8 两、白面 82.4 两、吗啡 655 针，以及制贩毒品的赃款

---

① 参见《罗瑞卿论人民公安工作》，群众出版社 1994 年版，第 159—160 页。
② 《北京市公安局肃毒工作初步报告》（1952 年 9 月 14 日），《割除毒瘤》，第 142 页。
③ 《中共北京市委关于禁毒宣传的情况和初步经验》（1952 年 8 月 30 日），《割除毒瘤》，第 133—134 页。
④ 《禁毒全书》上册，第 471—473 页。

244.83 万元。[①]

河南漯河从 1952 年 9—11 月，共收缴烟土 612 两，老海(海洛因)585 两，3 名大毒犯被处死，700 余人被判处不同刑期的徒刑。[②]

武汉查获了一些全国性的大烟毒犯，如昆明吗啡厂厂长刘汉亭、重庆毒品大王梅尚志、贩毒四大金刚王楚元以及王子骥、王觉悟等。[③] 其中王觉悟以行商为掩护，从 1949 年 5 月—1952 年 4 月共贩卖鸦片 1 132 两、吗啡 93.57 两。被捕后，他只谈小不谈大，只谈远不谈近，拒不交出毒品。王子骥解放前就在昆明开厂制造吗啡，并大量贩卖烟土。解放后王子骥从 1950 年 1 月—1951 年 6 月 5 次从昆明、重庆等地用汽车、轮船将毒品运至武汉出售。他的活动范围和推销网络遍及上海、昆明、重庆、西安、兰州、衡阳、广州等地，总计在解放后共制贩毒品折合鸦片 60 余万两。在禁烟毒运动中有些毒贩错误估计了形势，自以为人民政府不会对他们怎么样，“杀不了我，吓吓傻子罢了”。有的是“能躲就躲，能跑就跑，互订盟约，潜伏不动”。也有公然涨价售毒，“原三千一包的货，现在非五千不卖”。有的造谣说：“共产党要钱，收缴吗啡到百货公司去卖。”有的甚至扬言：“老子吸给你看，卖给你看，看你把老子怎么办?”[④]然而这批罪恶的毒贩均未逃脱正义的审判。武汉全市在运动中查明毒犯 10 241 名，逮捕了 1 322 名，其中判处死刑 16 人，判处有期徒刑 782 人，共缴获鸦片 1 051.8 两、吗啡 525.4 两，其他毒品制成品 740 两、药针 295 支。[⑤]

湘西在 1952 年禁毒运动中破获贩毒集团案 19 起，涉及案犯 202 人。其中永顺姜万盛武装贩毒集团从 1950 年开始转入地下，至 1952 年破案时为止，共贩运鸦片 71 112 两、吗啡 192 两。龙山刘永祥贩毒集团贩毒地区涉及长沙、汉口、上海等地。从 1950 年至 1952 年破案时为止，共制造吗啡 4 500 两，贩运鸦片 23.97 万两、吗啡 2 816 两。1952 年 9 月 24 日、25 日，姜万盛、刘永祥被先后处决。[⑥]

广东一些解放前大肆贩毒的集团如揭阳灰寨公司、潮阳昌集利源、普宁桥柱交易所、汕头三公司及韩江水上的陈惯发、郑晶仔集团等在解放后并没有完全停止活动，只不过在贩毒运毒的方式上变得更加隐蔽更加巧妙了。陈惯发、郑晶仔这两个集团自解放到 1952 年，先后经香港走私入境烟土 174 100 两、吗啡 5 420

---

① 《禁毒全书》上册，第 480 页。
② 《近代中国烟毒写真》上册，第 489 页。
③ 同①，第 416 页。
④ 同①，第 408—411 页。
⑤ 同①，第 415 页。
⑥ 同①，第 465 页。

两。在1952年的禁毒运动中，这些集团的首恶分了遭到了严惩。[①]

广西从1952年8—11月，以柳州、南宁、梧州三市和百色、靖西、金城江、龙州4县镇为全省重点，以点带面，全面发动禁毒运动，共破获吸毒团伙案件113起，烟毒犯24 137名，逮捕4 476名，缴获大烟75 679.53两、吗啡680.27两、白面(海洛因)124.02两、制毒原料和药品10 240两。从1926年起开设烟馆，自称南宁烟土业“一等老人”的钟泽楼解放后仍在南宁贩毒，并在1950年1月至1952年8月向梧州、广州等地贩运大烟31 210两。解放前靠贩毒发家致富的桂林市大毒贩李慎之，解放后收罗38人，在1950年4月后的一年中从融县长安镇等地买回烟土860多两，交手下人分别带到广州、上海、南京销售。李同时在桂林就地收购湖南客商的烟土，转卖给临桂县的烟贩和烟民，每月要做100两上下的大烟生意，从中获利旧人民币近1亿元。梧州市女大毒犯李罗氏1936年就开始贩毒生涯，解放后她伙同原梧州市警局刑警队队长如简日等28人继续贩毒，从1950年1月—1951年7月共贩运大烟10万两。这些大毒贩在运动中均受到了法律的严惩。[②]

四川富顺县在1952年8月间共缴获烟毒2 007两，捕获烟犯12名，又在9月间逮捕烟毒犯38名，缴获鸦片、吗啡800余两。[③] 大足县在1952年7—11月共逮捕烟毒犯124人，其中判处死刑1人，徒刑91人，缴获各种烟毒1 143.44两、毒资银元45块、金子26两。[④] 西昌在禁毒运动中共逮捕烟犯1 689名，召开公审大会70余次，判处死刑26名，死缓及徒刑300余名。在处死的毒犯中西昌四大烟王之一赵正经贩毒近万两，佘福全、张宗桑、雷成先在冕宁县组织制贩毒集团，制贩砒子2万余两。西昌专区共缴获生熟鸦片烟6万余两、毒资旧人民币29亿多元、黄金130余两、白银3 000多两、银元近2万元。群众反映说：“国民党禁外不禁内，禁小不禁大，纵容包庇，越禁鸦片越多。共产党禁烟坚决，不分内外，不论亲疏，执法严明，一律禁止，越禁烟毒犯越害怕。”[⑤]

云南全省在禁毒运动中共查出贩毒分子24 444名，逮捕了6 239名，其中38名判处死刑，并缴获鸦片120多万两，又在省级机关中查出了烟毒犯596名。[⑥] 在昆明抓获了大毒犯刘云阁，此人解放后混入茶叶公司云南分公司，组织

① 《近代中国烟毒写真》上卷，第635—636页。
② 《禁毒全书》上册，第493页。
③ 《近代中国烟毒写真》下卷，第216页。
④ 同③，第243—244页。
⑤ 同②，第392—393页。
⑥ 同②，第447页。

贩毒集团，两年内贩烟毒达 11.3 万两。[①]

在贵州破获了彭文斗、杨锦川两大贩烟集团，他们在 1950 年至 1952 年 8 月共贩卖大烟 3 万多两，这次 26 个成员全部落网，受到了应有的惩处。另外在麻江、镇远、黎平、天柱、三穗、凯里等县也先后破获烟案 219 起。全省在运动中逮捕烟毒犯 3 915 名，其中 25 名被枪决；收缴大烟 298 628 两，其他毒品折合大烟 72 587 两。[②]

福建从 1952 年 9 月 21 日—10 月中旬对 5 656 名毒犯的大犯、主犯 1 659 名进行了 11 场公审，处死刑 27 名、处有期徒刑 996 名，并在公审会上当众焚毁鸦片 200 两、副品 19 000 两。全省在禁毒运动中共缴获各种毒品折合鸦片 62 611.359 两。福州大毒犯董清，1943 年加入汪伪和平军，杀害抗日游击队 3 人，打死打伤群众 8 人。1950 年，两次潜往白犬岛，将大陆的情报提供给国民党特务机关，并领取联络旗和交通证，潜回大陆，以贩运烟毒作为反革命活动的经费。[③] 群众对禁毒运动反响强烈，他们说："过去国民党禁毒，抓的是工人、车夫，杀的是烟民。现在人民政府禁毒，抓的是毒犯，杀的、判的都是大毒犯。真是伐树伐到了根，毒品一定能肃清。"1952 年 8 月，厦门警方逮捕了陈雨水等烟毒犯 280 人，缴获鸦片 6 433.64 两、鸦片副制品 235.68 两、吗啡 109.5 两[④]。与此同时，龙溪地区在平和、漳州两地收缴鸦片烟膏 1 000 多两，抓获毒贩 30 余人，分别处以死刑和有期徒刑。[⑤] 晋江县摧垮了 35 个制贩毒集团，缴获毒品 4.4 万余两。[⑥]

江苏南京市在禁毒运动中查明，到 1952 年 6 月尚有贩毒毒犯 4 441 人，逮捕 1 153 人，其中兼有反革命身份的大毒犯乔国良、程其宽、谷朝选等 11 人被处决。乔国良号称下关毒贩四大金刚之头目，1928 年起开始贩毒，汪伪时在蚌埠、徐州等地武装贩毒。胜利后乔将其长女嫁给蒋介石总统府警卫组织员、特务方夔，凭借此后台，贩毒牟取暴利。乔某除了购置 3 处房产外，又购买汽车 1 辆、小轮船 1 艘作为贩毒工具。解放后他又勾结铁路工人徐阿小等，将大量毒品藏在煤炭堆里或者机车机房里偷运。案发时被查出的就有 2 412 两。程其宽是洪帮中华山大哥、"湖北帮"首犯，解放后依旧继续贩毒，共贩鸦片 6 767 两、海洛因 141 两。程在罪行暴露后向南京市人民法院刑事庭有关干部行贿 8 700 万元旧

---

① 《罗瑞卿传》，第 258 页。
② 《禁毒全书》上册，第 440 页。
③ 同②，第 405—406 页。
④ 《近代中国烟毒写真》上卷，第 459 页。
⑤ 同④，第 469—470 页。
⑥ 同④，第 475 页。

人民币。谷朝选1928年起开始贩毒，其家被人称为“门东毒窑”。抗战期间他与日伪势力勾搭贩毒。解放后谷不思悔改，在中央禁毒令发布后至1951年4月又贩卖海洛因131两，制贩海洛因底子275两，同时向人民公安人员行贿。[①] 镇江在运动中查明大小毒贩724名，其中逮捕法办228名，其中处死刑3名，缴获白粉44两余、鸦片烟土75两余、白粉底子29两、吗啡6支。[②]

安徽合肥市继1949年内取缔了100多家烟馆之后又于1952年夏秋季节再次展开声势浩大的禁毒运动，共查获烟土3 540两，缴获毒具473件，因吸毒贩毒被判刑的有97人，管制136人。[③]

山东青岛市从1952年9月开始禁毒运动，共缴获烟土1 038两、海洛因37两、吗啡针2 248支，共审判处理烟毒犯1 668人，其中6人被处以死刑，345人被判处徒刑。大烟毒犯李春霖解放前就在贩毒。解放后他在1949年12月—1951年，数十次往返青岛、安东，先后偷运烟土达800两。[④] 济宁在肃毒运动中处决了大土贩贾广义，土贩曾广誉、钱玉彬、时耀亭等人被判处徒刑。[⑤]

吉林长春市在1952年的禁毒运动中共逮捕法办了烟毒犯218名，其中经吉林省公安厅批准逮捕的大犯、惯犯148名。在处理方式上，集中劳改28名，交群众管制的120名，另有自首登记的486名(实际登记341名，其余已捕办)，共计处理烟毒犯704名，收缴烟土200两以及吗啡、海洛因等毒品。大烟毒犯李日新、王洪堂、卢晓峰被判处死刑。李日新与王洪堂在东北光复后合资开设了“老物华金店”，制毒贩毒。解放后又收罗国民党军官和吸毒分子20余人组成地下制毒贩毒集团，把自制的海洛因贩往市内、沈阳、天津、上海等地。他们还疯狂地宣称“犯案一人当，家属大家养”。卢晓峰在伪满时就种植大烟，光复后继续贩毒，1946年组织国民党地下军充任团长，解放后与烟毒犯刘云祥合谋，勾结20余人盗窃长春市内大量电线前往吉林市销赃，再从吉林、延边等地贩运回大量的烟土，高价出售。[⑥]

甘肃省在1952年5月以兰州、天水两市为重点开展了大规模的肃毒运动，共逮捕重大毒品犯682人，缴获大烟11 692两。[⑦] 陕西西安从1952年8—12月底共处理各类毒贩10 664名，其中判死刑和死缓30人，判有期徒刑1 118人，缴

---

① 《禁毒全书》上册，第485—489页。
② 同①，第421页。
③ 《城市接管亲历记》，第249页。
④ 同①，第499—500页。
⑤ 《近代中国烟毒写真》上卷，第288页。
⑥ 同①，第506—508页。
⑦ 同①，第386—387页。

获大烟 20 725.44 两、制毒机器 12 台。①

中央人民政府在这次全国禁毒运动的高潮中于 1952 年 10 月 3 日召开第 153 次政务会议，通过了《中华人民共和国惩治毒犯条例(草案)》(简称《条例草案》)。根据中央制订的严厉惩办与改造教育相结合的政策以及打击惩办少数，教育改造多数的基本原则，《条例草案》对毒犯量刑处理的原则是："制造毒品者和大量贩卖、运送毒品者从严，小量贩卖、运送毒品者从宽；主犯从严，从犯从宽；惯犯从严，偶犯从宽；反革命毒犯从严，一般毒犯从宽；拒不坦白者从严，彻底坦白者从宽；今后从严，过去从宽。"②《条例草案》共有 18 条，根据毒贩的各种不同罪行程度规定了从管制、5—10 年有期徒刑、10 年以上有期徒刑、无期徒刑直至死刑的不同处罚。在此之前，对毒贩的量刑主要是根据政府机关的命令、指示等，如 1950 年 2 月 24 日政务院的《关于严禁鸦片烟毒的通令》以及 1950 年秋政务院内务部的《关于贯彻严禁烟毒工作的指示》等，针对当时禁毒中出现的一些新问题，明确要求各地纠正对烟贩处理过宽的现象，对烟贩要一律惩办，对缉获的毒品要一律全部当众销毁，同时要发动群众，实施禁种。③

由于《条例草案》给出了处理各类毒犯的具体的明确的量刑标准，从而为彻底惩治毒犯、铲除毒祸提供了强有力的法律依据。1952 年 11 月 6 日，公安部部长罗瑞卿向中央人民政府委员会作了关于上述《条例草案》的报告。11 月底，中央人民政府鉴于禁毒运动已经结束，决定不对外公布《条例草案》，只在内部执行。

四、新中国成立初禁毒工作的成功经验

从 1949 年 10 月 1 日中华人民共和国的成立到 1952 年 11 月大规模查缉鸦片烟毒案犯活动的结束，仅用了 3 年多一点的时间就实现了在中国内地禁绝鸦片烟毒的辉煌胜利。据统计在这 3 年中，全国共搜缴毒品(折合鸦片)3 000 万两左右，④制止了千百万农民大规模种植罂粟的活动，同时使 2 000 万吸毒者戒除了恶习，实为世界禁毒史上的奇迹。广大群众普遍反映"人民政府又给人民办了一件好事情"，"百年来未能解决的问题毛主席解决了"。⑤

---

① 《禁毒全书》上册，第 453 页。
② 《罗瑞卿论人民公安工作》，第 151—152 页。
③ 《割除毒瘤》，第 284 页。
④ 罗瑞卿在 1952 年 12 月 14 日的报告中说：东北、华北、华东、西北四区自解放到 1952 年禁毒运动前已缴获毒品 24 473 308 两。加上 1952 年禁毒运动中缴获的 3 996 056 两，已有 28 469 364 两。若再考虑到未报数字的中南、西南地区，总数 3 000 万两左右是不成问题的。见《割除毒瘤》，第 49—50 页。
⑤ 同③，第 50 页。

禁毒运动取得伟大胜利的经验是：

其一，放手发动群众，造成人人痛恨、揭发毒贩的良好氛围。各级人民政府在开展禁毒工作之前总是先发动强大的宣传攻势，教育群众，发动群众，打一场禁毒的人民战争。无论是 1950 年 2 月政务院《关于严禁鸦片烟毒的通令》，还是 1952 年 5 月政务院《为查禁鸦片烟毒的通令》，都十分强调广泛进行禁毒宣传，使禁毒工作家喻户晓，人人皆知，使群众真正把禁毒当作是与自己利害相关的事，积极行动起来协助政府与毒贩作斗争。在 1952 年的禁毒运动中各地共召开各种宣传会 765 428 次，受教育群众达 74 595 181 人。如沈阳市召开宣传会 21 425 次，直接受教育者 1 171 648 人。广州市也召开宣传会 11 046 次，受教育者 1 239 283 人，平均每次会议的受教育者 55—112 人不等。北京等大中城市的情况大体相同。[①] 北京市有些市民原先以为“我不吸不买不制，禁毒与我无关”，有的则认为“捉不净的虱子，禁不绝的烟鬼”，对禁毒运动心存怀疑。经过大规模的宣传后认识有了改变，不少人认为，“大烟、白面害人不浅，政府禁得好，这一来救了许多人”，还有人要求“罪大恶极的毒犯应枪毙几个”。广大市民在全面展开禁毒宣传的 10 天之内共交来了检举材料 38 645 件。有一女孩参加了派出所组织的毒犯控诉会后，当场检举了自己的母亲、亲戚等 6 名现行毒贩。[②] 河南省在禁毒运动中收到儿子检举父亲、妻子检举丈夫的信件有 680 余件。据不完全统计，在 1952 年的禁毒运动中，全国共收到检举信 1 312 535 件，检举毒犯 220 806 名。[③] 只有群众真正发动起来了，毒贩们才真正感受到前所未有的心理压力，惶惶不可终日，最后只能向公安机关悔过。

其二，统一政令，令行禁止，严肃法纪，不留死角。中华人民共和国成立后，人民解放军迅速解放了除台湾等岛屿之外包括西藏在内的整个中国大陆，人民政府坚决废除了旧时的一切卖国条约，接收了帝国主义国家设在中国的兵营，改革了海关制度，统制了对外贸易，从而保障了国家的独立、自由和领土主权的完整，结束了自袁世凯死后中国事实上处于四分五裂、兵荒马乱的混乱局面。各类毒贩再也无法依仗帝国主义侵华势力和官僚资本主义的势力为所欲为、横行霸道了。中国共产党及其所领导的人民军队“完全是为着解放人民的，是彻底地为人民的利益工作的”。[④] 共产党代表着全国最大多数人民的利益，代表着民族和国家的根本利益，它没有自己的私利，在没有夺取全国政权时是如此，夺取了全

① 《割除毒瘤》，第 50 页。
② 同①，第 131—132 页。
③ 同①，第 50 页。
④ 《毛泽东选集》第三卷，人民出版社 1991 年版，第 1004 页。

国政权成为执政党后更是如此。共产党内实行高度的民主集中制,下级服从上级、全党服从中央,因此一经发现下面有某些问题即责令改正,在禁毒问题上也是如此。1950 年全国实行严禁鸦片烟毒后,有"个别地区仍有不遵法令,自行买卖,甚或贪图小利,与外国间谍性商人进行勾搭"的现象。1951 年 2 月 6 日政务院总理周恩来发出《重申毒品禁令》,指出"这种严重错误,决不允许再行继续下去"。重申:"(一) 所有机关、部队、团体,均不得在国内外买卖毒品,违者受国家法律处分。(二) 所有机关、部队、团体旧存毒品,一律无价交由当地财委转送中央财政部保管(或由大行政区财政部暂代保管,听候处理),不得隐瞒不交,违者受国家纪律处分。部队旧存毒品可交军委总后勤部转送中央财政部处理。"①

人民新政权建立后,摧毁了旧的国家机器,毒贩们旧时赖以依靠的各种后台、保护伞分崩离析。于是新政权的机关工作人员又成了毒贩们竞相争觅、拉拢的对象。其中公安、司法、税务等部门是毒贩勾结收买内部人员、求得包庇掩护的主要对象,其次是铁路、航运、边防和海关等部门的工作人员。然而共产党对此也毫不手软,坚决惩治。在 1952 年的全国禁毒运动中,在"全国机关内部共发现毒犯 12 958 人('三反'运动中发现的未计在内)。华北、华东、中南、西南四区共逮捕 103 名",②使这些贪赃枉法,违法乱纪之徒遭到了法律的制裁。事实表明,在共产党领导的中华人民共和国,任何人想要像在旧中国那样阳奉阴违,另搞一套,吃里爬外,对抗中央是根本办不到的。另外,中华人民共和国的整个国家机器是精干而又富于实效的。从中央政务院到各大区人民政府(或军政委员会)再到省、市、自治区,职权分明,令行禁止,政务院一个通令下达,各大区军政委员会(或人民政府)闻风而动,纷纷制定具体的符合本地区实际情况的实施办法就是明证。旧中国时期军阀割据,各行其是,散漫无组织的状态已经一去不复返了,因而毒贩们根本无任何空子可钻。

其三,讲究策略,逐步推进,统一筹划,综合治理。解放初期的禁毒斗争十分讲究策略。总的思路是团结教育多数,打击少数,先易后难,不搞一刀切。斗争的对象是制毒、贩毒的大犯、惯犯,而不是单纯吸食毒品者。对于个别不能全面掌握政策,甚至强调"吸毒的人也可恨"的干部进行严肃的批评教育。禁毒地区主要安排在汉族地区,少数民族地区暂缓。1952 年的禁毒运动是集中主要力量在城镇中进行,农村暂时不动。这样的力量部署避免了四面出击、心有余而力不

---

① 《周恩来年谱(1949—1976)》上卷,中央文献出版社 1997 年版,第 127—128 页;《割除毒瘤》,第 41 页。

② 《割除毒瘤》,第 51 页。

足、欲速则不达的尴尬局面。事实上,政务院直到 1952 年 12 月 12 日才发出《关于推行戒烟,禁种鸦片和在农村收缴存毒工作的指示》。至于在少数民族地区扫清烟毒,那更是 50 年代中后期的事了。[①] 代表人民根本利益的人民政府十分关注民生疾苦,十分重视尽可能地考虑到种烟农民的现时利益,在禁种的时间上十分强调"尤应注意在播种之前认真执行"。[②] 人民政府还为种烟农民考虑到出路问题:"禁种鸦片的政策,应结合爱国丰产运动。"在某些少数民族地区应"劝导农民自动不种,并解决其改种其他作物的困难"。[③] 这与旧中国的军阀官僚或只顾收取"烟苗捐""烟苗税",纵容放任种烟或不顾农民死活,采取极端的、残暴的手段一律强行铲烟有着天壤之别。这就是中华人民共和国早在 1951 年春就基本禁绝罂粟种植的关键所在。得民心者得天下,失民心者失天下,在禁烟问题上也毫无例外。

在上述大气候下,毒贩们的末日来到了。他们既无国外的货源也无国内的资源,毒品生意无以为继;即使有的还有旧时存货,也因瘾君子们普遍戒毒而失去了客源和市场;即使想负隅顽抗、垂死挣扎,也因既无基层群众包括自己亲人的同情又无各职能部门工作人员的庇护而不免暴露,现出原形。最终要么束手就擒,接受法律的严正审判;要么缴烟投降,登记悔过。如此而已,岂有他哉!

---

① 参见苏智良:《中国毒品史》,第 462—463 页。
② 《割除毒瘤》,第 30 页。
③ 同②,第 46 页。

参考书目

《马克思恩格斯选集》第一卷，人民出版社 1995 年版
《马克思恩格斯选集》第二卷，人民出版社 1972 年版
《孙中山全集》第一卷，中华书局 1981 年版
《孙中山全集》第二卷，中华书局 1982 年版
《孙中山全集》第八卷，中华书局 1986 年版
《孙中山全集》第九卷，中华书局 1986 年版
《孙中山全集》第十一卷，中华书局 1986 年
《毛泽东选集》第一卷，人民出版社 1991 年版
《罗瑞卿论人民公安工作》，群众出版社 1994 年版
《鸦片战争档案史料》第一册，上海人民出版社 1987 年版
《鸦片战争档案史料》第二册、第三册，天津古籍出版社 1992 年版
《福建上海小刀会档案史料选编》，福建人民出版社 1993 年版
《吴煦档案选编》第六辑、第七辑，江苏人民出版社 1983 年版
《筹办夷务始末》(道光朝)，中华书局 1964 年版
《筹办夷务始末》(咸丰朝)，中华书局 1979 年版
《筹办夷务始末》(同治朝)，中华书局 2008 年版
《光绪朝东华录》，中华书局 1958 年版
《中华民国史档案资料汇编》第四辑，江苏古籍出版社 1986 年版
《陕甘宁边区政府文件选编》第四辑、第六辑，档案出版社 1988 年版
中国近代史资料丛刊:《鸦片战争》，上海人民出版社 1957 年版
中国近代史资料丛刊:《太平天国》，上海人民出版社 1957 年版
《上海小刀会起义史料汇编》，上海人民出版社 1980 年版
《旧上海的外商与买办》，上海人民出版社 1987 年版
《中国近代农业史资料》第一辑、第二辑，三联书店 1957 年版
《中国近代对外贸易史资料》第一册、第二册，中华书局 1962 年版
《中外旧约章汇编》第一册，三联书店 1957 年版
《中外旧约章汇编》第二册，三联书店 1959 年版

《一九一九年南北议和资料》，中华书局 1962 年版
［日］薄井由：《东亚同文书院大旅行研究》，上海书店出版社 2001 年版
《东北经济掠夺》，中华书局 1991 年版
陈存仁：《抗战时代生活史》，上海人民出版社 2001 年版
《城市接管亲历记》，中国文史出版社 1999 年版
《割除毒瘤——共和国首次禁毒禁娼述实》，中央文献出版社 1999 年版
《近代中国烟毒写真》上下卷，河北人民出版社 1997 年版
马模贞主编：《中国禁毒史资料》，天津人民出版社 1998 年版
蒋秋明、朱庆葆：《中国禁毒历程》，天津教育出版社 1996 年版
凌青、邵秦：《从虎门销烟到当代中国禁毒》，四川人民出版社 1997 年版
苏智良、赵长青主编：《禁毒全书》上下册，中国民主法治出版社 1998 年版
《上海文史资料存稿汇编》第十一册、第十二册，上海古籍出版社 2001 年版
马宣伟、肖波：《四川军阀杨森》，四川人民出版社 1983 年版
郭绪印：《旧上海黑社会》，上海人民出版社 1997 年版
苏智良：《中国毒品史》，上海人民出版社 1997 年版
刘才赋：《通天教主》，江苏人民出版社 1998 年版
苏智良、陈丽菲：《海上枭雄》，江苏人民出版社 2000 年版
邵雍：《民国绿林史》，福建人民出版社 2001 年版
王宏斌：《禁烟史话》，社会科学文献出版社 2000 年版

后　记

《中国近代贩毒史》作为中国近代江湖社会史丛书的一种，由福建人民出版社出版已经12年了。12年来禁毒形势依然严峻复杂，贩毒群体并未销声匿迹，不少武装警察、专业人士为了民族的健康、人民的幸福、社会的安宁与形形色色的毒贩进行了英勇卓绝、可歌可泣的斗争，有的甚至献出了宝贵的生命。在这种社会大背景下，上海社会科学院出版社有意再版《中国近代贩毒史》，作为作者当然十分赞同。

上海社会科学院出版社编辑在本书再版进程中做了大量深入细致的工作，特此表示感谢！“雄关漫道真如铁，而今迈步从头越”，衷心希望《中国近代贩毒史》的再版能够进一步唤起国人对禁毒工作的重视与支持，加深对毒贩的防范意识、识别意识与斗争意识，将禁毒斗争进行到底。

本书是上海师范大学上海市高峰高原学科建设项目的成果之一。

邵　雍

2016年12月18日

图书在版编目(CIP)数据

中国近代贩毒史 / 邵雍著 .— 上海 ：上海社会科学院出版社，2016
（禁毒研究）
ISBN 978-7-5520-1634-5

Ⅰ.①中… Ⅱ.①邵… Ⅲ.①禁毒—史料—中国—近代 Ⅳ.①D693.98

中国版本图书馆 CIP 数据核字(2016)第 276798 号

中国近代贩毒史

著　　者：邵　雍
责任编辑：路征远
封面设计：夏艺堂
出版发行：上海社会科学院出版社
上海顺昌路 622 号　邮编 200025
电话总机 021-63315947　销售热线 021-53063735
http://www.sassp.cn　E-mail：sassp@sassp.cn
排　　版：南京展望文化发展有限公司
印　　刷：上海景条印刷有限公司
开　　本：710 毫米×1010 毫米　1/16
印　　张：14
插　　页：1
字　　数：246 千
版　　次：2017 年 1 月第 1 版　　2023 年 6 月第 3 次印刷

ISBN 978-7-5520-1634-5/D·413　　定价：49.80 元